JN087644

EXAMPRESS®

2024年版

福祉
教科書

ケアマネジャー

完全合格 テキスト

ケアマネジャー
試験対策研究会 著

SE
SHOEISHA

本書の使い方

節番号の下にある「ここを押さえよう!」と「頻出度」を確認して、本文を学習します。
最後に、節末にある「理解度チェック 1問1答」問題を解いて理解度をチェックしましょう。

紙面の構成

Ⓐ 頻出度
出題頻度が高い順に★★★、★★、★の3段階で示しています。

Ⓑ「ここを押さえよう!」
この節でよく問われるテーマや要点を記載しています。

Ⓒ イメージイラスト
この節のポイントを、理解を助け、記憶に残るようにイラストを使ってイメージ化しました。

Ⓓ 本文のアイコン

 重要ポイント

試験によく出るなど、必ず理解しておくべき大事な内容です。

Ⓔ 側注のアイコン

 コレも出た!

過去6年間ほどの過去問の中で、覚えておいたほうがいい内容です。

用語解説

用語を説明しています。

知っトク!

過去に出題はないが知っておいたほうがいい内容や、補足事項などです。

Ⓕ 理解度チェック 1問1答
○×式の過去問題と予想問題で、学習した内容の理解度を確認します。正解できたら □ にチェックしましょう。なお、本文に説明のない内容に関する問題も、補足のため、一部掲載しています。また、過去問題の一部に変更を加えている場合があります(○回改と表記)。
過去問題の場合は出題回を掲載し、予想問題の場合は「予想」としています。

法令等について

本書の記載内容は、『九訂 介護支援専門員基本テキスト(上下巻)』と、2023年12月現在の法令等に基づいています。法令等については、厚生労働省、各都道府県・市町村等のWebサイトなどで最新情報をご確認ください。

追加情報
刊行後、法改正や制度変更にともなう追加情報を、弊社Webサイトにてお知らせする場合があります。
https://www.shoeisha.co.jp/book/detail/9784798183589

表記
単に「法」というときは「介護保険法」を、「施行令」というときは「介護保険法施行令」を、「施行規則」というときは「介護保険法施行規則」を指しています。

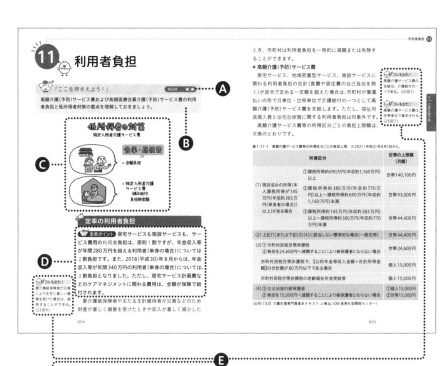

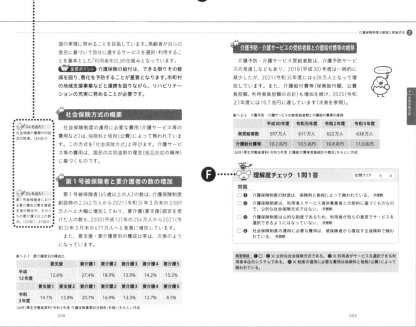

資格・試験について

介護支援専門員は、「ケアマネジャー」「ケアマネ」とも呼ばれています。国家資格ではなく、都道府県知事の任用資格ですが、介護保険の現場で、利用者と介護サービス等の社会資源をつなぐコーディネーターとしての役割を担う評価の高い職業であり、「介護保険の要」とも呼ばれます。

介護支援専門員の職務内容

● 介護支援専門員とは

介護保険法で定める介護・支援を必要とする者(以下「要介護者等」という)からの相談を受け、要介護者等の心身の状況等に応じた適切な介護サービスを提供できるよう、介護サービス計画等を作成し、市町村、居宅サービス事業者、介護保険施設等との連絡調整や日常生活を営むために必要な援助を行う職種です。

● 介護支援専門員の職場

居宅介護支援事業所や介護保険施設(介護老人福祉施設、介護老人保健施設、介護医療院、介護療養型医療施設)、特定施設入居者生活介護(有料老人ホーム等)、小規模多機能型居宅介護事業所、認知症対応型共同生活介護(グループホーム)、地域包括支援センターや行政機関等が主な勤務地となります。

介護支援専門員になるためには

介護支援専門員になるためには、介護支援専門員実務研修受講試験に合格する必要があります。

同試験の受験資格については、下記の①〜⑤のいずれかの要件を満たしていることが必要です。受験資格の詳細については、必ず受験予定地の都道府県等に確認してください。

① **法定資格保有者**:下記のいずれかの法定資格を有し、法定資格に基づく業務に通算して5年以上かつ900日以上従事した経験があること

医師、歯科医師、薬剤師、保健師、助産師、看護師、准看護師、理学療法士、作業療法士、社会福祉士、介護福祉士、視能訓練士、義肢装具士、歯科衛生士、言語聴覚士、あん摩マッサージ指圧師、はり師、きゅう師、柔道整復師、栄養士(管理栄養士を含む)、精神保健福祉士

※要援護者に対する直接的な業務を行っていることが条件。

② **生活相談員**：生活相談員として、相談援助業務に通算して5年以上かつ900日以上従事した経験があること

③ **支援相談員**：支援相談員として、相談援助業務に通算して5年以上かつ900日以上従事した経験があること

④ **相談支援専門員**：相談支援専門員として、相談援助業務に通算して5年以上かつ900日以上従事した経験があること

⑤ **主任相談支援員**：主任相談支援員として、生活困窮者自立支援法に規定する事業に通算して5年以上かつ900日以上従事した経験があること

※②〜⑤は、従事する施設等が決められているので、ご注意ください。

● **介護支援専門員登録までの流れ**

介護支援専門員の業務に従事するには、介護支援専門員実務研修受講試験合格後、介護支援専門員実務研修を修了し、登録証明書および専門員証の交付を受けることが必要です。

① **介護支援専門員実務研修受講試験**

研修を行うに際し、介護支援専門員の業務に必要な専門知識（介護保険制度、要介護認定、居宅サービス計画等に関する知識等）等を有していることを確認する試験です。

② **介護支援専門員実務研修**

介護支援専門員の業務に関する講義・演習等を主体とする実務的な研修および実習を受講します。

③ **介護支援専門員実務研修修了証の交付**

介護支援専門員実務研修修了証の交付を受けます。

④ **介護支援専門員登録**

都道府県介護支援専門員名簿に登録をします。

⑤ **介護支援専門員証の交付**

介護支援専門員証の交付を受けます。なお、介護支援専門員証は5年ごとの更新が義務づけられています。

試験の実施方法

試験は全国共通の問題で同じ日時に行われますが、実施するのは都道府県です。受験手続きの詳細は受験要項で確認します。試験の受験地は、受験資格に該当する業務に従事している場合は勤務地の都道府県、受験資格に該当する業務に従事していない場合は、住所地の都道府県になります。受験要項は、受験予定地の都道府県に問い合わせて取り寄せましょう。

● **出題方式**

出題は五肢複択方式で、解答はマークシート方式で行われます。

● 出題数

出題数は、区分ごとに表1のとおりです。

表1　出題数

区分		問題数
介護支援分野	介護保険制度の基礎知識 要介護認定等の基礎知識 居宅・施設サービス計画の基礎知識等	25問
保健医療福祉サービス分野	保健医療サービスの知識等	20問
	福祉サービスの知識等	15問
合計		60問

● 試験時間

試験時間は120分（原則として10:00 ～ 12:00）です。ただし、弱視等の受験者の場合は156分（1.3倍）、点字受験者の場合は180分（1.5倍）とされます。

主な出題範囲

分野ごとの主な出題範囲（範囲表の大項目）は次のとおりです。

● 介護支援分野

●介護保険制度導入の背景　●介護保険と介護支援サービス　●介護保険制度論　●ケアマネジメント機能論　●介護支援サービス方法論　●介護予防支援サービス方法論　●施設介護支援サービス方法論　●要介護認定の流れ　●一次・二次判定の仕組み

● 保健医療サービスの知識等

●医学編（高齢者の身体的・精神的な特徴と高齢期に多い疾病および障害、バイタルサインの正確な観察・測定・解釈・分析 ほか）　●臨死編（チームアプローチの必要性および各職種の役割、高齢者のターミナルケアの実際・家族へのケア ほか）　●訪問看護方法論　●訪問リハビリテーション方法論　●居宅療養管理指導方法論　●通所リハビリテーション方法論　●短期入所療養介護方法論　●定期巡回・随時対応型訪問介護看護方法論　●複合型サービス方法論　●介護予防訪問看護方法論　●介護予防訪問リハビリテーション方法論　●介護予防居宅療養管理指導方法論　●介護予防通所リハビリテーション方法論　●介護予防短期入所療養介護方法論　●介護老人保健施設サービス方法論　●指定介護療養型医療施設サービス方法論

● 福祉サービスの知識等

●福祉編（基礎相談・面接技術、ソーシャルワークとケアマネジメント ほか）　●訪問介護方法論　●訪問入浴介護方法論　●通所介護方法論　●短期入所生活介護方法論　●特定施設入居者生活介護方法論　●福祉用具および住宅改修方法論　●夜間対応型訪問介護方法論　●認知症対応型通所介護方法論　●小規模多機能型居宅介護方法論　●認

知症対応型共同生活介護方法論　●地域密着型特定施設入居者生活介護方法論　●地域密着型介護老人福祉施設入所者生活介護方法論　●介護予防訪問介護方法論　●介護予防訪問入浴介護方法論　●介護予防通所介護方法論　●介護予防短期入所生活介護方法論　●介護予防特定施設入居者生活介護方法論　●介護予防福祉用具および介護予防住宅改修方法論　●介護予防認知症対応型通所介護方法論　●介護予防小規模多機能型居宅介護方法論　●介護予防認知症対応型共同生活介護方法論　●指定介護老人福祉施設サービス方法論　●公的サービスおよびその他の社会資源導入方法論

試験日・受験者数・合格基準

● 試験日

例年10月ですが、詳細は受験予定地の都道府県にお問い合わせください。

● 受験者数・合格率

受験者数と合格率などの推移を表2に示します。

表2　受験者数と合格率の推移

回数（実施年度）	受験者数	合格者数	合格率
第21回（平成30年度）	49,332人	4,990人	10.1%
第22回（令和元年度）	41,049人	8,018人	19.5%
第23回（令和2年度）	46,415人	8,200人	17.7%
第24回（令和3年度）	54,290人	12,662人	23.3%
第25回（令和4年度）	54,449人	10,328人	19.0%
第26回（令和5年度）	56,532人	—	—

※ 第22回（令和元年度）は、令和元年10月13日（日）及び、令和2年3月8日（日）のデータです。
※ 第26回（令和4年度）の合格者数と合格率については、執筆時発表前のため未掲載。各自厚生労働省のホームページ等でご確認ください。

● 合格基準

「介護支援分野」「保健医療福祉サービス分野」の区分ごとに、それぞれ合格基準となる点数があります。

点数は、各区分ごとに正答率70％を基準とし、問題の難易度で補正されています。

表3　第26回（令和5年10月8日）の合格基準

分野	問題数	合格点
1 介護支援分野	25問	17点
2 保健医療福祉サービス分野	35問	24点

（注1）配点は1問1点です。
（注2）試験問題、正答、合格基準は、介護保険法（平成9年法律第123号）第69条の11第1項に規定する登録試験問題作成機関である財団法人社会福祉振興・試験センターが作成・決定したもので、各都道府県共通の問題・基準となっています。

もくじ

第1章 介護支援分野 001

出題の傾向と対策 002

- ★★★ 1 高齢化の進展と介護問題 004
- ★★★ 2 介護保険制度の創設と実施状況 007
- ★★★ 3 社会保障と社会保険の体系 010
- ★★★ 4 介護保険制度の概要 013
- ★★★ 5 保険者・国・都道府県の責務 017
- ★★★ 6 介護保険事業計画 026
- ★★★ 7 被保険者 030
- ★★★ 8 要介護者(状態)・要支援者(状態) 034
- ★★★ 9 要介護認定・要支援認定 037
- ★★★ 10 保険給付の種類・内容等 045
- ★★★ 11 利用者負担 054
- ★★★ 12 他の法令等による給付調整等その他の規定 062
- ★★★ 13 サービス事業者等の指定 066
- ★★★ 14 介護サービス情報の公表 081
- ★★★ 15 保険財政と保険料、財政安定化基金 085
- ★★★ 16 国民健康保険団体連合会 093
- ★★★ 17 介護保険審査会、雑則 096
- ★★★ 18 介護保険制度におけるケアマネジメント 100
- ★★★ 19 介護支援専門員の役割・義務・倫理等 105
- ★★★ 20 居宅介護支援事業者の指定 114
- ★★★ 21 居宅介護支援の実施 121
- ★★★ 22 課題分析(アセスメント) 128
- ★★★ 23 居宅サービス計画(ケアプラン)の作成 132
- ★★★ 24 モニタリング・再課題分析・連携 139
- ★★★ 25 地域支援事業と地域包括支援センター 143
- ★★★ 26 介護予防ケアマネジメント 154
- ★★★ 27 介護予防サービス 159
- ★★★ 28 介護保険施設 163
- ★★★ 29 施設のケアマネジメント 169

第2章 保健医療サービスの知識等 173

出題の傾向と対策 174

- ★★★ 1 高齢者の特徴と起こりやすい症状・よくみられる疾患 176

	2	バイタルサインと検査・検査値	183
★★★	3	高齢者に多い疾患	190
★★★	4	介護技術の展開	212
★★★	5	リハビリテーション	223
★★★	6	認知症と認知症のある高齢者の介護	229
★★★	7	高齢者の精神障害とその介護	239
★★★	8	予後の理解と医学的問題のとらえ方	243
★★★	9	栄養管理と食生活	246
★★★	10	薬剤管理	249
★★★	11	在宅での医療管理	253
★★★	12	感染症の予防と対応	260
★★★	13	急変時の対応	264
★★★	14	健康増進と疾病障害の予防	270
★★★	15	ターミナルケア(終末期介護)	273
★★★	16	訪問看護・介護予防訪問看護	278
★★★	17	訪問リハビリテーション・介護予防訪問リハビリテーション	284
★★★	18	居宅療養管理指導・介護予防居宅療養管理指導	289
★★★	19	通所リハビリテーション・介護予防通所リハビリテーション	293
★★★	20	短期入所療養介護・介護予防短期入所療養介護	298
★★★	21	定期巡回・随時対応型訪問介護看護	302
★★★	22	看護小規模多機能型居宅介護(複合型サービス)	306
★★★	23	介護老人保健施設	311
★★★	24	介護医療院	316

第3章 福祉サービスの知識等

			319
		出題の傾向と対策	320
★★★	1	ソーシャルワークとケアマネジメント	322
★★★	2	社会資源の活用	330
★★★	3	高齢者福祉の関連諸制度【その1】	334
★★★	4	高齢者福祉の関連諸制度【その2】	349
★★★	5	訪問介護	362
★★★	6	訪問入浴介護・介護予防訪問入浴介護	369
★★★	7	通所介護	374
★★★	8	短期入所生活介護・介護予防短期入所生活介護	380
★★★	9	特定施設入居者生活介護・介護予防特定施設入居者生活介護	388
★★★	10	福祉用具と住宅改修	395
★★★	11	地域密着型サービス	405
★★★	12	介護老人福祉施設	426
		さくいん	434

本書内容に関するお問い合わせについて

このたびは翔泳社の書籍をお買い上げいただき、誠にありがとうございます。弊社では、読者の皆様からのお問い合わせに適切に対応させていただくため、以下のガイドラインへのご協力をお願い致しております。下記項目をお読みいただき、手順に従ってお問い合わせください。

●ご質問される前に

弊社Webサイトの「正誤表」をご参照ください。これまでに判明した正誤や追加情報を掲載しています。

正誤表　https://www.shoeisha.co.jp/book/errata/

●ご質問方法

弊社Webサイトの「書籍に関するお問い合わせ」をご利用ください。

書籍に関するお問い合わせ　https://www.shoeisha.co.jp/book/qa/

インターネットをご利用でない場合は、FAXまたは郵便にて、下記"翔泳社 愛読者サービスセンター"までお問い合わせください。
電話でのご質問は、お受けしておりません。

●回答について

回答は、ご質問いただいた手段によってご返事申し上げます。ご質問の内容によっては、回答に数日ないしはそれ以上の期間を要する場合があります。

●ご質問に際してのご注意

本書の対象を超えるもの、記述個所を特定されないもの、また読者固有の環境に起因するご質問等にはお答えできませんので、予めご了承ください。

●郵便物送付先およびFAX番号

送付先住所	〒160-0006　東京都新宿区舟町5
FAX番号	03-5362-3818
宛先	（株）翔泳社 愛読者サービスセンター

●免責事項

※著者および出版社は、本書の使用による介護支援専門員実務研修受講試験の合格を保証するものではありません。
※本書の記載内容は、2023年12月現在の法令等に基づいています。
※本書の出版にあたっては正確な記述に努めましたが、著者および出版社のいずれも、本書の内容に対してなんらかの保証をするものではありません。
※本書に記載されたURL等は予告なく変更される場合があります。

※本書に記載されている会社名、製品名はそれぞれ各社の商標および登録商標です。
※本書では™、®、©は割愛させていただいております。

第**1**章
介護支援分野

過去6年間の出題傾向

　「介護支援分野」からの出題数は、3分野のうち最も多い25問となっています。介護支援分野の出題には次のような傾向がみられます。

- 介護保険制度論：国・都道府県・市町村の責務、地域支援事業、国民健康保険団体連合会等の役割、居宅介護支援事業所、介護保険施設、および各サービス事業所の運営基準と介護報酬等を中心に、幅広く出題されています。
- 被保険者、要介護認定等：申請から認定までの一連の流れとそれぞれの機関の役割を中心に、少ない年でも3問程度、多い年では4～6問出題されています。過去6年間でみると、単独の項目だけでは、介護支援分野で最も出題が多いトピックです。
- ケアマネジメント：例年7～9問出題されており、このうち2～3問程度は事例問題です。事例として、認知症高齢者や高齢者虐待といった処遇困難な事例への対応や、新規認定者や夫婦ともに要援助者などへのケアマネジャーとしての関わりなどに関して多く出題されています。
- サービス提供事業者の指定・許可：要介護認定・要支援認定に次いで出題が多いトピックです。居宅サービス事業者、居宅介護支援事業者、介護予防サービス事業者、地域密着型サービス事業者、地域密着型介護予防サービス事業者の指定と許可について多く出題されています。
- 地域支援事業と地域包括支援センター：国の介護政策が地域単位にシフトしつつあることを反映したものと考えられます。地域包括ケアシステムの構築・推進の流れからも、今後も、このトピックに関する出題が続くことが予想されます。

対策

　介護保険制度や事業所等の運営に関する基準(ルール)の基本的な部分を確実に理解できているかどうかが、合否を分けるポイントとなるでしょう。

　まず、介護保険制度の全体像を把握し、介護保険制度を支える機関等の責務や目的をていねいに学習していきましょう。介護保険制度に関する基礎知識がしっかり身につけば、単純なミスを誘うような問題に惑わされることが少なくなります。

　また、この試験の主な目的は介護支援専門員の資質を問うことにあるため、ケアマネジメントと介護支援専門員に関するトピックは、最も力を入れて勉強する必要があります。ケアマネジメントにおける介護支援専門員の役割がきちんと把握できれば、その他のトピックの内容が理解しやすくなり、各種の問題に適切に対応することができるようになります。

　要介護認定・要支援認定については、基礎的な内容に関する出題が中心ですが、言葉(表現)を変えてケアレスミスを誘うような問題も出題されます。設問と選択肢を慌てずにゆっくり読み込む習慣を身につけましょう。

　このほか、介護事業が国や都道府県から市町村へシフトしつつある状況を受けて、過去に実施された法改正に関する出題と、地域支援事業に関する出題が増えています。特に、共生社会や地域包括ケアシステムの深化・推進に必要な地域包括支援センターの役割と機能については、しっかり学んでおきましょう。

　実際の試験問題は、5つの選択肢から正しいものを選ぶ形式なので、まず問題文の「〇つを選べ」の数をしっかり確認し、選ぶ選択肢の数から正解を絞り込みます。その際には、介護支援専門員として望ましい対応と介護保険制度に関わる各種のルールを考え合わせながら、適切な選択肢を選ぶよう心掛けましょう。

1 高齢化の進展と介護問題

高齢化の進展と要支援・要介護者の増加の現状を把握し、家族の介護機能の低下、女性の介護負担(過度の介護負担や介護のための離職など)について理解しておきましょう。

高齢者の介護問題の背景

● 少子高齢化の進行

出生率の低下と平均寿命の伸長により、急速な少子高齢化が進んでいます。65歳以上の高齢者が急速に増加し、中でも、要介護状態になる危険性が高い後期高齢者(75歳以上)の増加が著しいのが特徴です。

● 要介護・要支援者の増加

厚生労働省の「令和3年度 介護保険事業状況報告」によると、要介護(要支援)認定者数は690万人で、このうち、第1号被保険者は677万人(男性211万人、女性465

万人)、第2号被保険者は13万人(男性7万人、女性6万人)となっています。

また、認定を受けた第1号被保険者のうち、前期高齢者(65歳〜75歳未満)は75万人、後期高齢者(75歳以上)は601万人で、第1号被保険者の認定者に占める割合は、それぞれ11.1%、88.9%となっています。

コレも出た!
2019(令和元)年度末における85歳以上の被保険者に占める要介護又は要支援と認定された割合は、50%を超えている。(26回1)

● **家族による介護機能の低下**

近年、要介護者のいる世帯の世帯構造が大きく変化しており、高齢者単独世帯が増加するなど、家族による介護機能の低下が著しくなってきています(次表を参照)。

表1-1-1　要介護者等のいる世帯の世帯構造の割合

年次	単独世帯	核家族世帯(うち夫婦のみ)	3世代世帯	その他の世帯
平成13年	15.7%	29.3%(18.3%)	32.5%	22.4%
平成22年	26.1%	31.4%(19.3%)	22.5%	20.1%
令和4年	30.7%	42.1%(25.0%)	10.9%	16.4%

(出所)厚生労働省資料「令和4年 国民生活基礎調査の概況」をもとに作成

家族や社会における介護問題

● **高齢期の生活に対する意識**

厚生労働省公表資料の「平成27年度 少子高齢社会等調査検討事業報告書」によると、「老後の不安」という質問(回答は3つまで)については、「健康上の問題」が73.6%、「経済上の問題」が60.9%と上位を占めています。また、「高齢期に生活したい場所」(回答は1つ)については、「自宅(これまで住み続けた自宅、子どもの家への転居を含む)」が72.2%と自宅志向の強さがうかがえます。

コレも出た!
ひきこもりや社会的孤立の問題として、「8050問題」が顕在化している。(23回3)

コレも出た!
介護者が育児と介護を同時に行う「ダブルケア」が問題となっている。(23回3)

● **介護者の状況**

次表に示すように、主な介護者は「同居の家族等」(45.9%)が約半数以上を占め、これに「別居の家族等」(11.8%)を加えると57.7%に上ります。このように、現

在も家族による介護に大きく依存しているのが実情といえます。

表1-1-2　主な介護者の構成割合

同居 (45.9%)	配偶者(22.9%)	非同居 (54.1%)	別居の家族等(11.8%)
	子(16.2%)		事業者(15.7%)
	子の配偶者(5.4%)		その他(0.6%)
	父母(0.1%)		不詳(26.0%)
	その他の親族(1.2%)		―

(出所)厚生労働省資料「令和4年 国民生活基礎調査の概況」をもとに作成

● 近年の問題

🐑 重要ポイント　現在では「老老介護」や「認認介護」、ひきこもりなどによる「5080問題」のほか、「ヤングケアラー問題」など複雑な家族介護状況が顕在化してきている状況です。

　また、女性が介護のためにやむを得ず離職するケースも多く、職業上の経験蓄積を阻害する要因となっています。

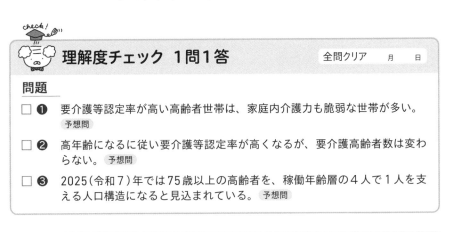

check!

理解度チェック　1問1答　　　全問クリア　　月　　日

問題

☐ ❶ 要介護等認定率が高い高齢者世帯は、家庭内介護力も脆弱な世帯が多い。 予想問

☐ ❷ 高年齢になるに従い要介護等認定率が高くなるが、要介護高齢者数は変わらない。 予想問

☐ ❸ 2025(令和7)年では75歳以上の高齢者を、稼働年齢層の4人で1人を支える人口構造になると見込まれている。 予想問

解答解説　❶○　❷✕ 要介護高齢者数は増加する。　❸✕ 3人で1人を支える人口構造となる。

2 介護保険制度の創設と実施状況

頻出度　★

「ここを押さえよう！」

介護保険制度が社会保険方式で運営されていること、利用者本位の制度であることを理解し、第1号被保険者と要介護認定者の数の変化を知っておきましょう。

介護保険制度の目的と概要

● 介護保険制度創設の目的

制度創設の目的は、従来は分立していた高齢者介護に対する社会的支援の仕組みを統合し、社会保険方式を導入することで、福祉サービスも保健サービスも同様の手続き・利用者負担で総合的に利用できる利用者本位の仕組みを提供することにありました。

● 利用者本位のサービスの提供

利用者とサービス提供事業者との「契約」を前提とすることで、多様な介護サービスを提供し、できる限り在宅介

護の実現に努めることを目指しています。高齢者が自らの意思に基づいて自分に適するサービスを選択・利用することを基本とした「利用者本位」の仕組みとなっています。

重要ポイント 介護保険の給付は、できる限りその軽減を図り、悪化を予防することが重要となります。市町村の地域支援事業などと連携を図りながら、リハビリテーションの充実に努めることが必要です。

社会保険方式の概要

コレも出た！
社会保険の種類や内容
及び財源。(26回3)

社会保険制度の運用に必要な費用(介護サービス等の費用など)は、保険料と租税(公費)によって賄われています。この方式を「社会保険方式」と呼びます。介護サービス等の費用は、国民の共同連帯の理念(相互扶助の精神)に基づくものです。

第1号被保険者と要介護者の数の増加

コレも出た！
第1号被保険者におけ
る要介護及び要支援認
定者の割合や、そのう
ちの要介護3以上の割
合。(23回1、25回4)

第1号被保険者(65歳以上の人)の数は、介護保険制度創設時の2,242万人から2021(令和3)年3月末の3,589万人へと大幅に増加しており、要介護(要支援)認定を受けた人の数も、2000(平成12)年の256万人から2021(令和3)年3月末の677万人へと急激に増加しています。

また、要支援・要介護度別の構成比率は、次表のようになっています。

表1-2-1　要支援・要介護度別の構成比

	要支援		要介護1	要介護2	要介護3	要介護4	要介護5
平成12年度	12.6%		27.4%	18.9%	13.9%	14.2%	13.2%
	要支援1	要支援2	要介護1	要介護2	要介護3	要介護4	要介護5
令和3年度	14.1%	13.8%	20.7%	16.9%	13.3%	12.7%	8.5%

(出所)厚生労働省資料「令和3年度 介護保険事業状況報告(年報)」をもとに作成

介護予防・介護サービスの受給者数と介護給付費等の推移

　介護予防・介護サービス受給者数は、介護予防サービスの見直しなどもあり、2018（平成30）年度は一時的に減少したが、2021（令和3）年度には638万人となって増加しています。また、介護給付費等（保険給付額、公費負担額、利用者負担額の合計）も増加を続け、2020（令和2）年度には10.7兆円に達しています（次表を参照）。

表1-2-2　介護予防・介護サービスの実受給者数と介護給付費等の推移

	平成30年度	令和元年度	令和2年度	令和3年度
実受給者数	597万人	611万人	622万人	638万人
介護給付費等	10.2兆円	10.5兆円	10.8兆円	11.0兆円

（出所）厚生労働省資料「令和3年度 介護給付費等実態統計の概況」をもとに作成

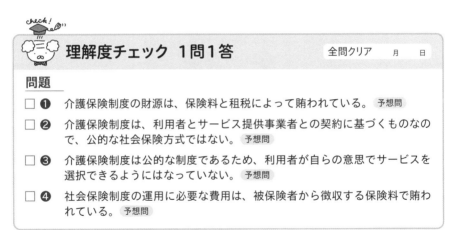

check！

理解度チェック　1問1答

全問クリア　　月　　日

問題

☐ ❶　介護保険制度の財源は、保険料と租税によって賄われている。　予想問

☐ ❷　介護保険制度は、利用者とサービス提供事業者との契約に基づくものなので、公的な社会保険方式ではない。　予想問

☐ ❸　介護保険制度は公的な制度であるため、利用者が自らの意思でサービスを選択できるようにはなっていない。　予想問

☐ ❹　社会保険制度の運用に必要な費用は、被保険者から徴収する保険料で賄われている。　予想問

解答解説　❶○　❷✕ 公的な社会保険方式である。❸✕ 利用者がサービスを選択できる利用者本位のシステムである。❹✕ 制度の運用に必要な費用は保険料と租税（公費）によって賄われている。

3 社会保障と 社会保険の体系

「ここを押さえよう！」 頻出度 ★★

社会保険が介護保険、医療保険、年金保険、雇用保険、労働者災害補償保険で構成されていることを理解し、介護保険・医療保険の要点を把握しましょう。

社会保障の体系

コレも出た！
社会保険の制度は、社会保障のリスク分散の考えに基づく保険財政の安定化を図る制度。(24回3)

● 社会保障制度とは

①公的な責任に基づき、②生活困難や不安定な状態に陥った国民に、③生活を健やかで安心できるものにするために、④生活を保障する給付を行う、制度です。

● 社会保障の主な範囲

社会保障は、財源の違いにより、社会保険方式と社会扶助方式に分けられます。社会保険方式は保険料と租税（公費）の２つを財源としていますが、社会扶助方式は租税（公費）を主な財源としています。

社会保障の範囲と種類を、次表に示します。

表1-3-1 社会保障の範囲と種類

社会保険 方式	社会保険	医療保険、介護保険、年金保険、雇用保険、労働者災害補償 保険（労災保険）
社会扶助 方式	公的扶助	生活保護　ほか
	社会福祉	児童福祉、障害者福祉、高齢者福祉、社会手当（児童手当等）

社会保険の分類

　社会保険は、対象者により被用者保険と自営業者保険に、対象とする区域・領域により職域保険と地域保険に、加入期間と保険給付期間の長短や保険財政の形態により短期保険と長期保険に区分されます。

● 介護保険の概要

　介護保険の被保険者には、被用者も自営業者も含まれます。介護保険は、市町村が保険者であり、市町村の住民を対象としていることから、地域保険といえます。また、各年度の保険給付に要する費用を基本的にその年度の保険料収入で賄っているため、短期保険といえます。

医療保険の体系

図1-3-1 医療保険の体系

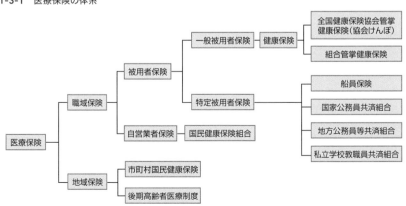

コレも出た！
後期高齢者医療広域連合の障害認定を受けた65歳以上75歳未満の人も、被保険者となる。（19回60改）

コレも出た！
保険料の一部負担の割合は、原則1割だが、現役並み所得者は3割である。（19回60改）

● 後期高齢者医療制度とは

重要ポイント 生活保護を受けている世帯に属する者を除く後期高齢者（75歳以上の人）を加入者（被保険者）とし、都道府県単位の広域連合（後期高齢者医療広域連合）を保険者とする地域保険です。後期高齢者医療制度の根拠となる法律は、「高齢者の医療の確保に関する法律（高齢者医療確保法）」です。

● 後期高齢者医療制度の保険給付

　この制度の医療の対象となる保険給付は、①療養の給付、②入院時食事療養費、③入院時生活療養費、④保険外併用療養費、⑤療養費、⑥訪問看護療養費、⑦特別療養費、⑧移送費、⑨高額療養費、⑩高額介護合算療養費、⑪条例で定める給付です。

理解度チェック　1問1答

全問クリア　　月　　　日

問題

□ ❶ 後期高齢者医療制度の給付には、高額療養費と高額介護合算療養費が含まれる。 19回60改

□ ❷ 生活保護世帯に属する者も、後期高齢者医療制度の被保険者となる。 19回60

□ ❸ 後期高齢者医療制度の運営主体は、都道府県ごとにすべての市町村が加入して設立された「後期高齢者医療広域連合」である。 16回59

□ ❹ 介護保険は、職域保険に位置づけられる。 15回4

解答解説　❶○　❷×生活保護世帯に属する人が、イコール被保険者ということではない。❸○　❹×地域保険に位置づけられる。

前期高齢者医療制度と、後期高齢者医療制度の違いを教えてください。

前期高齢者医療制度は、65～74歳を対象に被用者保険、国民健康保険間の医療費負担を調整する制度。後期高齢者医療制度は、75歳（寝たきり等の場合は65歳）以上の人が加入する独立した医療制度だよ。

4 介護保険制度の概要

「ここを押さえよう！」 頻出度 ★★

次ページの図で制度の全体像を把握し、介護保険法の重要トピックを押さえ
ておきましょう。また、保険事故の定義についても把握しておきましょう。

国民の **努力** および **責務!**

予防　健康増進

能力
維持向上

公平な
費用負担

介護保険制度の全体像

　介護保険制度は、市町村を保険者とし、基本的に40歳
以上の居住者を被保険者とする社会保険の仕組みを採用
しています。詳しくは図1-4-1を参照。

介護保険制度の基本原則

1 制度の目的（法1条関連）

　加齢に伴って生ずる心身の変化に起因する疾患等によ
り要介護状態となり、介護・機能訓練・看護・医療が必

コレも出た！
介護保険法第1条（目
的）に規定されている
文言が問われた。（21
回1）

図1-4-1　介護保険制度の全体像（保険給付に関わるもの）

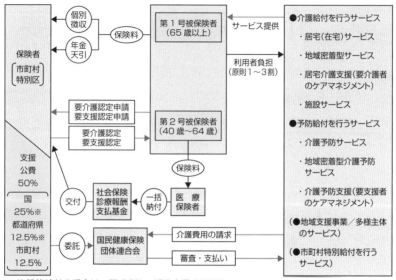

※ 施設等給付の場合は、国20%、都道府県17.5%。

要になった人等について、その尊厳を保持し、その有する能力に応じ自立した日常生活を営むことができるように、必要な保健医療サービスと福祉サービスに関わる給付を行うため、国民の共同連帯の理念に基づいた制度を設け、国民の保健医療の向上と福祉の増進を図ることとされています。

2 保険事故と保険給付の基本

コレも出た！
医療保険では、業務外の事由による疾病や傷病等を保険事故と呼ぶ。
（15回4改）

　保険事故とは、保険給付が発生する原因となる被保険者の特定の状態のことをいいます。介護保険制度における保険事故の状態としては、被保険者の要介護状態と要支援状態の2種類があります。

　保険給付とは、保険事故が発生した場合に、被保険者に支給される金銭や提供されるサービス・物品のことです。原則として、被保険者は保険事故の発生により保険者から保険給付を受け取る権利（受給権）を取得します。

❸ 介護給付の基本理念（法2条関連）

🐝 **重要ポイント** 介護保険制度における保険給付の基本理念は次の5つです。

① 要介護・要支援状態の軽減・悪化防止
② 医療との連携への十分な配慮
③ 利用者の選択に基づく適切なサービスの提供
④ 多様な事業者・施設によるサービスの提供
⑤ 在宅での能力に応じた自立した日常生活の重視

❹ 国民の努力および責務（法4条関連）

国民には次の努力と責務が求められています。

① 自ら要介護状態になることを予防し、常に健康の保持増進に努める。
② 要介護状態になった場合に、進んでリハビリテーションその他の適切な保健・医療・福祉サービスの利用など、その有する能力の維持向上に努める。
③ 共同連帯の理念に基づき、保険事業の費用を公平に負担する。
④ 保険料等によるサービス費用等の自己負担も行っていく。

🐝 # 法3、5、6、7、8条関連

　法3条は「保険者（市町村および特別区❶）」について定義しています。

　法5条は「国と地方公共団体の責務」について定義しています。

　法6条は「医療保険者の協力」について定義しています。

📖 **用語解説**
❶ 特別区
東京都23区を指す。

🐑 **コレも出た！**
介護保険法の第8条の「居宅介護支援」の項には、「居宅サービス計画の作成」と「指定居宅サービス事業者との連絡調整」についての規定がある。（19回2改）

法7条は「要介護・要支援状態、介護支援専門員など」について定義しています。

　法8条は「居宅サービス、訪問介護、訪問看護、訪問リハビリテーション、居宅療養管理指導、通所介護、居宅サービス支援など」について定義しています。

理解度チェック 1問1答

全問クリア　　月　　日

問題

☐ ❶ 介護保険法の第1条と第2条には、「自立した日常生活」、「要介護状態等の軽減」、「医療との連携」などの文言が規定されている。 19回1改

☐ ❷ 介護保険法の第8条の「居宅介護支援」の項には、「居宅サービス計画の作成」および「社会福祉協議会との連絡調整」についての規定がある。 19回2改

☐ ❸ 医療保険は、業務外の事由による疾病、傷病等を保険事故とする。 15回4

☐ ❹ 介護保険法の第4条に、「(国民は)共同連帯の理念に基づき、保険事業の費用を公平に負担する」と規定されている。 予想問

解答解説　❶○　❷✕ 社会福祉協議会ではなく指定居宅サービス事業者との連絡調整。
❸○　❹○

保険事故の意味がわかりにくいんですが？

事故というと普通は乗り物などの事故を連想するが、介護保険では被保険者が保険給付を必要とする状態(要支援または要介護)になることを意味しているんだ。

5 保険者・国・都道府県の責務

「ここを押さえよう！」

頻出度 ★★★

保険者としての市町村の責務・事務内容、国の責務・事務内容、都道府県の責務・事務内容のポイントを押さえておきましょう。

保険者（市町村）の責務と事務

1 保険者の責務

　保険者である市町村（特別区を含む）は、被保険者を把握・管理し、保険事故[1]が発生した場合には、被保険者に対し保険給付を行います。また、被保険者から介護保険料を徴収し、その保険料や国・都道府県・市町村からの負担金等を財源とし、特別会計を設けて介護保険料の収入・支出を管理します。

📖 用語解説

[1] 保険事故

被保険者の日常生活基本的動作の全部または一部に支障が生じて要支援または要介護状態になることを指す。

2 保険者の事務

　市町村は、法令により、以下の事務を行うことが義務づけられています。

- **被保険者の資格管理に関する事務**
  - 被保険者の資格管理
  - 資格管理台帳の作成
  - 被保険者証の発行・更新
  - 住所地特例**2**の管理
- **要介護認定、要支援認定に関する事務**
  - 要介護認定・要支援認定事務：要介護・要支援認定に関する調査等の事務
  - 介護認定審査会の設置
- **保険給付管理の事務**
  - 介護給付費の現物給付および支払い：国民健康保険団体連合会（国保連）に委託
  - 償還払いによる保険給付
  - 第三者行為求償事務（国保連に委託）
  - 被保険者が居宅介護サービス計画（ケアプラン）作成を事業者に依頼する旨の届出の受付等
  - 種類支給限度基準額の設定・区分支給限度基準額の上乗せおよび管理
  - 居宅介護福祉用具購入費・住宅改修費の支給等
  - 高額介護サービス費の支給等
  - 給付の適正化関係事務
  - 市町村特別給付の実施
- **サービス提供事業者に関する事務**
  - 指定居宅介護支援事業、指定地域密着型サービス事業、指定地域密着型介護予防サービス事業、指定介護予防支援事業の人員・設備・運営に関する基準等の設定
  - 居宅介護支援事業者、地域密着型サービス事業者、地

用語解説

2 住所地特例
介護保険施設、特定施設、養護老人ホームの入居者は、入所前に住んでいた住所の市町村を保険者とするという特例。

域密着型介護予防サービス事業者、介護予防支援事業者に対する指定・指定更新・指導監督

- 上記以外のサービス提供事業者への報告等の命令と立入検査等
- 都道府県知事が介護保険施設等の指定を行う際の意見提出
- 定期巡回・随時対応型訪問介護看護等の見込量を確保するための居宅サービス事業者の指定についての都道府県知事への協議の要求

● **地域支援事業と保健福祉事業（市町村独自の事業）の実施**
- 地域支援事業の実施
- 地域包括支援センター設置に関する事務の実施
- 保健福祉事業の実施

● **市町村介護保険事業計画の策定**
- 計画を、3年を1期として策定・変更
- 自立支援等施策にかかる取組み

● **保険料に関する事務**
- 第1号被保険者保険料率の決定等
- 第1号被保険者保険料の徴収は、原則として、年金からの特別徴収および保険者による普通徴収にて実施
- 保険料滞納被保険者に対する各種措置（督促・滞納処分）
- 保険料の減免

● **会計に関する事務**
- 特別会計の設置・管理
- 公費負担の申請・収納等
- 介護給付費交付金、地域支援事業支援交付金の申請・収納等
- 財政安定化基金への拠出、交付・貸付申請、借入金の返済

コレも出た！
普通徴収される保険料の納期や第1号被保険者の保険料率は、市町村の条例で定められる。（18回10改）

コレも出た！
保険事業勘定と介護サービス事業勘定は特別会計に区分される。（18回11改）

● **地域支援事業に関する事務**
- 介護予防・日常生活支援総合事業（すべての市町村で実施）
- 介護予防・生活支援サービス事業（訪問型・通所型サービスや栄養改善を目的とした配食・安否確認など）
- 介護方法の指導など、介護者を支援するその他の事業

国の責務と事務

1 国の責務

　国は、介護保険事業が健全・円滑に行われるよう、サービス提供体制を確保するために必要な施策や措置を講じます。

2 国の事務

　国は、その責務を果たすために、以下に示す事務を行います。

● **制度運営に必要な各種基準等の設定**
- 要介護・要支援の認定基準
- 介護報酬の算定基準
- 区分支給限度基準額
- 都道府県や市町村がサービス提供事業者の人員・設備・運営に関する基準を定めるに当たって「従うべき」基準、「標準とすべき」基準、「参酌すべき」基準
- 第2号被保険者負担率（第2号被保険者の費用負担割合）
- 介護予防・日常生活支援総合事業の実施のための指針作成・公表

- **保険給付、地域支援事業、都道府県の財政安定化基金等に対する財政負担**
  - 国庫負担20％と調整交付金5％
  - 地域支援事業（介護予防事業25％、その他40.5％）
  - 財政安定化基金への負担金（3分の1）
- **介護サービス基盤の整備**
  - 市町村介護保険事業計画等を策定するためのもととなる、「介護保険事業に係る保険給付の円滑な実施を確保するための基本的な指針」（制度の大枠）の策定および支援
  - 市町村介護保険事業計画、都道府県介護保険事業支援計画の作成・実施・評価等に資するための調査、分析
  - 都道府県計画の作成上重要な技術的事項の助言
  - 市町村介護保険事業計画、都道府県介護保険事業支援計画に定められた事業の円滑な実施のための情報提供、助言等の援助
- **事業の健全・円滑な運営のための指導・監督・助言等**
  - 市町村への介護保険事業の実施状況に関する報告請求
  - 都道府県・市町村が行うサービス提供事業者等に対する指導監督業務等についての報告請求・助言・勧告
  - 医療保険者が行う介護給付費・地域支援事業支援納付金の納付関係業務に関する報告徴収・実地検査
  - 社会保険診療報酬支払基金が行う介護保険関係業務に関する報告徴収・実地検査
  - 国保連が行う介護保険事業関係業務に関する指導監督

コレも出た！
国または地方公共団体の事務や責務について。
（21回4）

1 介護支援分野

- 介護に関連する施策の包括的な推進
- 認知症に関する調査研究の推進等（国と地方公共団体の責務）
  - 事業推進に当たっての障害者福祉施策との連携
  - 認知症に関する知識の普及・啓発

都道府県の責務と事務

1 都道府県の責務

コレも出た！
介護保険法の規定する介護保険関連情報の調査及び分析内容。厚生労働大臣・都道府県・市町村に関する内容。(26回10)

　広域的な自治体である都道府県は、市町村に対し、介護保険事業が健全・円滑に行われるよう、適切な助言と援助をしなければなりません。

2 都道府県の事務

都道府県は以下の事務を行います。

- **要介護認定・要支援認定業務の支援に関する事務**
  - 市町村による介護認定審査会共同設置等の支援
  - 市町村からの委託による認定に関わる審査判定業務、受託した場合の「都道府県介護認定審査会」の設置
  - 指定市町村事務受託法人の指定
- **財政支援に関する事務**
  - 保険給付、地域支援事業に対する財政負担
  - 「財政安定化基金」の設置・運営
  - 市町村相互財政安定化支援事業の支援
- **サービス提供事業者に関する事務**

コレも出た！
都道府県知事が指定する事業者が行うサービスには、特定福祉用具販売と介護予防短期入所療養介護も含む。(24回9)

  - 指定居宅サービス事業、指定介護予防サービス事業、介護保険施設等の人員・設備・運営に関する基準の設定
  - 居宅サービス事業者、介護保険施設、介護予防サービス事業者に対する指定または許可・指定更新・指導監督等

- 市町村が行う地域密着型特定施設入居者生活介護の指定に際しての助言・勧告
- **介護サービス情報の公表に関する事務**
  - 介護サービス事業の公表および必要と認める場合の調査(指定法人に委託が可能)
  - 介護サービス情報の公表に関する事業者(指定情報公表センター)に対する指導・監督
- **介護支援専門員の養成等および登録に関する事務**
  - 介護支援専門員の登録・登録更新
  - 介護支援専門員証の交付
  - 介護支援専門員の試験および現任研修の実施
- **介護サービス基盤の整備に関する事務**
  - 都道府県介護保険事業支援計画の策定・変更
  - 市町村介護保険事業計画作成上の技術的事項についての助言
  - 市町村が行う自立支援等施策にかかる取組み等の支援
- **その他**
  - 介護保険審査会の設置・運営(委員定数の決定を含む)
  - 市町村に対する介護保険事業の実施状況に関する報告請求
  - 医療保険者が行う介護給付費・地域支援事業支援納付金の納付関係業務に関する報告徴収・実地検査
  - 社会保険診療報酬支払基金が行う介護保険関係業務に関する報告徴収・実地検査
  - 国保連が行う介護保険事業関係業務に関する指導監督
  - 市町村が行うサービス提供事業者等に関する指導監督業務等についての報告請求・助言・勧告
  - 指定都道府県事務受託法人の指定

🐝 知っトク！

条例制定に関する基準
には次の3つがある。

①従うべき基準：条例
　内容を直接的に拘束
　する、必ず適合する
　基準

②標準とすべき基準：
　合理的な理由がある
　範囲内で地域の実情
　に応じて定めること
　が許容される基準

③参酌すべき基準：①
　②以外で、地方自治
　体が参酌した結果で
　あれば許容される基
　準

🐤✏️コレも出た！

地域包括支援センター
の職員の員数は、市町
村が条例で定める内容
である。（24回6）

3 条例

　条例とは、地方公共団体がその権限に属する事務を遂行するために、議会の議決を経て制定する法規のことです。

条例で定める主な事項

①介護認定審査会の委員定数

②区分支給限度基準額の上乗せ

③種類支給限度基準額の設定

④福祉用具購入費・住宅改修費支給限度基準額の上乗せ

⑤市町村特別給付

⑥第1号被保険者に対する保険料率の算定

⑦普通徴収にかかる保険料納期

⑧保険料の減免・徴収猶予

⑨その他保険料の賦課徴収等に関する事項

⑩過料に関する事項

⑪介護予防・日常生活支援総合事業

⑫地域包括支援センターの基準

⑬指定地域密着型介護老人福祉施設の入所定員

※ 都道府県においては、介護保険審査会の公益代表委員の定数を規定しなければならない。

● 基準の条例委任

　介護保険法で規定されている前記のサービスや施設の人員、設備、運営に関する基準については、都道府県または市町村の条例で定めるよう国から委任されています。

都道府県の条例に委託されているサービス

①基準該当居宅サービス

②基準該当介護予防サービス

③指定居宅サービス

④指定介護老人福祉施設

⑤介護老人保健施設

⑥指定介護療養型医療施設

⑦指定介護予防サービス

⑧介護医療院

市町村の条例に委任されているサービス

①基準該当居宅介護支援

②基準該当介護予防支援

③指定地域密着型サービス

④指定地域密着型介護予防サービス

⑤指定介護予防支援

⑥指定居宅介護支援

理解度チェック 1問1答

全問クリア　　月　　日

問題

- ☐ ❶ 指定介護老人福祉施設の設備および運営に関する基準は、市町村の条例で定める。 18回10改

- ☐ ❷ 普通徴収される保険料の納期や第1号被保険者の保険料率は、市町村の条例で定められる。 18回10改

- ☐ ❸ 財政安定化基金拠出金の納付は、市町村の事務ではない。 18回11改

- ☐ ❹ 指定居宅サービスや指定居宅介護支援などの人員・設備・運営に関する基準は、都道府県の条例で定めるよう委任されている。 16回3改

- ☐ ❺ 居宅介護サービス費等区分支給限度基準額の設定は、都道府県の事務である。 15回2

- ☐ ❻ 介護保険に関する収入および支出について、保険者は特別会計を設けなければならない。 15回3改

解答解説　❶✕ 都道府県の条例で定める。　❷〇　❸✕ 市町村の事務である。　❹〇　❺✕ 国の事務である。　❻〇

6 介護保険事業計画

「ここを押さえよう！」　　　　　　　　　頻出度 ★★★

国の基本方針と根拠となる法律、都道府県の介護保険事業支援計画、市町村の介護保険事業計画の要点を把握しておきましょう。

国の基本指針

コレも出た！
地域医療介護総合確保基金に関する内容、特に事業支弁対象者について。（26回11）

　厚生労働大臣は、介護保険事業に関わる保険給付の円滑な施行を促すために基本的な指針を定めます。「地域における医療及び介護の総合的な確保の促進に関する法律」に規定する「総合確保方針」に即した介護保険事業のための基本方針は次のとおりです。

● サービスの提供体制の確保および地域支援事業の実施に関する基本的事項
● 市町村介護保険事業計画および都道府県介護保険事業支援計画の作成に関する事項

都道府県介護保険事業支援計画

　都道府県は、国の基本方針に従い、3年を1期とする都道府県介護保険事業支援計画を策定します。この計画は、都道府県老人福祉計画と一体のものでなければならず、医療計画や総合確保方針との整合性を確保する必要があります。また、都道府県地域福祉計画・高齢者居住安定確保計画等と調和のとれたものでなければなりません。

都道府県計画で「定めるべき事項」「定めるよう努める事項」

定めるべき事項
- 都道府県が定める区域ごとの各年度の介護専用型特定施設入居者生活介護・地域密着型特定施設入居者生活介護・地域密着型介護老人福祉施設入所者生活介護にかかる必要利用定員総数の見込み
- 介護保険施設の種類ごとの必要入所定員総数その他の介護給付等対象サービスの量の見込み
- 市町村による自立支援等施策への支援に関し、都道府県が取り組むべき施策とその目標に関する事項

定めるよう努める事項
- 介護保険施設等の生活環境の改善のための事業
- 介護サービス情報の公表に関する事業
- 介護支援専門員・地域支援事業に従事する者の確保または資質向上に資する事業
- 介護保険施設相互間の連携の確保に関する事業
- 介護予防・日常生活支援総合事業・包括的支援事業に関する市町村相互間の連絡調整の事項
- 老人福祉圏域ごとの有料老人ホーム・サービス付き高齢者向け住宅の入居定員総数

コレも出た！
介護専用型特定施設入居者生活介護の必要利用定員総数を定める。（20回12）

🐝 市町村介護保険事業計画

コレも出た！
市町村介護保険事業計画と市町村の他の計画に関連する計画策定の内容。(22回8)

重要ポイント 市町村は、国の基本方針に即して、3年を1期とする市町村介護保険事業計画を策定します。この計画は、市町村老人福祉計画と一体のものでなければならず、市町村地域福祉計画等と調和のとれたものでなければなりません。

市町村計画で「定めるべき事項」「定めるよう努める事項」

定めるべき事項

● 各年度の認知症対応型共同生活介護・地域密着型特定施設入居者生活介護等の必要利用定員総数とサービスの種類ごとの量の見込み

● 各年度の地域支援事業の量の見込み

● 被保険者の自立した日常生活支援、介護予防、要介護状態等の軽減等、介護給付等に要する費用の適正化に関し、市町村が取り組むべき施策とその目標に関する事項

定めるよう努める事項

● 定めるべき事項の見込量の確保のための方策

● 地域支援事業に要する費用額と見込量の確保の方策

● サービスの種類ごとの量・保険給付に要する費用の額・地域支援事業の量、地域支援事業に要する費用の額および保険料の水準に関する中長期的な推計

● 介護支援専門員、その他介護給付等対象サービス地域支援事業に従事する者の確保及び資質向上、その業務の効率化など、都道府県と連携した取組みに関する事項

● 居宅サービス事業者・介護予防サービス事業等を行う者相互間の連携の確保に関する事業、その他の介護給付等対象サービスの円滑な提供を図るための事業に関する事項

● 認知症である被保険者の、地域における日常生活支援

や教育・地域づくり・雇用に関する施策等総合的な推進に関する事項

● 圏域ごとの有料老人ホーム、及びサービス付き高齢者向け住宅の入居定員総数

● 地域支援事業と高齢者保健事業、及び国民健康保険保健事業の一体的な実施に関する事項など、被保険者の地域における自立した日常生活の支援のための必要な事項

理解度チェック 1問1答

全問クリア　月　日

問題

□ ❶ 市町村介護保険事業計画は、市町村地域福祉計画と一体のものとして作成する。 17回1改

□ ❷ 都道府県介護保険事業支援計画は、医療計画と調和が保たれたものとして作成する。 16回7改

□ ❸ 介護保険事業計画の計画期間は、5年を1期とする。 15回9改

解答解説　❶ ✕ 市町村老人福祉計画と一体のものでなければならない。 ❷ ✕ 医療計画との整合性を確保する必要がある。 ❸ ✕ 3年を1期とする。

市町村介護保険事業計画と関連して考えられる計画には、どんなものがありますか?

市町村老人福祉計画は、市町村介護保険事業計画と一体なものとして作成しなければならないとされているよ。また、市町村介護保険事業計画と調和が保たれたものでなければならないとされている計画には、市町村地域福祉計画や市町村高齢者居住安定確保計画などがあるよ。

7 被保険者

 「ここを押さえよう！」　　　　　　　　　　頻出度 ★★★

対象者、受給者、保険料の徴収方法、適用除外（被保険者から除外される条件）、資格の取得・喪失の時期と届出、被保険者証、住所地特例の要点を把握しておきましょう。

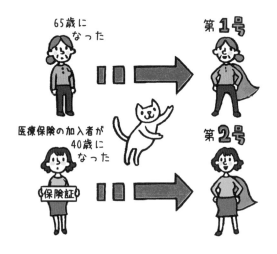

被保険者の定義

● 被保険者の概念と強制適用

　被保険者とは、保険に加入して事故に備え保険料納付の義務を負うとともに、保険事故が発生した場合は、保険給付を受ける主体を指します。

　介護保険では、当人の加入意思の確認や届出等の手続き等を経ずに一定の要件に該当する人はすべて被保険者となります。これを強制適用（強制加入）と呼びます。

● 被保険者の資格要件

　介護保険法における被保険者は、次表のとおりです。

表1-7-1　第1号被保険者と第2号被保険者の違い

	第1号被保険者	第2号被保険者
対象者	65歳以上で市町村の区域内に住所を有する者	40歳以上65歳未満で市町村の区域内に住所を有し、医療保険に加入している者
受給者	要介護者・要支援者	要介護者・要支援者であり、その原因が特定疾病によるもの
保険料の徴収方法	年金額が18万円以上の場合は特別徴収(公的年金等から天引き)、それ以外は普通徴収	医療保険者が医療保険料として徴収し、納付金として一括納付

　住所を有することが被保険者の条件であるため、日本国籍のない外国人でも、一定の要件を満たせば被保険者となり、日本国籍があっても海外に長期在住しているなどの理由で住民票が日本にない場合は、被保険者となりません。

● **適用除外**

　下記の適用除外施設に入所・入院している人は、「当分の間」被保険者から除外されます。

　適用除外施設は、障害者支援施設、指定障害者福祉サービス事業者である病院、医療型障害児入所施設、医療型児童発達支援を行う医療機関、生活保護法上の救護施設などです。

🐝 **被保険者資格の取得と喪失**

● **資格の取得・喪失の時期**

　介護保険では、適用要件となる事実が発生した日に資格を取得したものとみなし(事実発生主義)、事実発生の日にさかのぼって被保険者として扱います(遡及適用)。

コレも出た！
被保険者にならない適用除外施設の種類。(22回3、26回5)

コレも出た！
被保険者資格の取得と喪失で、転出した場合はその日から転出先の被保険者となる。また、死亡した場合は、その翌日から被保険者資格を喪失する。(25回5)

資格を取得する時期

①年齢到達（誕生日の前日）
②住所移転の場合（当該市町村に住所を有するに至ったとき、適用除外施設を退所または退院したとき）
③被保護者から医療保険加入者になったとき
④被保護者が65歳に達したとき

資格を喪失する時期

①住所を有しなくなった日の翌日（または当日）
②適用除外施設に入所した日の翌日
③死亡したとき（当日または翌日）
④第2号被保険者が医療保険加入者でなくなった当日

● **資格の取得・喪失の届出**

　第1号被保険者には、資格の得喪に関し、次のような場合は、14日以内の届出義務があります。

届出義務が生じる場合

①転入や住所地特例被保険者ではなくなったことによる資格取得
②外国人で65歳に達したとき（ただし、届出事項を公簿等で確認できる場合は省略可）
③氏名の変更
④同一市町村内での住所変更
⑤所属世帯または世帯主の変更
⑥転出・死亡による資格喪失
※③～⑥の場合は、被保険者証を添付し届出を行う。

　第2号被保険者には、一律の届出義務はありませんが、要介護認定等を受けた場合や被保険者証の交付を申請した場合は、市町村の管理上、届出が必要となります。

● **被保険者証**

　被保険者証とは、被保険者であることを示す全国一律

コレも出た！
利用者は、被保険者証に記載されている居宅サービスの種類の変更申請ができる。（16回19改）

の様式の証明書です。

第1号被保険者には、原則として全員に交付されますが、第2号被保険者の場合は、要介護（要支援）認定を申請した人か交付の求めのあった人に交付されます。

● 住所地特例

介護保険制度では、住所地である市町村の被保険者となることが原則で、これを住所地主義といいます。ただし、介護保険施設等に入所することで、施設所在地に住所を変更した被保険者については、以前の住所地の市町村がそのまま保険者になり続ける特例措置を設け、これを住所地特例といいます。

重要ポイント 住所地特例対象施設は、介護保険施設（介護老人保健施設、指定介護老人福祉施設、指定介護療養型医療施設、介護医療院）、有料老人ホーム、養護老人ホーム、軽費老人ホーム（ケアハウス）、サービス付き高齢者向け住宅（有料老人ホームに該当するサービスを提供するもの）です。

理解度チェック　1問1答

全問クリア　　月　　日

問題

- □ **❶** 軽費老人ホームは、住所地特例の対象施設である。 19回6改
- □ **❷** 有料老人ホームは、住所地特例の対象施設ではない。 19回6改
- □ **❸** 65歳以上の生活保護受給者は、住所がなくても第1号被保険者となる。 19回12
- □ **❹** 児童福祉法上の医療型障害児入所施設の入所者は、介護保険の被保険者にはならない。 19回12改

解答解説　**❶**〇　**❷**✕ 住所地特例の対象施設である。　**❸**✕ 住所がないと介護保険の被保険者にはなれない。　**❹**〇

8 要介護者（状態）・要支援者（状態）

要介護状態と要支援状態の定義を理解し、第2号被保険者の要介護・要支援認定の条件となる特定疾病の定義と病名を知っておきましょう。

要介護状態・要支援状態の定義

● 要介護状態・要支援状態

　被保険者が、介護保険の給付を受けるためには、市町村の要介護認定・要支援認定を受ける必要があります。介護保険では、要介護状態・要支援状態のいずれかになったときを保険事故と呼びます。つまり、被保険者が、要介護状態にある要介護者か、要支援状態にある要支援者と認定された場合に、保険給付が行われます。

　要介護状態と要支援状態の違いを、以下に示します。

重要ポイント

・要介護状態：身体または精神上の障害のために入浴、排

せつ、食事などの日常生活の基本的な動作の全部または一部につき、6か月以上継続して常時介護を要すると見込まれる状態（5段階に区分）。

・要支援状態：身体または精神上の障害のために入浴、排せつ、食事などの日常生活の基本的な動作の全部または一部につき、6か月以上継続して常時介護を要する状態の軽減または悪化防止に特に資する支援を要すると見込まれる状態（2段階に区分）。

ただし、第2号被保険者（40歳以上65歳未満の者）の場合は、要介護・要支援状態の原因が特定疾病であることが認定の条件です。

● 特定疾病

特定疾病とは、次の3つの条件をすべて満たすものを指します。

① 心身の病的な加齢現象との医学的関係がある疾病であること

② 罹患率、有病率等について加齢との関係が認められ、医学的根拠が明確に定義できること

③ 継続して要介護状態となる割合が高いこと

現在、特定疾病に指定されているのは、次表に示す16種類です。

1 介護支援分野

ひ コレも出た！
末期の悪性腫瘍患者が利用できるのは、介護保険ではなく医療保険の訪問看護である。(17回28改)

> **特定疾病**
>
> ① がん（末期）
> ② 関節リウマチ
> ③ 筋萎縮性側索硬化症
> ④ 後縦靱帯骨化症
> ⑤ 骨折を伴う骨粗しょう症
> ⑥ 初老期の認知症
> ⑦ 進行性核上性麻痺・大脳皮質基底核変性症・パーキンソン病
> ⑧ 脊髄小脳変性症

⑨脊柱管狭窄症

⑩早老症

⑪多系統萎縮症

⑫糖尿病性神経障害・糖尿病性腎症・糖尿病性網膜症

⑬脳血管疾患

⑭閉塞性動脈硬化症

⑮慢性閉塞性肺疾患

⑯両側の膝関節または股関節の著しい変形を伴う変形性関節症

理解度チェック 1問1答

全問クリア 　月　　日

問題

- ☐ ❶ 要介護状態とは、基本的な日常生活動作について介護を要する状態が3か月以上継続すると見込まれる場合をいう。 15回13

- ☐ ❷ 介護保険では、要介護または要支援状態になることを保険事故という。 予想問

- ☐ ❸ 特定疾病には、末期のがんが含まれる。 予想問

- ☐ ❹ 骨折を伴わない骨粗しょう症も、特定疾病である。 予想問

- ☐ ❺ 変形性関節症は、両側の膝関節または股関節に著しい変形がある場合だけ特定疾病と認められる。 予想問

解答解説 ❶✕ 3か月以上ではなく、6か月以上。 ❷○ ❸○ ❹✕ 骨折を伴わない骨粗しょう症は特定疾病ではない。 ❺○

どんながんも特定疾病なんですか？

種類は問わないけれど、末期でないがんは特定疾病にはならないよ。同じように、骨折を伴わない骨粗しょう症も、特定疾病として認められないんだ。

9 要介護認定・要支援認定

 「ここを押さえよう！」 頻出度 ★★★

審査から認定までの流れ、審査判定の手順、介護認定審査会、認定調査、主治医意見書、認定・通知の要点を押さえておきましょう。

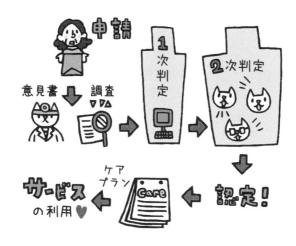

申請から認定までの流れ

1 申請

被保険者は、保険給付を受けようとする場合、申請書に記載し、介護保険の被保険者証（被保険者証の交付を受けていない第2号被保険者は、医療保険の被保険者証）を添えて市町村の窓口に申請します。

申請権があるのは本人だけですが、本人以外の申請代行も認められています。申請代行が可能な者は、次に示す職種等です。

● 成年後見人

コレも出た！
要介護認定の前でも、保険者が必要であると認めた場合には、暫定ケアプランを作成して介護サービスを利用することができる。（18回34）

コレも出た!
要介護認定の申請代行が可能な者として各サービス事業者の対象。
(22回21)

- 家族、親族等
- 民生委員、介護相談員等
- 社会保険労務士、地域包括支援センター
- 居宅介護支援事業者、地域密着型介護老人福祉施設、介護保険施設のうち省令で定める者

申請を受けた市町村は、原則として30日以内に認定を行わなければなりません。

2 認定調査・主治医意見書

● 認定調査の実施

申請を受けた市町村は、申請者の居宅を訪問し、全国一律の認定調査票を基に認定調査を行います。認定調査票❶は、①概況調査、②基本調査、③特記事項の3部から構成されています。

認定調査は、原則として市町村の職員が行いますが、被保険者が遠隔地に滞在しているなどの場合は、他の市町村に調査を委託することができます(次表を参照)。

用語解説
❶ 認定調査票
①身体機能・起居動作に関連する項目、②生活機能に関連する項目、③認知機能に関連する項目、④精神・行動障害に関連する項目、⑤社会生活への適応に関連する項目、⑥特別な医療に関連する項目、⑦日常生活自立度に関連する項目、からなっている。

表1-9-1　認定調査の担当者

新規	● 市町村の職員 ● 指定市町村事務受託法人
更新	● 市町村の職員 ● 指定市町村事務受託法人 ● 地域包括支援センター、指定居宅介護支援事業者、介護保険施設、地域密着型介護老人福祉施設、介護支援専門員のうち省令で定める者

● 主治医意見書

コレも出た!
市町村は、介護保険の新規認定調査を指定市町村事務受託法人に委託することができる。
(25回8)

重要ポイント　市町村は、認定調査と併行して、主治医に「主治医意見書」(①基本情報、②傷病に関する意見、③特別な医療、④心身の状態に関する意見❷、⑤生活機能とサービスに関する意見、⑥その他特記事項、から構成される)を求めます。この意見書は全国一律の様式です。

被保険者に主治医がいない場合には、被保険者は市町

村の指定する医師かその市町村の職員である医師の診断
を受ける必要があります。

3 審査・判定

● 審査・判定の手順

審査・判定の手順は、次図のとおりです。

図1-9-1　審査・判定の手順

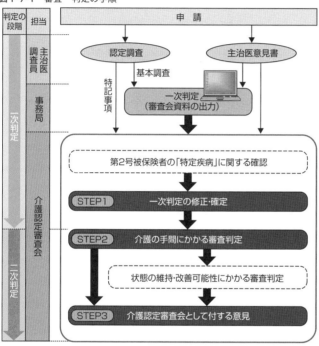

（出所）厚生労働省『要介護認定　介護認定審査会委員テキスト2009 改訂版』

審査・判定は、コンピュータによる一次判定と介護認
定審査会による二次判定の2段階で行われます。

● 一次判定（コンピュータ判定）

認定調査の基本調査項目を、介助に関わる5つの分野
の行為（表1-9-2を参照）に区分し、コンピュータの分析
により、要介護認定等基準時間（以下、基準時間）を算定
します。

📖用語解説

**❷ 心身の状態に
　関する意見**

主治医意見書の「心身の状態に関する意見」の項目は、①日常生活の自立度、②認知症の中核症状、③認知症の周辺症状、④精神・神経症の有無および専門医受診の有無、⑤身体の状態、の5つの小項目に分かれている。

コレも出た！

要介護認定等基準時間の算出根拠は、1分間タイムスタディに基づいている。（25回18）

コレも出た！
要介護認定の認定調査
の調査項目内容。(21
回21)

　基準時間に該当する場合は、主治医意見書を基にした運動能力の低下していない認知症高齢者の指標が反映され、要支援（1・2）、要介護（1〜5）の7段階（表1-9-3を参照）に非該当を加えた8段階の一次判定結果が示されます。

表1-9-2　認定調査の基本調査項目（介助に関わる5分野の行為）

分野	行為
直接生活介助	入浴、排せつ、食事、清潔保持等の介護
間接生活介助	部屋の掃除等の日常生活上の世話
認知症の行動・心理症状関連行為	徘徊に対する探索、不潔行為の後始末等の対応
機能訓練関連行為	歩行訓練、日常生活訓練などの身体機能訓練と補助
医療関連行為	輸液・呼吸の管理や褥瘡処置の実施などの診療の補助

表1-9-3　認定の段階とその基準時間

段階	状態
要支援1	基準時間が25分以上32分未満またはこれに相当する状態
要支援2	要支援状態の継続見込み期間に継続して常時介護を要する状態の軽減または悪化の防止が必要と見込まれ、基準時間が32分以上50分未満またはこれに相当する状態
要介護1	基準時間が32分以上50分未満またはこれに相当する状態（要支援2に該当する者を除く）
要介護2	基準時間が50分以上70分未満またはこれに相当する状態
要介護3	基準時間が70分以上90分未満またはこれに相当する状態
要介護4	基準時間が90分以上110分未満またはこれに相当する状態
要介護5	基準時間が110分以上またはこれに相当する状態

● 二次判定（介護認定審査会）

　市町村は、①一次判定結果、②認定調査の特記事項、③主治医意見書を介護認定審査会に通知し、審査・判定を

求めます。

　介護認定審査会では、次の点について、全国一律の基準に従って審査・判定を行い、結果を市町村に通知します。

① 要介護状態・要支援状態に該当するか

② 該当する場合は、どの要介護状態区分・要支援状態区分に該当するか

③ 第2号被保険者の場合、特定疾病に起因するか

　審査・判定に当たって必要があると判断した場合は、介護認定審査会は、被保険者、家族、主治医、認定調査員などの関係者から意見を聴くこともできます。介護認定審査会は、判定結果を市町村に通知する際に、療養に関する事項等について、市町村に意見を述べることができます。

4 認定・通知

● 市町村による認定

　市町村は、介護認定審査会の審査・判定の結果に基づき認定を行い、その結果を被保険者に通知します。

　不認定（要介護状態にも要支援状態にも該当しないこと）の決定をした場合には、その結果と理由を通知し、被保険者証を返還します。

　要介護認定の効力は、申請のあった日にさかのぼって生じます（認定の遡及効）。

　認定・不認定は、申請日から原則30日以内に行わなければなりません。

● 不服審査

　被保険者は、市町村の認定の内容等に不服がある場合、介護保険審査会に審査請求をすることができます。

● 認定の有効期間

　新規認定、認定区分の変更、更新認定の有効期間は表1-9-4と表1-9-5のとおりです。

コレも出た！
要介護認定の通知や、介護認定審査会の意見。（21回20）

コレも出た！
被保険者証に認定審査会の意見の記載がある場合の、配慮の努力義務の内容。（22回6）

1
介護支援分野

表1-9-4　要介護認定等の認定有効期間（新規・区分変更）

申請区分	原則の認定有効期間	設定可能な認定有効期間
新規申請	6か月	3〜12か月
区分変更申請	6か月	3〜12か月

表1-9-5　要介護認定等の認定有効期間（更新）

申請区分		原則の認定有効期間	設定可能な認定有効期間
更新申請	要支援　→　要支援	12か月	3〜36か月
	要介護　→　要介護	12か月	3〜36か月
	要支援　→　要介護	12か月	3〜36か月
	要介護　→　要支援	12か月	3〜36か月

※ 要介護度・要支援度が前回と変わらない場合は3〜48か月に期間延長できる。

なお、月の途中で新規認定申請した場合等の申請日から月末までの期間は、認定有効期間に合算します。

● 更新認定

更新認定の基本的な手続きは、新規認定と同様です。

有効期間満了後も要介護状態等が継続することが見込まれる被保険者は、原則として有効期間満了日の60日前から満了までの間に更新認定の申請を行うことができます。

● 認定区分の変更

認定を受けた被保険者は、認定の有効期間中に要介護度等に変化があった場合は、市町村に対し、要介護状態区分等の変更の認定申請をすることができます。

● 職権による認定区分の変更

市町村は、被保険者の介護の必要性が低下し、現に認定されている要介護状態区分よりも軽度の区分に該当すると認められるときは、被保険者の申請を待たずに職権で要介護度等を変更して認定することができます。

● 認定の取消し

市町村は、要介護認定を受けた被保険者が、①要介護

コレも出た！
正当な理由なしに市町村による文書の求めに応じない場合でも要介護認定の取消しはできない。(23回17)

者等に該当しなくなったと認めるとき、②正当な理由なく認定調査や主治医意見書のための診断に応じないときには、有効期間満了前であってもその認定を取り消すことができます。

● **住所移転時の認定**

　住所移転により要介護者の居住地が変わった場合は、新しい市町村は、移転前の市町村が認定を証明した書類に基づいて、審査・判定を省略して認定を行うことができます。

介護認定審査会

　介護認定審査会は、保健・医療・福祉に関する学識経験者によって構成される合議体で、市町村の付属機関です。市町村長に任命された委員は、特別職の非常勤地方公務員に位置づけられ、任期は2年で、再任も可能です。

　介護認定審査会は、複数の市町村による共同設置、都道府県や他市町村への審査・判定業務の委託、または広域連合・一部事務組合の活用による設置が認められています（広域実施）。

　また、委員の構成や議決方法は、次のように定められています。

　①委員の定数は5人を標準に、少なくとも3人以上の構成になるように市町村が条例で定める。

　②合議体には、委員の互選により長を1人置く。

　③委員の過半数の出席が議決には必要である。

　④議事は出席委員の過半数をもって決し、可否同数の場合は合議体の長が決する。

コレも出た！
要介護認定の広域実施の目的は、介護認定審査会委員の確保、近隣市町村での公平な判定、認定事務の効率化などである。（19回15改）

コレも出た！
介護認定審査会の意見についてなどの内容。（21回22）

理解度チェック 1問1答

問題

- □ ❶ 要介護・要支援状態の区分変更申請の場合は、24か月間の設定が可能である。 19回14改

- □ ❷ 要介護認定の広域実施の目的には、介護認定審査会委員の確保が含まれる。 19回15改

- □ ❸ 主治医意見書には、「生活機能とサービスに関する意見」という項目が含まれる。 18回18改

- □ ❹ 要介護認定における基本調査項目には、特別な医療に関連する項目は含まれない。 18回17改

- □ ❺ 要介護認定等基準時間には、輸液管理と徘徊に対する探索は含まれない。 18回16改

- □ ❻ 家庭裁判所には、要介護認定の申請権がある。 18回16改

- □ ❼ 市町村は、新規認定調査を指定市町村事務受託法人に委託できない。 18回16改

- □ ❽ 地域包括支援センターは、要介護認定の申請手続きを代行できる。 16回15改

- □ ❾ 介護認定審査会の委員は、市町村長が任命する。 16回16改

- □ ❿ 第1号被保険者は、介護保険の被保険者証が未交付なので、医療保険の被保険者証等を提示して要介護認定の申請を行う。 15回13改

解答解説　❶✕ 6か月間の設定が原則だが、12か月間の設定も可能。　❷○　❸○　❹✕ 含まれる。　❺✕ 2つとも含まれる。　❻✕ 申請権があるのは被保険者本人のみ。　❼✕ 委託できる。　❽○　❾○　❿✕ 介護保険の被保険者証が未交付なのは第2号被保険者。

市町村からの要介護認定の通知は、必ず30日以内に届くのですか？

市町村によっては30日以内に通知できないことがあるよ。その場合は、事前に通知したうえで延期することが可能なんだ。

10 保険給付の種類・内容等

 「ここを押さえよう！」 頻出度 ★★★

要介護者への「介護給付」、要支援者への「予防給付」、「市町村特別給付」の要点と給付対象となるサービスの種類を把握しておきましょう。

保険給付の種類と内容

　保険給付には、要介護者に対する「介護給付」、要支援者に対する「予防給付」、「市町村特別給付」の３種類があります。市町村特別給付とは、要介護者と要支援者に対して市町村が条例で独自に定める保険給付のことで、財源は第１号被保険者の保険料です。

　介護給付と予防給付の対象となるサービスの種類を、次図に示します。

図 1-10-1 介護サービスの種類

	都道府県知事が指定・監督を行うサービス		市町村長が指定・監督を行うサービス
介護給付を行うサービス	◎居宅サービス 【訪問サービス】 ○訪問介護 　（ホームヘルプサービス） ○訪問入浴介護 ○訪問看護 ○訪問リハビリテーション ○居宅療養管理指導 ○特定施設入居者生活介護 ○特定福祉用具販売	【通所サービス】 ○通所介護（デイサービス） ○通所リハビリテーション 【短期入所サービス】 ○短期入所生活介護 　（ショートステイ） ○短期入所療養介護 ○福祉用具貸与	◎地域密着型サービス ○定期巡回・随時対応型訪問介護看護 ○夜間対応型訪問介護 ○地域密着型通所介護 ○認知症対応型通所介護 ○小規模多機能型居宅介護 ○認知症対応型共同生活介護 　（グループホーム） ○地域密着型特定施設入居者生活介護 ○地域密着型介護老人福祉施設入所者 　生活介護 ○看護小規模多機能型居宅介護
	◎施設サービス ○介護老人福祉施設　　○介護老人保健施設　　○介護医療院 ○介護療養型医療施設（2024（令和6）年3月末に廃止予定）		◎居宅介護支援
予防給付を行うサービス	◎介護予防サービス 【訪問サービス】 ○介護予防訪問入浴介護 ○介護予防訪問看護 ○介護予防訪問リハビリテーション ○介護予防居宅療養管理指導 ○介護予防特定施設入居者生活介護 ○特定介護予防福祉用具販売	【通所サービス】 ○介護予防通所リハビリテーション 【短期入所サービス】 ○介護予防短期入所生活介護 　（ショートステイ） ○介護予防短期入所療養介護 ○介護予防福祉用具貸与	◎地域密着型介護予防サービス ○介護予防認知症対応型通所介護 ○介護予防小規模多機能型居宅介護 ○介護予防認知症対応型共同生活介護 　（グループホーム）
			◎介護予防支援

（出所）『九訂 介護支援専門員基本テキスト 上巻』p.88（長寿社会開発センター）

1 介護給付

● 居宅介護サービス費

　居宅で介護を受けようとする要介護者が、指定居宅サービス事業者から指定居宅サービスを受けたときに市町村が被保険者に支給するもので、支給対象となるサービスは図1-10-1の「◎居宅サービス」の枠内に示された12種類です。

● 地域密着型介護サービス費

　要介護者が、指定地域密着型サービス事業者から指定地域密着型サービスを受けたときに市町村が被保険者に支給するもので、支給対象となるサービスは図1-10-1の「◎地域密着型サービス」の枠内に示された9種類です。

● 居宅介護福祉用具購入費

　居宅で介護を受けようとする要介護者が、特定福祉用

具販売に関わる指定居宅サービス事業者から特定福祉用具を購入したときは、市町村が必要と認める場合に限り、償還払いの形で支給されます。

● **居宅介護住宅改修費**

居宅で介護を受けようとする要介護者が、厚生労働大臣が定める種類の住宅改修を行ったときは、市町村が必要と認める場合に限り、償還払いの形で支給されます。

● **居宅介護サービス計画費**

居宅で介護を受けようとする要介護者が、指定居宅介護支援事業者から指定居宅介護支援を受けたときに市町村が被保険者に支給するものをいいます。

● **施設介護サービス費**

要介護者が、介護保険施設から指定施設サービス等を受けたときに市町村が被保険者に支給するものをいいます。

● **特例サービス費**

重要ポイント 特例サービス費とは、認定申請前に緊急にサービスを受けた場合、基準該当サービス[1]や相当サービス[2]を受けた場合、被保険者証を提示せずに緊急にサービスを受けた場合など、市町村が必要と認めたときに被保険者に償還払いの形で支給されるものです。

特例サービス費は、①特例居宅介護サービス費、②特例地域密着型介護サービス費、③特例居宅介護サービス計画費、④特例施設介護サービス費、⑤特例特定入所者介護サービス費の5種類です。

2 予防給付

要支援者の介護予防を目的とし、生活機能の維持・改善を目標にしたものです。多くのサービスに提供期間が設けられ、定期的に効果を評価することになっています。サービスには、図1-10-1の「予防給付を行うサービス」の枠内に表示されたものがあります。

コレも出た！
居宅介護サービス計画費の支給は、介護給付の一つである。(20回5)

用語解説

[1] 基準該当サービス
都道府県の指定基準の一部を満たしていない事業者（居宅サービス事業者や居宅介護支援事業者など）のうち、市町村が一定の水準に達していると認めたサービスのこと。

[2] 相当サービス
指定事業者や基準該当事業者の確保が困難な離島などで提供された介護サービスのなかで、市町村が介護給付するのが相当と認めたサービスのこと。

知っトク！

訪問介護と通所介護は介護予防サービスから除かれ、地域支援事業で対応することになった。

サービスの利用は在宅のみで、施設サービスはありません。

● **介護予防サービス費**

　居宅で介護予防を受けようとする要支援者が、指定介護予防サービス事業者から指定介護予防サービスを受けたときに市町村が被保険者に支給するもので、支給対象となるサービスは図1-10-1の「◎介護予防サービス」の枠内に示された10種類です。

● **地域密着型介護予防サービス費**

　居宅で介護を受けようとする要支援者が、指定地域密着型介護予防サービス事業者から指定地域密着型介護予防サービスを受けたときに市町村が被保険者に支給するもので、支給対象となるサービスは図1-10-1の「◎地域密着型介護予防サービス」の枠内に示された3種類です。

介護報酬

1 算定の基本的な考え方

　介護報酬の算定基準は、サービスの種類ごとに、①サービスの内容、②要介護・要支援状態区分、③事業所等の所在地域をもとに算定された当該サービスの平均的費用額を勘案して定めることとされています。また厚生労働大臣は、介護報酬の算定基準を定める場合にはあらかじめ社会保障審議会の意見を聴くこととされています。

2 算定の基準

　介護報酬は、提供したサービスの種類や内容に応じて単位数を計算したものに1単位の単価を乗じて金額に換算します。1単位の単価は10円が基本ですが、サービスの種類や事業所の所在地域の人件費等の違いを一定の割増率の形で反映した金額が設定されています。

介護報酬の支給限度額

● **区分支給限度基準額**

重要ポイント 要介護・要支援の状態区分（要介護1～
5と要支援1・2）ごとに設けられた支給限度基準額を、
区分支給限度基準額といいます。区分支給限度基準額は、
居宅介護サービス費等（要介護）と介護予防サービス費等
（要支援）に分類されます（表1-10-1と表1-10-2を参照）。

コレも出た！
福祉用具貸与は区分支
給限度基準額が適用さ
れる。（24回7）

表1-10-1 居宅介護サービス費等区分支給限度基準額

要介護度	国の標準（1か月）	区分支給限度額に含むサービスの種類	
要介護1	16,765単位	①訪問介護	②訪問入浴介護
		③訪問看護	④訪問リハビリテーション
		⑤通所介護	⑥通所リハビリテーション
要介護2	19,705単位	⑦短期入所生活介護	⑧短期入所療養介護
		⑨特定施設入居者生活介護（利用期間を定めて行うものに限る）	
要介護3	27,048単位	⑩福祉用具貸与	
		⑪定期巡回・随時対応型訪問介護看護	
		⑫夜間対応型訪問介護	⑬地域密着型通所介護
要介護4	30,938単位	⑭認知症対応型通所介護	⑮小規模多機能型居宅介護
		⑯認知症対応型共同生活介護（利用期間を定めて行うものに限る）	
		⑰地域密着型特定施設入居者生活介護（利用期間を定めて行うものに限る）	
要介護5	36,217単位	⑱看護小規模多機能型居宅介護	
（参考）区分支給限度基準額に含まれないサービス		ア）居宅療養管理指導	
		イ）特定施設入居者生活介護（利用期間を定めて行うものを除く）	
		ウ）認知症対応型共同生活介護（利用期間を定めて行うものを除く）	
		エ）地域密着型特定施設入居者生活介護（利用期間を定めて行うものを除く）	
		オ）地域密着型介護老人福祉施設入所者生活介護	

※ 区分支給限度額は、利用者の上記サービス種類の利用にかかる介護給付費単位数の合計と比較すること
が基本であるが、介護報酬の加算については政策的判断からこの限度額に含まれないものがある。

（出所）『九訂 介護支援専門員基本テキスト 上巻』p.99（長寿社会開発センター）

表1-10-2　介護予防サービス費等区分支給限度基準額

要支援度	国の標準（1か月）	区分支給限度額に含むサービス種類	
要支援1	5,032単位	①介護予防訪問入浴介護 ②介護予防訪問看護 ③介護予防訪問リハビリテーション ④介護予防通所リハビリテーション ⑤介護予防短期入所生活介護 ⑥介護予防短期入所療養介護	⑦介護予防福祉用具貸与 ⑧介護予防認知症対応型通所介護 ⑨介護予防小規模多機能型居宅介護 ⑩介護予防認知症対応型共同生活介護（利用期間を定めて行うものに限る）
要支援2	10,531単位		
（参考）限度基準額に含まれないサービス		ア）介護予防居宅療養管理指導 イ）介護予防特定施設入居者生活介護 ウ）介護予防認知症対応型共同生活介護（利用期間を定めて行うものを除く）	

(出所)『九訂 介護支援専門員基本テキスト 上巻』p.99(長寿社会開発センター)

　区分支給限度基準額の限度額管理期間は月の初日から1か月です。

　居宅介護支援、介護予防支援および施設介護サービスについては、支給限度基準額は設定されていません。また、市町村は条例で定めることにより厚生労働大臣の定める支給限度基準額を上回る額を設定することができます。

● 種類支給限度基準額

　市町村は、条例で定めるところにより地域のサービス基盤の整備状況等に応じて個別の種類のサービスの支給限度基準額を設定することができます。その場合の支給限度基準額を種類支給限度基準額といいます。

● 福祉用具購入費支給限度基準額

　福祉用具購入費支給限度基準額として、居宅サービス等の区分支給限度基準額とは別に、毎年4月1日から翌年3月31日までの12か月間において10万円（居宅介護・介護予防共通）が設定されています。

知っトク！
種類支給限度基準額は、区分支給限度基準額の区分に含まれるサービスの種類について、区分支給限度基準額の範囲内で定めることとされている。

● 住宅改修費支給限度基準額

住宅改修費支給限度基準額として、居宅サービス等の区分支給限度基準額とは別に、20万円（居宅介護・介護予防共通）が設定されています。住宅改修費支給限度基準額については、限度額管理期間は定められていません。

 知っトク！

転居した場合には、改めて支給限度基準額までの住宅改修費の支給を受けることができる。

保険給付の方法

● 現物給付方式

償還払い方式は利用者にとって不便なので、一定の条件を満たした場合は、法定代理受領方式による現物給付が行われます。

法定代理受領による給付の手順

①事業者が利用者にサービスを提供する。

②利用者は事業者にサービス費用の利用者負担分を支払う。

③事業者は保険者にサービス費用から利用者負担分を除いた額を請求する。

④保険者は事業者に③の額を支払う。

法定代理受領方式が適用できる給付は、居宅介護サービス費、地域密着型介護サービス費、居宅介護サービス計画費、施設介護サービス費、および特定入所者介護サービス費です。

また、法定代理受領方式が適用される要件は、指定事業者や指定施設からの指定サービスであること、居宅介護サービス費と地域密着型介護サービス費については、被保険者があらかじめ居宅サービス計画作成依頼届出書を市町村に届け出て、利用するサービスが居宅サービス計画に含まれていること、または居宅サービス計画を自ら作成し市町村に届け出ていることです。

「特例○○サービス費」のように「特例」がつくサービス

コレも出た！

現物給付化されている保険給付として、施設介護サービス費、特定入所者介護サービス費が含まれる。（22回再7）

については、基本的に償還払いになります。

● **償還払い方式**

　介護保険における償還払いとは、介護サービス等を受けた被保険者が、サービス提供事業者にその費用の全額を支払った後、保険者からその費用の利用者負担分を除いた額に相当する額の払戻しを受ける方式のことです。

　介護保険による給付は、基本的には償還払い方式によって行うとされています。償還払いによる給付の手順は、以下のとおりです。

償還払いによる給付の手順

①事業者が利用者にサービスを提供する。
②利用者は事業者にサービス費用の全額を支払う。
③利用者は保険者にサービス費用から利用者負担分を除いた額を請求する。
④保険者は利用者に③の額を支払う。

表1-10-3　介護給付の種類と支給方法

現物給付方式 （利用者負担分のみを事業者・ 施設に支払い）	償還払い方式 （利用者が全額を事業者・施設に支払い、 後で保険者から支給を受ける）
居宅介護サービス費【法第41条】 地域密着型介護サービス費【法第42条の2】	特例居宅介護サービス費【法第42条】 特例地域密着型介護サービス費【法第42条の3】 居宅介護福祉用具購入費【法第44条】 居宅介護住宅改修費【法第45条】
居宅介護サービス計画費【法第46条】 施設介護サービス費【法第48条】	特例居宅介護サービス計画費【法第47条】 特例施設介護サービス費【法第49条】 高額介護サービス費【法第51条】 高額医療合算介護サービス費【法第51条の2】
特定入所者介護サービス費【法第51条の3】	特例特定入所者介護サービス費【法第51条の4】

(出所)『九訂 介護支援専門員基本テキスト 上巻』p.89（長寿社会開発センター）

理解度チェック　1問1答

1
介護支援分野

問題

- ☐ ❶ 特定福祉用具販売は、居宅サービスに含まれない。 19回9

- ☐ ❷ 小規模多機能型居宅介護は区分支給限度基準額が適用される。 24回7

- ☐ ❸ 居宅介護住宅改修費は、住宅改修を行った者に対し、都道府県知事が帳簿書類等の提示を命じることができる。 21回6

- ☐ ❹ 居宅療養管理指導は区分支給限度基準額が適用される。 24回7

- ☐ ❺ 定期巡回・随時対応型訪問介護看護は区分支給限度基準額が適用される。 24回7

- ☐ ❻ 保険給付には、法定代理受領方式で現物給付されるものがある。 17回11改

- ☐ ❼ 訪問リハビリテーション、小規模多機能型居宅介護、複合型サービスには、区分支給限度基準額が適用される。 17回12改

- ☐ ❽ 福祉用具購入費には、区分支給限度基準額は適用されない。 21回7

- ☐ ❾ 地域密着型サービスには、居宅介護サービス費等種類支給限度基準額は適用されない。 21回7

解答解説　❶✕ 含まれる。 ❷◯ ❸✕ 市町村長が命じることができる。 ❹✕ 適用されない。 ❺◯ ❻◯ ❼◯ ❽◯ ❾✕ 適用される。

法定代理受領ってどういう意味ですか？

保険者(市町村)が、介護サービスを受けた被保険者に代わって、サービス提供事業者にサービス利用に要した費用を支払うことによって被保険者に保険給付を行ったとみなす方式のことだよ。

11 利用者負担

「ここを押さえよう！」

頻出度 ★★

高額介護（予防）サービス費および高額医療合算介護（予防）サービス費の利用者負担と低所得者対策の要点を理解しておきましょう。

低所得者の対策
特定入所者介護サービス費

食事・居住費

● 全額負担

● 特定入所者介護
　サービス費
　（補足給付）
　負担限度額

定率の利用者負担

重要ポイント 居宅サービスも施設サービスも、サービス費用の利用者負担は、原則1割ですが、年金収入等が年間280万円を超える利用者（単身の場合）については2割負担です。また、2018（平成30）年8月からは、年金収入等が年間340万円の利用者（単身の場合）については、3割負担となりました。ただし、居宅サービス計画費などのケアマネジメントに関わる費用は、全額が保険で給付されます。

要介護被保険者や主たる生計維持者が災害などのため財産が著しく損害を受けたときや収入が著しく減少した

コレも出た！
要介護被保険者が災害により住宅に著しい損害を受けた場合は、減免することができる。
（23回9）

とき、市町村は利用者負担を一時的に減額または免除することができます。

● 高額介護（予防）サービス費

　居宅サービス、地域密着型サービス、施設サービスに関わる利用者負担の合計（食費や居住費の自己負担を除く）が政令で定める一定額を超えた場合は、市町村が償還払いの形で月単位・世帯単位で介護給付の一つとして高額介護（予防）サービス費を支給します。ただし、福祉用具購入費と住宅改修費に関する利用者負担は対象外です。

　2021（令和3）年8月からの高額介護サービス費等の所得区分ごとの負担上限額は、次表のとおりです。

コレも出た！
高額介護サービス費の支給は、介護給付の一つである。（20回5）

コレも出た！
高額介護サービス費は、世帯単位で算定される。（23回7）

1 介護支援分野

表1-11-1　高額介護サービス費等の所得区分ごとの負担上限　※2021（令和3）年8月1日から。

所得区分		世帯の上限額（月額）
(1) 現役並みの所得(本人課税所得が145万円(年収約383万円(単身者の場合))以上)がある場合	①課税所得約690万円(年収約1,160万円)以上	世帯140,100円
	②課税所得約380万円(年収約770万円)以上～課税所得約690万円(年収約1,160万円)未満	世帯93,000円
	③課税所得約145万円(年収約383万円)以上～課税所得約380万円(年収約770万円)未満	世帯44,400円
(2) 上記(1)または下記(3)(4)に該当しない標準的な場合(一般世帯)		世帯44,400円
(3)① 市町村民税世帯非課税 ②負担を24,600円へ減額することにより被保護者とならない場合		世帯24,600円
市町村民税世帯非課税で、【公的年金等収入金額＋合計所得金額】の合計額が80万円以下である場合		個人15,000円
市町村民税世帯非課税の老齢福祉年金受給者		個人15,000円
(4)① 生活保護の被保護者 ②負担を15,000円へ減額することにより被保護者とならない場合		①個人15,000円 ②世帯15,000円

（出所）『九訂 介護支援専門員基本テキスト 上巻』p.109（長寿社会開発センター）

コレも出た！
福祉用具購入費は、高額医療合算介護サービス費の算定対象かどうか問われた。(21回23)

知っトク！
高額医療合算介護サービス費の対象となるサービスの種類は、高額介護サービス費と同様である。

知っトク！
おむつ代は、施設サービスと短期入所系のサービスでは保険給付される。

コレも出た！
支給対象となる費用は、食費と居住費(滞在費)である。(23回8)

知っトク！
配偶者が課税されている場合は、世帯分離した場合でも、支給対象にはならない。なお、遺族年金や障害者年金も収入とみなされる。

● 高額医療合算介護（予防）サービス費

国民健康保険など医療保険の加入世帯に介護保険のサービスを受ける者がいて、１年間の介護保険での利用者負担と医療保険の患者負担の合計額が政令で定める一定額を超えた場合に、被保険者からの申請に基づき、その超えた額を医療保険と介護保険それぞれの自己負担額の比率に応じて按分して各保険者が支給するという仕組みで、介護給付の一つとして支給されます。

このときの介護保険の保険者からの支給を高額医療合算介護サービス費（要支援者の場合は高額医療合算介護予防サービス費）といいます。

● 施設等における食費・居住費の負担

施設サービスの食費・居住費、短期入所系サービスの食費・滞在費、通所系サービスの食費については、保険給付の対象外であり、利用者の全額負担となります。

● その他の利用者負担

理美容代やクリーニング代、そのほか日常生活で通常必要な費用については、保険給付されません。

主な低所得者対策

1 特定入所者介護サービス費等の支給

食費や居住費を負担する低所得の利用者については、所得段階に応じた負担限度額が設けられ、食費や居住費の負担軽減策がとられています。

● 支給対象者

支給対象となるのは、支給対象サービスを利用した生活保護受給者等と市町村民税世帯非課税者で、これらの対象者を特定入所者と呼んでいます。

ただし、単身者で1,000万円、夫婦で2,000万円以上の現金・預貯金のある人は除外されます（表1-11-2を参照）。

● 支給対象サービス

介護保険施設、地域密着型介護老人福祉施設入所者生活介護、短期入所生活（療養）介護、介護予防短期入所生活（療養）介護の各サービス（特定入所者介護（予防）サービスという）が支給対象です。通所系サービスの食費等は支給対象ではありません。

> 🗨️✐ **コレも出た！**
> 対象となるサービスには、特定施設入居者生活介護は含まれない。
> （23回8）

1
介護支援分野

表1-11-2　食費・居住費の補足給付の利用者負担段階　※2021（令和3）年8月1日から。

利用者負担	対象となる人（次のいずれかに該当する場合）		預貯金
第1段階		①市町村民税世帯非課税[※1]である老齢福祉年金受給者 ②生活保護受給者 ③境界層該当者[※2]	単身：1,000万円以下 夫婦：2,000万円以下
第2段階	市町村民税世帯非課税	①「合計所得金額＋課税年金収入額」が年額80万円以下 ②境界層該当者	単身：650万円以下 夫婦：1,650万円以下
第3段階①		①「合計所得金額＋課税年金収入額」が年額80万円超120万円以下 ②境界層該当者 ③市町村民税課税世帯の特例減額措置が適用される人	単身：550万円以下 夫婦：1,550万円以下
第3段階②		①「合計所得金額＋課税年金収入額」が年額120万円超 ②境界層該当者 ③市町村民税課税世帯の特例減額措置が適用される人	単身：500万円以下 夫婦：1,500万円以下
第4段階	第1・第2・第3段階のいずれにも該当しない人（他の世帯員が課税されている世帯における市町村民税本人非課税、本人課税等）		－

※1 「市町村民税世帯非課税」とは、世帯主と全世帯員（本人を含む）が市町村民税非課税者、または市町村の条例による市町村民税免除者を指す。

※2 「境界層該当者」とは、本来適用すべき食費・居住費（滞在費）・高額介護サービス費等の基準等を適用すれば生活保護が必要となるが、より負担の低い基準等を適用すれば生活保護が必要でなくなる人を指す。

（出所）『九訂 介護支援専門員基本テキスト 上巻』p.110（長寿社会開発センター）

知っトク！
食費の基準費用額は
2021（令和3）年の運
営基準の見直し・介護
報酬改定で変更されま
した。

● **支給額（特定入所者介護（予防）サービス費）**

　支給額は、「食費の基準費用額から食費の負担限度額を控除した額」と「居住費の基準費用額から居住費の負担限度額を控除した額」の合計額です。

● **介護保険負担限度額認定証の交付**

　利用者負担第1段階から第3段階までの人は保険者から負担限度額認定証の交付を受け、サービスを利用する際に施設等に提示します。施設等はそれによって利用者負担を徴収し特定入所者介護サービス費等を請求します。

2 その他の低所得者対策

　低所得者等に対するその他の負担軽減対策として、次のようなものがあります。

● **生活保護が必要となる者の負担軽減**

　利用者負担をした場合に生活保護が必要となる場合は、本来の基準よりも低い基準が適用されます。

● **市町村民税課税層の食費・居住費の特例減額措置**

　施設等に入所することにより居宅で生活する他の世帯員の生活が困難になるような場合、第3段階とみなして負担軽減を図ります。

● **要介護旧措置入所者についての特例措置**

　旧措置入所者は、当分は定率負担とし、特定入所者介護サービス費に関わる負担限度額も軽減されています。

● **社会福祉法人等による利用者負担の軽減制度の拡充**

　生計が困難であると市町村が認定した人に対しては、申請に基づき定率負担、食費、居住費（滞在費）、宿泊費の原則4分の1を軽減します。対象となるのは、訪問介護、通所介護、短期入所生活介護、認知症対応型通所介護、小規模多機能型居宅介護（以上は介護予防を含む）、定期巡回・随時対応型訪問介護看護、夜間対応型訪問介護、地域密着型介護老人福祉施設入所者生活介護、複合型サービス、介護福祉施設サービス、新総合事業の第1号訪問事業

のうち介護予防訪問介護に相当する事業・第1号通所事業のうち介護予防通所介護に相当する事業（自己負担割合が保険給付と同様のもの）などで、特定入所者介護サービス費等の支給対象となる人でも適用されます（表1-11-3を参照）。

表1-11-3　社会福祉法人等による利用者負担額軽減制度の概要

軽減の対象	サービス	訪問介護、通所介護、短期入所生活介護、定期巡回・随時対応型訪問介護看護、夜間対応型訪問介護、地域密着型通所介護、認知症対応型通所介護、小規模多機能型居宅介護、地域密着型介護老人福祉施設入所者生活介護、複合型サービス、介護福祉施設サービス、介護予防短期入所生活介護、介護予防認知症対応型通所介護、介護予防小規模多機能型居宅介護、第1号訪問事業のうち介護予防訪問介護に相当する事業、第1号通所事業のうち介護予防通所介護に相当する事業
	利用者負担	介護サービス費用の負担（定率負担）、食費、居住費（滞在費）、宿泊費 ※短期入所生活介護、地域密着型介護老人福祉施設入所者生活介護、介護福祉施設サービス、介護予防短期入所生活介護にかかる食費および居住費（滞在費）については、特定入所者介護サービス費または特定入所者介護予防サービス費が支給されている場合に限る
	利用者	次の①～⑦の要件のすべてを満たす人のうち、収入、世帯の状況、利用者負担等を総合的に考慮して生計が困難であると市町村が認定した人および生活保護受給者 ①市町村民税世帯非課税である ②年間収入が、単身世帯で150万円、世帯員が1人増えるごとに50万円を加算した額以下 ③預貯金等の額が、単身世帯で350万円、世帯員が1人増えるごとに100万円を加算した額以下 ④日常生活に供する資産以外に活用できる資産がない ⑤負担能力のある親族等に扶養されていない ⑥介護保険料を滞納していない ⑦利用者負担割合が5％以下の旧措置入所者でない（ただし、ユニット型個室の居住費や生活保護受給者の個室の居住費にかかる利用者負担額については対象）

（つづく）

表1-11-3 社会福祉法人等による利用者負担額軽減制度の概要（つづき）

軽減の手順	市町村は、利用者の申請に基づき、対象者であるかどうかを決定し、対象者については減額割合・有効期限等を記載した「社会福祉法人等利用者負担軽減確認証」を交付 社会福祉法人等は、確認証を提示した利用者について確認証の内容に基づき利用料を軽減
軽減の程度	利用者負担の1/4（老齢福祉年金受給者は1/2）が原則で、市町村が利用者の世帯の状況などを総合的に考慮して個別に決定し、確認証に記載する ただし、生活保護受給者は利用者負担の全額とする
社会福祉法人等に対する市町村の助成措置	サービスの種類に応じて、次のように助成額を算定（事業所・施設単位） ● 軽減総額のうち、社会福祉法人等が本来受領すべき利用者負担収入の一定割合（おおむね1％）を超えた部分の1/2以下（基本は1/2）の範囲 ● 地域密着型介護老人福祉施設および介護老人福祉施設については、軽減総額のうち、社会福祉法人等が本来受領すべき利用者負担収入の10％を超えた部分の全額
ほかの事業との関係	①ホームヘルプサービスを利用する障害者に対する支援措置を適用した後で、必要に応じて社会福祉法人等による利用者負担額軽減制度を適用する ②社会福祉法人等による利用者負担額軽減制度を適用した後の利用者負担額に着目して、高額介護サービス費・高額介護予防サービス費、高額医療合算介護サービス費・高額医療合算介護予防サービス費の支給額を算定する ③特定入所者介護サービス費・特定入所者介護予防サービス費の支給後の利用者負担額について、社会福祉法人等による利用者負担額軽減制度を適用する

注：2019（令和元）年10月1日施行の生活扶助基準の改正に伴い、生活保護受給者でなくなった場合についても、継続して居住費にかかる利用者負担の全額の軽減を行うことができる。

（出所）『九訂 介護支援専門員基本テキスト 上巻』p.115（長寿社会開発センター）

理解度チェック 1問1答

全問クリア　　月　　日

問題

- □ ❶ 小規模多機能型居宅介護、夜間対応型訪問介護、第1号訪問事業のうち介護予防訪問介護に相当する事業は、社会福祉法人による利用者負担額軽減制度の対象となる。 19回8改

- □ ❷ 施設介護サービス費に関する利用者負担は、高額介護サービス費の対象となる。 23回7

- □ ❸ 食費は、社会福祉法人による利用者負担額軽減制度の対象となる。 18回13改

- □ ❹ 特定入所者介護サービス費の支給は、介護給付の一つである。 20回5

- □ ❺ 高額医療合算介護サービス費の支給は、市町村特別給付の一つである。 20回5

- □ ❻ 要介護被保険者の要介護度が著しく悪化した場合、市町村は定率の利用者負担を減免する。 23回9

解答解説　❶○　❷○　❸○　❹○　❺✕介護給付の種類の一つである。❻✕減免されない。

利用者負担の軽減制度は、社会福祉法人のほかに誰ができるの？

市町村などの地方公共団体が直接経営する事業者もできることになっているよ。

12 他の法令等による給付 調整等その他の規定

「ここを押さえよう！」

労働者災害補償保険法などとの給付調整、第三者行為と損害賠償、不正利得の徴収、受給権の保護などの要点を押さえておきましょう。

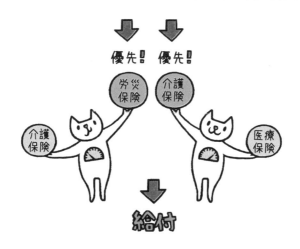

他法との給付調整

1 他の法令による給付との調整

コレも出た！
労働者災害補償保険法の介護補償給付は、介護保険の給付に相当する給付が受けられる限りにおいて、介護保険に優先する。（26回7）

　労働者災害補償保険法など他の法令により介護保険給付に相当する給付が受けられるときは、その法令の給付が優先し、一定限度で介護保険の給付は行われません。

　介護保険に優先して給付が行われる法令を、次表に示します。

表1-12-1　介護保険に優先する給付を行う法令

労働災害に対する補償の給付(療養補償、介護補償等)を行う法律	● 労働者災害補償保険法 ● 船員保険法 ● 労働基準法　等
公務災害に対する補償の給付(療養補償、介護補償等)等を行う法律	● 国家公務員災害補償法 ● 地方公務員災害補償法 ● 警察官の職務に協力援助した者の災害給付に関する法律　等
国家補償的な給付(療養の給付等)を行う法律	● 戦傷病者特別援護法 ● 原子爆弾被爆者に対する援護に関する法律　等

(出所)『九訂 介護支援専門員基本テキスト 上巻』p.116(長寿社会開発センター)

2 その他の給付調整

その他、次の場合などには給付調整が行われます。

① 老人福祉法による措置は、介護保険のサービスが受けられない例外的な場合に適用されることがある。

② 医療保険からも給付される場合、要介護者等については原則として介護保険からの給付が優先される。

③ 65歳以上の医療保険未加入者が要介護者、要支援者になった場合は、介護保険からの給付が優先され、利用者負担部分は生活保護の介護扶助が適用される。40歳以上65歳未満の医療保険未加入者に介護が必要になった場合は全額介護扶助が適用され、その範囲は、介護保険の給付と同様である。

④ 障害者総合支援法の自立支援給付と介護保険法の給付が重複する場合は、介護保険による給付が優先される。

⑤ 公費負担医療制度による給付と介護保険法による給付が重複する場合は、介護保険による給付が優先され、公費負担医療制度による給付については介護保険の自己負担部分だけが給付される。

コレも出た！
介護保険の訪問看護は、原則として、医療保険の訪問看護に優先する。(26回7)

知っトク！
障害者総合支援法による行動援護など、介護保険法の給付にないものは利用できる。

1
介護支援分野

その他の規定

● 第三者行為と損害賠償請求権

第三者(加害者)による事故などで要介護状態等となった場合は、市町村はその範囲について保険給付の責任を逃れます。それを知らずに保険給付を行った場合、市町村はその者に対して行った保険給付を第三者に損害賠償請求できます。

● 不正利得の徴収

市町村は、サービス事業者等が不正行為によって法定代理受領による介護報酬を受けていた場合は、返還額に4割を加算した額を求めることができます。

● 市町村への文書の提出等

市町村は、保険給付に関して必要があると認めるときは受給者、事業者等の担当者および住宅改修を行う者に文書等の提出要求や質問等をすることができます。受給者がこれに応じないときは保険給付の全部または一部を制限できます。

コレも出た！
住宅改修を行った人に、帳簿書類等の提示を命じることができるのは、市町村長である。(21回6)

● 厚生労働大臣、都道府県知事による文書の提示命令等

厚生労働大臣、都道府県知事は、必要があると認めるときは事業者に対してサービス提供記録等の提示命令や職員による質問を行うことができます。

● 受給権の保護

保険給付を受ける権利は、譲り渡し、担保に供し、または差し押さえることができません。

● 租税その他の公課の禁止

保険給付として支給されたものに課税されることはありません。

● 保険給付の制限

刑事施設や労役場に拘禁された者は、その期間中は介護給付等は行われません。また、市町村は故意の犯罪や重大な過失などにより要介護状態等に陥ったり悪化させ

たりした場合や、正当な理由なしに法の規定に基づく文書提出や質問等に応じなかった場合は、介護給付等の全部または一部を制限することができます。

理解度チェック 1問1答

全問クリア　　月　　日

問題

☐ ❶ 「障害者の日常生活及び社会生活を総合的に支援するための法律」による自立支援給付は、介護保険による給付に優先する。 18回12改

☐ ❷ 労働者災害補償保険法による療養補償給付は、介護保険給付に優先する。 26回7

☐ ❸ 介護保険による給付と健康保険による給付が重複するときは、健康保険給付が優先する。 18回12改

☐ ❹ 生活保護の被保護者は、介護保険給付を受給できない。 26回7

☐ ❺ 第三者行為によって生じた給付事由については、当該第三者への損害賠償請求が保険給付の要件となっている。 21回6

☐ ❻ やむを得ない事由により介護保険からサービスを受けられない場合には、例外的に老人福祉法に基づく市町村の措置によるサービスが受けられる。 16回4改

☐ ❼ 保険給付を受ける権利は、差し押さえることができる。 16回4

解答解説　❶✕自立支援給付と介護保険による給付が重複する場合は、介護保険による給付が優先する。 ❷○　❸✕原則として介護保険給付が優先する。 ❹✕65歳以上の被保護者も介護保険給付を受けることができる。 ❺✕損害賠償を請求することが要件とはなっていない。 ❻○　❼✕保険給付を受ける権利を差し押さえることはできない。

老人福祉法の措置って何？

行政機関がその公的責任においてサービス提供内容などを決定して、社会福祉サービスの利用者に給付することだよ。介護保険制度の利用が困難な人などに対して措置の方法が取られることがあるよ。

介護支援分野 1

13 サービス事業者等の指定

👨‍🎓 「ここを押さえよう！」　　　　　頻出度 ★★★

都道府県知事が指定する各種サービスの提供事業者と市町村長が指定する各種サービスの提供事業者の指定等の要件を把握しておきましょう。

都道府県知事　　　市町村長

指定

- 介護予防サービス事業者
- 居宅サービス事業者
- 介護保険施設

- 居宅介護支援事業者
- 介護予防支援事業者
- 地域密着型サービス事業者
- 地域密着型介護予防サービス事業者

🐝 サービス提供事業者等の指定

　　介護保険のサービスを提供する事業者等は、都道府県知事または市町村長の指定を受ける必要があります（次表を参照）。

表1-13-1　サービス提供事業者等の指定

都道府県知事が行うもの	市町村長が行うもの
指定居宅サービス事業者 指定介護予防サービス事業者 介護保険施設	指定居宅介護支援事業者 指定介護予防支援事業者 指定地域密着型サービス事業者 指定地域密着型介護予防サービス事業者

指定居宅サービス事業者等の指定基準

　指定居宅サービス事業者などがその目的を達成するために最低限必要な基準は、都道府県等の条例で定めるよう委任されています。厚生労働省令には、条例を定めるに当たって「従うべき基準」「標準」「参酌すべき基準」が規定されています。基準を満たしていない事業者は、都道府県知事等の指定または更新を受けることができません。

　基準は、基本方針、人員基準、設備基準、運営基準、基準該当に関する基準からなっています。

指定居宅サービス事業者

　居宅サービス事業を行う者として、都道府県知事の指定を受けたものを指定居宅サービス事業者といいます。

1 指定

　指定は、事業者の申請に基づき、居宅サービスの種類ごと、事業所ごとに行われます。事業者が以下のいずれかに該当するときは、指定されません（欠格要件）。

居宅サービス事業者の指定に当たっての欠格要件

①申請者が「都道府県の条例」で定めるもの（法人であること）でない。

②従業者の知識・技能・人員が基準・員数を満たしていない。

③設備・運営に関する基準に従って適正な事業運営をすることができないと認められる。

④禁錮刑以上の刑に処せられている。

⑤介護保険法その他の規定による罰金刑、社会保険各法に規定する滞納処分に処せられている。

⑥労働に関する法律の規定であって政令で定めるものにより罰金刑に処せられている。

---

⑦指定を取り消されて5年を経過していない。

⑧申請前5年以内に居宅サービス等に関し不正または不当な行為をした。

⑨介護専用型特定施設入居者生活介護(入居定員30人以上)および混合型特定施設入居者生活介護において、サービスの供給量が都道府県計画の達成に支障を生ずるおそれがある。　場合など

なお、都道府県知事は、特定施設入居者生活介護に関する指定を行うときは関係市町村の意見を求める必要があります。また、市町村長は、市町村介護保険事業計画の見込量にすでに達している場合や達成に支障があるおそれがある場合は、定期巡回・随時対応型訪問介護看護、小規模多機能型居宅介護、看護小規模多機能型居宅介護などについて、見込量の確保に関する協議を知事に求めることができます。

② 指定の特例

重要ポイント 以下の場合は、特例として指定があったとみなされます(みなし指定)。これらの指定は、健康保険法上の指定等が取り消された場合には効力を失います。また、①と②の場合は、法人格がなくても指定が認められます。

①病院、診療所が、健康保険法による保険医療機関の指定を受けた場合には、訪問看護・訪問リハビリテーション・居宅療養管理指導・通所リハビリテーションについて指定があったものとみなされる。

②薬局が保険薬局の指定を受けた場合には、居宅療養管理指導について指定があったものとみなされる。

③介護老人保健施設・介護医療院が介護保険施設としての許可を受けた場合には、通所リハビリテーション・短期入所療養介護について指定があったものと

みなされる。

④共生型サービスの特例

🐄 **重要ポイント** 児童福祉法または障害者総合支援法に基づく指定障害福祉サービス事業者から、介護保険の居宅サービス（訪問介護、通所介護、短期入所生活介護）にかかる指定の申請があった場合には、都道府県知事は一定の基準を満たしている場合に限り、指定居宅サービス事業者の指定ができるようになった。

1 介護支援分野

3 指定の更新

　都道府県知事の指定は、6年ごとの更新が必要です。なお、新たな指定の有効期間は、従前の指定の有効期間の満了日の翌日から起算されます。

4 事業者の責務

🐄 **重要ポイント** 指定居宅サービス提供事業者の人員・設備・運営に関する基準は、厚生労働省の基準に則して都道府県の条例で定められます。

　事業者の責務については、介護保険法に以下のとおり定められています。

- 利用者の人格の尊重
- 介護保険法およびこれに基づく命令の遵守（業務管理体制整備）※

  ※ 業務管理体制整備に関する届出は、都道府県または厚生労働大臣に行う。

- 要介護者の心身の状況等に適するサービスの提供
- 自らのサービスの質の評価
- 介護認定審査会の意見に配慮したサービスの提供
- 事業所の名称・所在地等の変更の知事への届出
- 事業の廃止・休止・再開の知事への届出（廃止・休止については事前届出、再開は事後で可）

🐑 ✐ **コレも出た！**
指定居宅サービス事業者は、法令遵守に係る義務の履行が確保されるよう、業務管理体制を整備しなければならない。（26回9）

5 指導・監督

コレも出た！
指定訪問介護事業者は、利用者からの苦情に関して市町村が実施する事業に協力しなければならない。（17回7改）

　指定居宅サービス事業者に対する指導・監督は、都道府県知事のほかに、市町村長も一部を行うことができます。

● **報告・立ち入り**

　都道府県知事または市町村長が必要と認めるときは、事業者に対し、報告・帳簿書類の提出や提示・出頭を求め、帳簿書類等を検査することができます。当該事業者の事務所等への立入検査を行うこともできます。

● **勧告・命令等**

　都道府県知事は、①定期巡回・随時対応型訪問介護等の事業の適正な運営を確保するために付された条件に従わないとき、②事業者が基準に違反しているとき、③事業の休廃止に当たって利用者への便宜提供を適正に行っていないときには、事業者に対し、定められた措置をとるよう勧告・命令等ができます。

　市町村長は、事業者が設備・運営基準に従った適正な事業運営や適正な便宜提供をしていないと認めるときは、その旨を都道府県知事に通知することになっています。

　2008（平成20）年の改正により、都道府県知事または厚生労働大臣は、事業者が適正な業務管理体制を整備するよう勧告したり、命じたりすることができるようになりました。

6 指定の取消し・効力停止

　都道府県知事は、事業者が以下のいずれかに該当する場合には、その指定居宅サービス事業者の指定を取り消すか、指定の全部または一部の効力を停止することができます。

　　①指定に当たっての欠格要件のうちの一定のものに
　　　該当したとき

② 定期巡回・随時対応型訪問介護看護等の事業の適正
な運営を確保するために付された条件に違反した
とき
③ 人員基準を満たさなくなったとき
④ 設備・運営基準に従った適正な事業運営をすること
ができなくなったとき
⑤ 要介護者の人格尊重・法令遵守・忠実職務遂行の義
務に違反したとき など

なお、市町村長は、事業者が上記の指定取消し等の事
由に該当していると認めるときは、その旨を都道府県知
事に通知しなければなりません。

7 公示

都道府県知事は、①事業者の指定をしたとき、②廃止
の届出があったとき、③指定の取消しまたは効力停止を
行ったときは、事業者の名称または氏名、所在地、その
他所定の事項を公示しなければなりません。

事業の一般原則

① 利用者の意思及び人格を尊重して、常に利用者の立場
に立ったサービスの提供に努めなければならない。
② 事業を運営するに当たっては、地域との結び付きを重
視し、市町村、他の居宅サービス事業者その他の保健
医療サービス及び福祉サービスを提供する者との連携
に努めなければならない。
③ 利用者の人権の擁護、虐待の防止等のため、必要な体
制の整備を行うとともに、その従業者に対し、研修を
実施する等の措置を講じなければならない。
④ 指定居宅サービスを提供するに当たっては、介護保険
等関連情報その他必要な情報を活用し、適切かつ有効
に行うよう努めなければならない。

コレも出た！
指定居宅サービス事業
者は、自らサービスの
質の評価を行うこと等
により常に利用者の立
場に立ってサービスを
提供するように努めな
ければならない。(26回
9)

1
介護支援分野

サービス提供事業者等の運営基準

　居宅サービス、介護予防サービス、地域密着型サービスの運営基準については、すべて別個に定められていますが、共通する主な内容として次のようなものがあります。

1 事業運営に当たって共通する主な基準

表1-13-2　事業運営にあたって共通する主な事項

内容および手続きの説明と同意	● サービスの提供の開始に際し、あらかじめ、利用申込者またはその家族に対し、重要事項を記した文書を交付して説明を行い、提供の開始について利用申込者の同意を得なければならない。
提供拒否の禁止	● 正当な理由なくサービスの提供を拒んではならない。
サービス提供困難時の対応	● 利用申込者に対し自ら適切なサービスを提供することが困難であると認めた場合は、他の事業者等の紹介その他の必要な措置を速やかに講じなければならない。
受給資格等の確認	● サービスの提供を求められた場合には、被保険者証によって、被保険者資格等を確かめる。
認定申請に係る援助	● 要介護認定の申請が行われていない場合は、利用申込者の意思を踏まえて速やかに申請が行われるよう必要な援助を行わなければならない。
心身の状況等の把握	● サービスの提供に当たっては、サービス担当者会議等を通じて、利用者の心身の状況、その置かれている環境、他のサービスの利用状況等の把握に努めなければならない。
秘密保持等	● 正当な理由がなく、その業務上知り得た利用者またはその家族の秘密を漏らしてはならない。
勤務体制の確保等	● 適切なサービス提供ができるよう、従業者の勤務の体制を定め、資質向上のために研修機会を確保しなければならない。 ● 事業所内のハラスメント対策強化などの措置を講じなければならない。
業務継続計画の策定等	● 感染症や非常災害の発生時においても、利用者へのサービス継続のための業務継続計画（BCP）を策定し、必要な措置を講じなければならない。

（つづく）

表1-13-2　事業運営にあたって共通する主な事項（つづき）

衛生管理等 （感染症の発生予防及びまん延防止の措置）	● 従業員の清潔保持と健康管理を行うとともに、設備備品等の衛生管理に努めなければならない。 ● 感染症の発生予防とまん延防止のために、感染症対策委員会の定期的な開催、感染症対策指針の整備、研修・訓練の定期的な実施等の措置を講じなければならない。
苦情処理	● 利用者及びその家族からの苦情に迅速かつ適切に対応するために、苦情を受け付けるための窓口を設置する等の必要な措置を講じるとともに、苦情を受け付けた場合には、当該苦情の内容等を記録しなければならない。
事故発生時の対応	● サービスの提供により事故が発生した場合は、市町村、当該利用者の家族、当該利用者に係る居宅介護支援事業者等に連絡を行うとともに、必要な措置を講じ、事故の状況及び事故に際して採った処置について記録しなければならない。
虐待の防止	● 虐待の発生又はその再発を防止するため、事業所ごとに担当者を置き、虐待防止対策委員会の定期的な開催、虐待防止のための指針の整備、定期的な研修の実施等の措置を講じなければならない。
記録の整備	● 利用者に対するサービスの提供に関する記録を整備し、完結の日から2年間保存しなければならない。
電磁的記録等	● 書面の作成、保存等について、書面に代えて、電磁的記録により行うことができる。 ● 交付、説明、同意、承諾、締結等について、相手方の承諾を得て、書面に代えて、電磁的方法によることができる。

表1-13-3　サービス提供にあたって共通する主な事項

法定代理受領サービスを受けるための援助	● サービスの提供の開始に際し、法定代理受領サービスを行うために必要な援助を行わなければならない。
居宅サービス計画に沿ったサービス提供	● 居宅サービス計画が作成されている場合は、計画に沿ったサービスを提供しなければならない。
居宅サービス計画などの変更の援助	● 利用者が居宅サービス計画の変更を希望する場合は、居宅介護支援事業者への連絡その他の必要な援助を行わなければならない。
居宅介護支援事業者への利益供与の禁止	● 居宅介護支援事業者や従業者に対し、利用者にサービスを利用させることの対償として、金品その他の財産上の利益を供与してはならない。

1

介護支援分野

（つづく）

表1-13-3　サービス提供にあたって共通する主な事項（つづき）

緊急時の対応	● サービスの提供を行っているときに利用者に病状の急変が生じた場合等は、速やかに主治の医師への連絡を行う等の必要な措置を講じなければならない。
サービス提供の記録	● サービスを提供した際には、サービスの提供日および内容等について、記載しなければならない。

共生型サービス事業者の特例

コレも出た！
介護支援台帳は、書面による記録と電磁的記録のいずれかを整備しなければならない。（25回20）

　訪問介護、通所介護、地域密着型通所介護、短期入所生活介護、介護予防短期入所生活介護については、児童福祉法の指定または障害者総合支援法の指定を受けている者から指定の申請があった場合に、都道府県の条例で定めている基準を満たしているときには、共生型サービス事業所の指定を行うことができます。また、共生型サービス事業者の特例を受けた事業者による居宅サービスを、共生型居宅サービスと呼びます。

　共生型居宅サービス事業者の特例の対象となる障害福祉サービス等の種類は、次表のとおりです。

表1-13-4　特例の対象となる障害福祉サービス等の種類等

サービスの種別	共生型居宅サービス事業者の特例の対象となる障害福祉サービス等の種類
共生型訪問介護	● 障害者総合支援法に基づく、指定居宅介護事業者、重度訪問介護事業者が、要介護者に対して提供する指定訪問介護
共生型通所介護	以下の事業者が要介護者に対して提供する指定通所介護 ● 障害者総合支援法に基づく、指定自立訓練（機能訓練）事業者、指定自立訓練（生活訓練）事業者、指定生活介護事業者 ● 児童福祉法に基づく、指定児童発達支援事業者、指定放課後等デイサービス事業者[1]
共生型短期入所生活介護	● 障害者総合支援法に基づく指定短期入所事業者が、要介護者に対して提供する指定短期入所生活介護[2]

※1 主として重症心身障害児を通わせる事業所を除く。
※2 併設事業所及び空床利用型事業所において事業を行う場合に限る。

介護保険施設

本章第28節「介護保険施設」を参照。

指定居宅介護支援事業者

本章第20節「居宅介護支援事業者の指定」を参照。

指定介護予防サービス事業者

　指定介護予防サービス事業者とは、都道府県知事の指定を受けた介護予防サービス事業者のことです。

　これまで、予防給付として行われていた「介護予防訪問介護」と「介護予防通所介護」は、2017（平成29）年4月に市町村の総合事業（介護予防・日常生活支援総合事業）に移行されました。

指定介護予防支援事業者

　指定介護予防支援事業者は、市町村長に申請を行い、その指定を受けた事業者です。

● 指定

重要ポイント 介護保険法における他の事業と異なり、**申請者を**地域包括支援センターの設置者または指定居宅介護支援事業者（令和6年4月以降）に限定しています。

● 指定の更新

　指定介護予防支援事業者は、6年ごとの更新制です。

● 事業の基準と事業者の責務

　指定居宅介護支援事業者と基本的には同様ですが、以下の点が異なります。

　①事業の基準として「介護予防のための効果的な支援の方法に関する基準」が含まれる。

コレも出た！
介護予防支援事業者の指定を受ける者は、非営利法人に限定されてはいない。（15回21改）

コレも出た！
指定介護予防支援の一部を委託する場合には、地域包括支援センター運営協議会の議を経なければならない。（22回再8）

②事業者が有しなければならない人員は、介護支援専門員ではなく「介護予防支援に従事する従業者」である。

③事業者は、指定介護予防支援の一部を厚生労働省令で定める者に委託することができる。

④事業の休廃止に当たっての利用者への便宜供与に関わる援助は、一義的に市町村長が行い、さらに都道府県知事や厚生労働大臣が援助する。

● **指導・監督**

指定介護予防支援事業者の指導・監督についての内容は、指定居宅サービス事業者と同様ですが、実施は市町村長が行います。

● **指定の取消し・効力停止**

市町村長は、事業者が以下に該当するときは、介護予防支援事業者の指定を取り消すか、その指定の全部または一部の効力を停止することができます。

①人員基準を満たさなくなったとき

②介護予防のための効果的な支援の方法に関する基準または運営基準に従って適正な事業運営をすることができなくなったとき

③要支援者の人格尊重・法令遵守・忠実職務遂行の義務に違反したとき　など

● **公示**

指定した事業者の名称などの情報は、市町村長が公示します。

指定地域密着型サービス事業者

コレも出た！
地域密着型介護老人福祉施設は、介護保険施設には含まれない。(17回23改)

市町村長の指定を受けて地域密着型サービス事業を行います。

● **指定**

指定は、地域密着型サービスの種類ごと、事業所ごと

に行われます。

● **公募指定**

🐸 **重要ポイント** 市町村長は、定期巡回・随時対応型訪問介護看護等の見込量の確保および質向上のために必要と認めるときは、事業者の指定を公募で行うことができます。公募指定は、種類ごと、事業所ごとに行います。

● **指定の有効期間と更新**

　公募指定の有効期間は、指定の日から6年を超えない範囲で市町村長が定める期間となっており、定められた期間ごとの更新が必要です。

● **事業の基準と事業者の責務**

　指定居宅サービス事業者の場合との主な相違点は、都道府県知事を市町村長に読み替える以外は、次のとおりです。

- 人員・基準・運営基準は、市町村の条例で定められる。
- 市町村長は、厚生労働省令で定める範囲内で、サービス従業者と設備・運営に関する独自の基準を設定できる。

● **指定の辞退**

　地域密着型介護老人福祉施設入所者生活介護(小規模特別養護老人ホーム)の事業を行う者は、その事業をやめるときは、廃止の届出ではなく指定の辞退を行います。

● **報告・立入検査等**

　報告・立入検査等についての内容は、指定居宅サービス事業者の内容と同様ですが、実施するのは市町村長のみです。

● **勧告・命令等**

　事業者が基準に違反しているときや、事業の休廃止に当たって利用者への便宜の提供を適正に行っていないときの勧告・命令等は、市町村長が行います。

● **指定の取消し・効力停止**

　指定地域密着型サービス事業者における一定の要件の

ほか、下記に該当する場合などに、市町村長は指定の取消し・効力停止を行うことができます。

● 指定を行うに当たり付された条件に違反したとき

● 地域密着型介護老人福祉施設入所者生活介護を行う事業者(小規模特別養護老人ホーム)が、更新認定に関わる調査の委託を受けた場合に、調査結果について虚偽の報告をしたとき　など

● **公示**

市町村長は、①事業者の指定をしたとき、②廃止の届出があったとき、③指定地域密着型介護老人福祉施設入所者生活介護を行う事業者(小規模特別養護老人ホーム)が指定を辞退したとき、④指定の取消しまたは効力停止を行ったときには、事業者の名称、所在地等を都道府県知事に届け出るとともに、公示します。

指定地域密着型介護予防サービス事業者

市町村長が指定を行います。規定は以下の点を除き、指定地域密着型サービス事業者についてのものと同様です。

● 施設系のサービスはないので、それに対する規定はない。

● 事業の基準として、人員・設備・運営基準に加え、「介護予防のための効果的な支援の方法に関する基準」を含む。

● 公募指定に関する規定はない。

コレも出た！
地域密着型介護予防サービスには、複合型サービスは含まれない。
(17回6改)

基準該当サービスの事業者

指定居宅サービス事業者等の指定要件を完全には満たさないが一定の水準を満たすと市町村が認めた事業者を「基準該当サービス事業者」といい、被保険者に特例居宅介護サービス費が支給(償還払い)されます。

コレも出た！
地域密着型サービスには、基準該当サービスは設定されていない。
(17回8改)

　基準該当サービス事業者は、通所介護・訪問介護など一部の居宅サービス、居宅介護支援、一部の介護予防サービス、介護予防支援について認められています。

離島等における相当サービスの事業者

　指定事業者によるサービスも基準該当サービスも確保困難な離島などの地域においては、これ以外の事業者によるサービス提供についても一定の要件の下、市町村の個別判断により介護給付の対象とすることが認められています。対象となるサービスは、居宅サービス、地域密着型サービス、居宅介護支援、介護予防サービス、地域密着型介護予防サービス、介護予防支援です。

1 介護支援分野

理解度チェック 1問1答

問題

☐ ❶ 指定居宅サービス事業者の指定の取消しに関する処分は、介護保険審査会が行う。 26回16改

☐ ❷ 指定居宅サービス事業者は、要介護者のため忠実に職務を遂行しなければならない。 26回9

☐ ❸ 指定居宅サービス事業者は、医師の診断書に基づき居宅サービス計画を作成しなければならない。 26回9

☐ ❹ 地域密着型通所介護は、共生型サービスの指定の対象となる。 24回8改

☐ ❺ 通所リハビリテーションは、共生型サービスの指定の対象となる。 24回8改

☐ ❻ 介護給付等対象サービスの種類ごとの量の見込みは、介護保険法上、市町村介護保険事業計画において定めるべき事項である。 24回13改

☐ ❼ 指定居宅サービス事業所の現員では利用申込みに応じきれない場合には、サービスの提供を拒むことができる。 22回6

☐ ❽ サービス事業所が訪問でサービスを提供する場合には、通常の事業の実施地域以外であっても、交通費を受け取ることはできない。 22回6

☐ ❾ 保険医療機関として指定を受けている病院は、都道府県知事の居宅療養管理指導事業所の指定があったものとみなされる。 22回44

☐ ❿ 指定介護予防支援事業所の管理者は、非常勤でもよい。 22回8

☐ ⓫ 指定介護予防支援事業所ごとに、介護支援専門員を有しなければならない。 22回8

☐ ⓬ 指定地域密着型サービス事業の設備および運営に関する基準は、都道府県の条例で定める。 19回13改

☐ ⓭ 指定認知症対応型通所介護事業者には、定期的な避難訓練が義務づけられている。 19回13改

解答解説　❶✕ 都道府県知事が行う。　❷○　❸✕ 居宅サービス計画に基づき、個別サービス計画を作成する。　❹○　❺✕ 共生型サービスの指定の対象とならない。　❻○　❼○
❽✕ 通常の事業の実施地域を越えた分については、交通費を受け取ることができる。
❾○　❿✕ 常勤の管理者を置かなければならない。　⓫✕ 介護支援専門員ではなく、担当職員の配置が必要である。　⓬✕ 市町村の条例で定める。　⓭○

14 介護サービス情報の公表

「ここを押さえよう！」　頻出度 ★★★

介護サービス情報の公表制度、調査命令、指定の取消し、指定調査機関、指定情報公表センターの要点を押さえておきましょう。

介護サービス情報の公表制度

　介護サービス情報の公表は、利用者のサービスに資するために、都道府県知事が行います。情報公開のための事業者からの報告は「年に1回程度」となっています。なお、都道府県知事が定める任意報告情報が介護サービス事業者から提供された場合は、都道府県知事は当該情報の公表を行うよう配慮しなければなりません。

　介護サービス情報の公表制度の仕組みは次図のとおりです。

図1-14-1　介護サービス情報の公表制度の仕組み

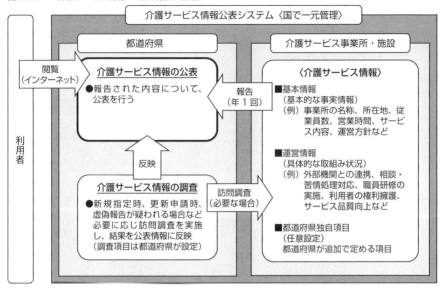

（出所）厚生労働省資料

1 介護サービス情報の公表

● 介護サービス情報の報告に関する計画

　都道府県知事は、報告の方法、期限その他（計画の基準日、対象となるサービス事業者、報告の提出先、提出期限等）について記載した介護サービス情報の報告に関する計画（報告計画）を毎年定め、公表します。

● 介護サービス情報の報告と公表

　介護サービス情報は、①自己申告による基本的な事実情報「基本情報」と、②事実確認の調査が必要な情報「運営情報」に分けられます。

　介護サービスの提供を開始しようとするとき、事業者は基本情報を報告し、都道府県知事はそれを公表します。

　その他厚生労働省令で定めるとき（年1回程度）、事業者は、①基本情報と、②運営情報を報告し、都道府県知事は報告の内容を公表します。また、都道府県知事は、必要に応じて②について調査を行います。

コレも出た！
介護サービス情報の公表制度の公表項目には、入退院の支援や利用者のプライバシー保護などがある。（24回15）

知っトク！
報告計画の基準日前の1年間に提供した介護サービスの対価が100万円以下の事業所には、報告の義務はない。

コレも出た！
公表制度の内容で、介護サービス事業者がサービス提供開始時に都道府県知事に報告すべき情報内容（従業者の教育訓練の実施状況など）。（26回15）

2 調査命令と指定の取消し等

● 調査命令等

　都道府県知事は、介護サービス事業者が報告をしなかったり虚偽の報告をしたりしたときや、調査を受けなかったり調査の実施を妨げたりしたときは、報告・報告内容の是正や調査の受入れを命ずることができます。

● 指定の取消し等

　都道府県知事は、知事が指定を行う介護サービス事業者が報告・報告内容の是正・調査の受入れの命令に従わないときは、その事業者の指定・許可の全部または一部の効力を停止することができます。また、市町村の指定事業者が命令に従わない場合は、市町村長にその旨を通知します。

3 指定調査機関と指定情報公表センター

● 指定調査機関

　都道府県知事は、介護サービス情報の報告の調査を各都道府県が指定する指定調査機関に行わせることができます。

　調査は全国一律の基準で行われます。調査員は、所定の研修課程を修了し都道府県知事が作成する調査員名簿に登録されている必要があります。指定調査機関およびその役職員には、秘密保持義務が課され、都道府県知事の指導監督の下に置かれます。

● 指定情報公表センター

　都道府県知事は、介護サービス情報の情報公表事務を、都道府県ごとに指定する指定情報公表センターに行わせることができます。指定情報公表センターにも、指定調査機関と同様の秘密保持義務が課されます。

知っトク！

介護サービス情報を報告しなかった場合には、その指定または許可が取り消される。

1
介護支援分野

理解度チェック 1問1答

問題

- [ ] ❶ 介護予防サービスに関わる情報の公表は、都道府県知事が行う。 18回7改
- [ ] ❷ 介護サービス情報の公表に関わる調査機関の指定は、都道府県知事が行う。 18回7改
- [ ] ❸ 地域密着型サービスに関わる情報の公表は、市町村長が行う。 18回7
- [ ] ❹ 介護サービス情報の公表は、利用者のサービス選択に資するために行う。 18回7改
- [ ] ❺ 都道府県知事は、任意報告事項について公表を行うよう配慮する。 17回2
- [ ] ❻ 公表制度により公表される介護サービス事業所・施設の運営情報には、職員研修の実施状況は含まれない。 17回2改
- [ ] ❼ 都道府県知事は、利用者の権利擁護のために講じている措置を公表しなければならない。 16回12
- [ ] ❽ 指定情報公表センターの指定は、市町村長が行う。 15回12改

解答解説　❶○　❷○　❸✕ 都道府県知事が行う。 ❹○　❺○　❻✕ 含まれる。 ❼○
❽✕ 都道府県知事が行う。

介護サービス事業者の指定の取消しはどこが行うんですか？

都道府県知事が指定する事業者については都道府県知事が取消しを行い、市町村長が指定する事業者については市町村長が取消しを行うことになっているよ。

15 保険財政と保険料、財政安定化基金

「ここを押さえよう！」　頻出度 ★★★

公費負担、保険料負担、第1号・第2号被保険者の保険料（算定、徴収、滞納者への措置、減免）、財政安定化基金などの要点を把握しておきましょう。

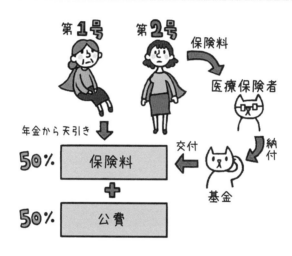

財政構造

　介護保険の法定給付（介護費用から利用者負担を引いた給付）の財源は、公費50％と保険料50％で構成されています。

　このほか、市町村特別給付や市町村が実施する保健福祉事業に要する費用については、原則として、その市町村の第1号被保険者の保険料を財源としています。

1 公費負担

　公費50％の内訳は居宅給付費と施設等給付費（介護保険3施設、特定施設入居者生活介護、介護予防特定施設

入居者生活介護）とで異なります。

コレも出た！
介護保険の費用の公費負担の内容。(21回11)

表1-15-1　公費50%の内訳

居宅給付費の場合		施設等給付費の場合	
国	25 %	国	20 %
都道府県	12.5%	都道府県	17.5%
市町村	12.5%	市町村	12.5%

コレも出た！
介護保険における調整交付金は、各市町村の第1号被保険者の所得の分布や後期高齢者の加入割合などを勘案して交付される。(17回5改)

国庫負担分は、すべての市町村に一律に20%（施設等は15%）が定率交付されます。これに加え、市町村間の財政力の調整を行うため、調整交付金が交付されます。その調整交付金には、普通調整交付金と特別調整交付金（災害等の保険料の減収）があります。

コレも出た！
調整交付金の公費負担などの交付内容。(22回10)

2 保険料負担

第1号被保険者と第2号被保険者の1人当たりの平均的な保険料が同じ水準になるよう、負担割合を国が政令で定めています。見直しは1期3年ごとに行われます。

保険料徴収の仕組みは次図を参照してください。

図1-15-1　保険料徴収の仕組み

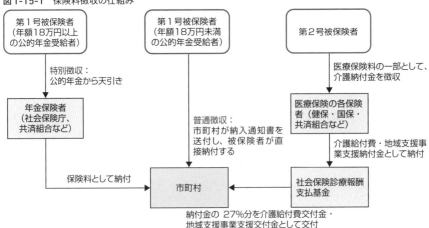

第1号被保険者の保険料

1 保険料の算定

　第1号被保険者の保険料の額は、政令で定める基準に従い、各市町村が条例で定める保険料率に基づき算定されます。市町村の給付水準等を踏まえ、3年に1度設定されます。

　個々の被保険者の保険料率は、市町村ごとに定められています。標準的な区分例は次表に示すとおり、負担能力に応じた所得段階別定額保険料(標準9段階)となっています。

表1-15-2　所得段階別定額保険料

段階	対象者	保険料
1	生活保護被保護者、世帯全員が市町村民税非課税の老齢福祉年金受給者、世帯全員が市町村民税非課税かつ本人年金収入等80万円以下	基準額×0.3
2	世帯全員が市町村民税非課税かつ本人年金収入等80万円超120万円以下	基準額×0.5
3	世帯全員が市町村民税非課税かつ本人年金収入等120万円超	基準額×0.7
4	本人が市町村民税非課税(世帯に課税者がいる)かつ本人年金収入等80万円以下	基準額×0.9
5	本人が市町村民税非課税(世帯に課税者がいる)かつ本人年金収入等80万円超	基準額×1
6	市町村民税課税かつ合計所得金額120万円未満	基準額×1.2
7	市町村民税課税かつ合計所得金額120万円以上210万円未満	基準額×1.3
8	市町村民税課税かつ合計所得金額210万円以上320万円未満	基準額×1.5
9	市町村民税課税かつ合計所得金額320万円以上	基準額×1.7

2 市町村の保険料率の設定

重要ポイント 保険料率の設定は、市町村介護保険事業計画に定める対象サービスの見込量等に基づく保険給付額、財政安定化基金にかかる拠出金や償還金の額、地域支援事業や保健福祉事業の費用、市町村特別給付の額、事務費の額等を合計し、介護保険特別会計の支出額を算定し、公費負担や介護給付費交付金等との差額を第1号保険料として計算します。

3 保険料の徴収

● 特別徴収

重要ポイント 年額18万円以上の公的な老齢年金または退職年金、遺族年金、障害年金を受給している第1号被保険者の保険料は、年金から天引きして市町村に納入する特別徴収の仕組みがとられています。

● 普通徴収

コレも出た！
第1号被保険者の普通
徴収の内容。(21回10)

年額18万円に満たない老齢年金等の受給者については、市町村が第1号被保険者に納入通知書を直接送付し、保険料を納付してもらう仕組み（普通徴収）をとっています。普通徴収の場合は、第1号被保険者の配偶者および世帯主に、保険料の連帯納付義務を課しています。このほか、普通徴収には以下の規定があります。

- 保険料の納期は市町村が条例により定める。
- 普通徴収の収納事務が私人にも委託できるため、コンビニエンスストア等で保険料が支払える。
- 第1号被保険者である被生活保護者の介護保険料を、福祉事務所等が被保護者に代わって市町村に支払うことができる。

● 保険料滞納者に対する措置

①第1号被保険者ですでに保険給付を受けている人が介護保険料を滞納している場合

- 保険給付の支払方法の変更（法定代理受領方式 ⇒ 償還払い）
- 保険給付の一時差止め
- 滞納保険料と保険給付との相殺

② 第1号被保険者が要介護認定等を受ける前に保険料を滞納し、時効消滅している保険料徴収債権がある場合

- 保険給付の減額
- 消滅した債権の期間に応じて給付率を9割から7割に下げ、かつ高額介護（予防）サービス費、高額医療合算介護（予防）サービス費、（特例）特定入所者介護（予防）サービス費を支給しない。

③ 第2号被保険者が医療保険料（介護給付金相当部分）を滞納している場合

- 保険給付の全部または一部の支払いの一時差止め

なお、上記①〜③の滞納処分は、保険料の滞納が災害その他特別の事由による場合には適用されません。

● **保険料の減免等**

市町村は、負担能力の低下など特別な理由がある者については、条例により、第1号被保険者の保険料の減免および徴収猶予をすることができます。ただし、以下の①〜③の方法で、保険料を減免することはできないとされています。

① 保険料の全額免除
② 収入のみに着目した一律の減免
③ 一般財源繰入れによる保険料減免の補てん

コレも出た！
利用者負担の市町村による減免で、災害による損害を受けた際は対象となる。（23回9）

🐝 第2号被保険者の保険料

1 保険料の算定・徴収

● **健康保険の場合**

健康保険の第2号被保険者については、医療保険の保

険料に介護保険料を上乗せした額を、医療保険者が徴収します。

● **国民健康保険の場合**

　各医療保険者における介護保険の第2号被保険者の総所得金額や第2号被保険者数等に基づき、所得割額、被保険者均等割額等が算定され、これらの総額が世帯単位で合算されて世帯主から徴収されます。

知っトク！
健康保険の加入者については、一般保険料と同様に、事業主が介護保険料の半分を負担する。ただし、国民健康保険については、事業主負担はない。

2 医療保険者の納付金

　第2号被保険者の保険料は、医療保険の各保険者が医療保険料の一部として被保険者から徴収し、社会保険診療報酬支払基金（支払基金）に介護給付費・地域支援事業支援交付金として納付します。

　各保険者は、被保険者数に応じて納付金を負担しますが、被用者保険（健保組合、共済組合、協会けんぽ）間では、報酬額に比例して負担する仕組み（総額報酬割）が2017（平成29）年8月から導入されています。

　支払基金は、各医療保険者から納付された納付金の27％を各市町村に「介護給付費・地域支援事業支援交付金」として交付します。

　2017（平成29）年4月から市町村でスタートした「介護予防・日常生活支援総合事業」の財源は、第1号保険料、第2号保険料、国・都道府県・市町村負担額から構成されます。

3 支払基金の業務

　社会保険診療報酬支払基金は、介護保険関係業務として、以下の業務を実施します。

　①医療保険者からの介護給付費・地域支援事業支援交付金の徴収

②医療保険者からの報告徴収（報告を求め入手する
　こと）
③市町村に対する介護給付費交付金・地域支援事業
　支援交付金の交付
④上記業務に付帯する業務

財政安定化基金等

● 財政安定化基金

　市町村の介護保険財政の安定化を図るために、各都道
府県に1か所財政安定化基金が設置され、以下の事業を
行うことになっています。

> ①通常の努力を行ってもなお生じる保険料未納によ
> 　り、介護保険財政の収入不足が生じた場合に、不足
> 　分の2分の1を基準として交付金を交付する。
> ②見込みを上回る給付費の増大等のため介護保険財
> 　政に不足（収支の不均衡）が生じた場合に、必要な資
> 　金を貸与する。

　市町村が、資金の貸付けを受けた場合には、貸付けを
受けた期の次の期（1期3年）の市町村介護保険事業計画
の計画期間において、その市町村の第1号保険料を財源
として、3年間の分割で基金に対し返済します。

　財政安定化基金の財源については、国・都道府県・市
町村の3者が、それぞれ3分の1ずつを負担（拠出）する
ことになっています。

　また、市町村の負担分については、第1号被保険者の
保険料で賄うことになっています。

● 市町村相互財政安定化事業

　市町村は、介護保険の財政の安定化を図るため、他の
市町村と共同して調整保険料率に基づき、市町村相互間
において調整する事業を行うことができます。

コレも出た！
財政安定化基金の負
担割合など財源内容。
（21回12）

コレも出た！
財政安定化基金の市町
村の財源は、第1号被
保険者の保険料が充当
される。（24回11）

理解度チェック 1問1答

問題

☐ ❶ 社会保険診療報酬支払基金は、市町村に対して、地域支援事業支援交付金を交付する。 18回15改

☐ ❷ 社会保険診療報酬支払基金は、医療保険者に対する報告徴収を行う。 18回15改

☐ ❸ 財政安定化基金から資金の貸付けを受けた市町村は、貸付けを受けた計画期間の終了年度末に一括して返済しなければならない。 17回3改

☐ ❹ 調整交付金は、各市町村の第1号被保険者の所得の分布状況等を勘案して交付される。 17回5

☐ ❺ 財政安定化基金は、給付費増大により市町村の介護保険財政に不足が見込まれる場合に、定額を貸しつける。 17回3改

☐ ❻ 第1号被保険者の保険料率は、年度ごとに算定する。 17回5

☐ ❼ 第2号被保険者の保険料については、医療保険の種類にかかわらず、事業主負担がある。 16回13

☐ ❽ 生活保護の被保護者の保険料は、原則として基準額の0.3倍である。 16回13改

解答解説　❶○　❷○　❸✕ 3年間の分割で返済する。　❹○　❺✕「定額」ではなく、「必要な額」を貸しつける。　❻✕ 3年に1度算定される。　❼✕ 国民健康保険の場合は事業主負担はない。　❽○

特別徴収される第1号被保険者の保険料はいつ徴収されるの？

年金を受給する際に、年金から天引きする形で保険料が徴収されて、市町村に納入される仕組みだよ。

国民健康保険団体連合会

16 国民健康保険団体連合会

「ここを押さえよう！」

頻出度 ★★

介護保険関係の事業(審査・支払い、苦情処理、第三者行為求償事務、介護サービスの提供事業)と介護給付費等審査委員会の要点を把握しておきましょう。

1 介護報酬の審査・支払い

2 苦情処理の業務

3 第三者行為求償事務

4 介護サービスの提供事業

国保連の介護保険事業関係業務

　国民健康保険団体連合会(国保連)は都道府県単位で設置されており、介護保険事業関係の主な業務は、介護サービス費用の請求を受けて、審査・支払いを行うことです。このほか、苦情処理等の業務、第三者に対する損害賠償金の徴収または収納の事務、介護サービスの提供事業等も行います。

国民健康保険団体連合会(国保連)の業務

①介護報酬の審査・支払い(市町村の委託による)
②苦情処理等の業務(必須業務)

---

1 介護支援分野

③第三者行為求償事務：第三者に対する損害賠償金の徴収または収納(市町村の委託による)

④介護サービスの提供事業

● 審査・支払い

重要ポイント 国保連は、市町村からの委託を受け、居宅介護サービス費、地域密着型介護サービス費、居宅介護サービス計画費、施設介護サービス費、介護予防・日常生活支援総合事業の実施に要する費用の請求審査と事業者への支払いを行います。

● 苦情処理の業務

国保連は、居宅サービス事業者や介護保険施設の利用者などからの苦情(口頭での申立も可)を受けつけて調査を行い、改善の必要がある場合は、事業者・施設に助言・指導を行います。苦情処理業務は、国保連の必須業務です。

なお、苦情処理等の業務の対象は、サービス事業者の指定基準違反には至らない程度のものを想定しており、強制権限を伴う立入検査や指定取消し等は都道府県知事または市町村長が行います。

● 第三者行為求償事務

国保連は、市町村からの委託を受けて第三者に対する損害賠償金の徴収・収納の事務を行います。

● 居宅サービスの事業・介護保険施設の運営

国保連は、①指定居宅(介護予防)サービス、指定地域密着型(介護予防)サービス、および指定居宅(介護予防)支援サービスの提供事業と介護保険施設の運営、②介護保険事業の円滑な運営に資する事業を行うことができます。

介護給付費等審査委員会

国保連は市町村の委託を受けて介護給付費の請求等に

コレも出た！
国民健康保険団体連合会の業務内容。(21回15)

関する審査を行うため、介護給付費等審査委員会を置くことになっています。

この委員会は、それぞれ同数の次の委員から構成されます。委員は国保連が委嘱しますが、①、②については、関係団体の推薦が必要です。

1 介護支援分野

介護給付費等審査委員会の委員構成

①介護給付等対象サービス担当者を代表する委員
②市町村を代表する委員
③公益を代表する委員

介護給付費等審査委員会は、審査に必要と認められるときは、都道府県知事の承認を得て、居宅サービス事業者や介護保険施設に報告または帳簿書類の提出・提示を求めることと、開設者または管理者等に対して出頭または説明を求めることができます。

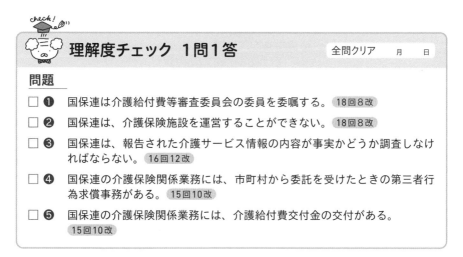

理解度チェック 1問1答　全問クリア　月　日

問題

- ❶ 国保連は介護給付費等審査委員会の委員を委嘱する。 18回8改
- ❷ 国保連は、介護保険施設を運営することができない。 18回8改
- ❸ 国保連は、報告された介護サービス情報の内容が事実かどうか調査しなければならない。 16回12改
- ❹ 国保連の介護保険関係業務には、市町村から委託を受けたときの第三者行為求償事務がある。 15回10改
- ❺ 国保連の介護保険関係業務には、介護給付費交付金の交付がある。 15回10改

解答解説 ❶○ ❷✕運営することができる。 ❸✕介護サービス情報を調査する義務はない。 ❹○ ❺✕介護給付費交付金の交付は社会保険診療報酬支払基金が行う。

17 介護保険審査会、雑則

「ここを押さえよう！」　　　　　　　　　　　頻出度　★★

介護保険審査会の組織と役割、審査請求、専門調査員、合議体の役割の概要を把握し、介護保険法雑則の先取特権の順位と消滅時効の要点を押さえておきましょう。

介護保険の処分に対する審査請求

● 介護保険審査会の役割

　介護保険の保険者である市町村は被保険者に対して、保険給付、保険料の賦課徴収等といった保険事業に関する種々の行政処分を行います。これらの処分について、被保険者から不服申立がなされることを審査請求といい、都道府県に1か所ずつ設置される介護保険審査会でその審理・裁決を行います。

● 審査請求

　以下の処分に不服がある者は、保険審査会に審査請求

をすることができます。

① 保険給付に関する処分(被保険者証の交付請求に関する処分と要介護・要支援認定に関する処分を含む)

② 介護保険料に関する処分

③ 介護保険法の規定による徴収金に関する処分

● **審査請求の期間と方式**

審査請求は、原則として、処分があったことを知った日の翌日から起算して3か月以内に、文書または口頭でしなければなりません。

なお、保険審査会は、審査請求を受理したときは、処分を下した市町村およびその他の利害関係人に通知することになっています。また、審査請求があった日から3か月を経過しても保険審査会による裁決がないとき等は、裁決を経ないで、処分の取消しを提訴することが、行政事件訴訟法で認められています。

介護保険審査会

● **組織・任務等**

保険審査会は、①被保険者を代表する委員3人、②市町村を代表する委員3人、③公益を代表する委員3人以上(数は政令の基準に従い都道府県の条例で定める)によって構成されます。

このほか、次の規定があります。

- 委員は、都道府県知事が任命する。
- 委員は、非常勤とする。
- 委員の任期は、3年とする。
- 保険審査会に、公益を代表する委員のうちから委員が選挙で選ぶ会長1人を置く。

コレも出た!
保険料の滞納処分の不服がある被保険者は、介護保険審査会への審査請求が認められる。(23回15)

コレも出た!
被保険者証の交付請求に関する処分の取消しの提訴は、原則として介護保険審査会の裁決後でなければならない。(17回4改)

1 介護支援分野

- **専門調査員**

　要介護・要支援認定についての処分に対する審査請求に関し、介護保険審査会に保健・医療・福祉の知識を有する専門調査員を置くことができます。

- **合議体**

　重要ポイント 合議体は、審査請求の種類によって編成されます。

　①要介護・要支援認定に関する処分に対する審査請求
- 公益を代表する委員3人の合議体で取り扱う。
- 3人全員が出席し、委員の過半数をもって議事を決する。

　②要介護・要支援認定に関する処分以外の審査請求
- 会長を含む公益を代表する委員、被保険者を代表する委員、市町村を代表する委員の計9人の合議体で取り扱う。
- 公益・被保険者・市町村の委員1人以上を含む過半数の委員が出席し、出席者の過半数をもって議事を決定する（賛否同数のときは会長の賛否に従う）。

🐝 介護保険法の雑則

- **先取特権の順位**

　介護保険料その他の徴収金の先取特権の順位は、国税、地方税に次ぐものです。

- **時効中断**

　介護保険料の督促には、時効中断の効力があります。

- **消滅時効**

　①保険料、介護給付費・地域支援事業支援納付金その他の徴収金を徴収する権利、②①の徴収金の還付を受ける権利、③介護保険給付を受ける権利は、2年を経過したときは、時効によって消滅します。

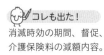
コレも出た！
消滅時効の期間、督促、介護保険料の減額内容。
（26回17）

098

　消滅時効の起算日は、償還払いの介護給付費等の請求権については被保険者がサービス費用を支払った日の翌日、サービス提供事業者の介護報酬請求権についてはサービスを提供した月の翌々々月の1日、保険料については納付期限の翌日となります。

　また、市町村が介護報酬を過払いした場合の消滅時効は5年となります。

理解度チェック　1問1答

全問クリア　　　月　　　日

問題

- □ ❶ 審査請求に関する審査は、介護保険審査会が指名する委員で構成される合議体で行われる。 19回5改
- □ ❷ 介護サービス事業者の介護報酬の請求権は、5年である。 18回9改
- □ ❸ 法定代理受領方式による介護給付費の請求権は、2年である。 18回9
- □ ❹ 介護保険審査会の会長は、被保険者代表委員から選出する。 17回4
- □ ❺ 介護保険審査会は、市町村に設置される。 15回15

解答解説　❶○　❷×2年である。　❸○　❹×公益代表委員から選出する。　❺×都道府県に1か所ずつ設置される。

介護保険料や徴収金等の時効は何年ですか？

介護保険の保険給付を受ける権利は、権利を行使できる時から、2年を経過した際に時効によって消滅するんだ。

18 介護保険制度における ケアマネジメント

「ここを押さえよう！」

頻出度 ★

ケアマネジメントの重要性・機能と介護支援サービスの基本理念・プロセスを理解し、要介護者等の主体性の尊重・自立支援と支援体制の要点を把握しましょう。

🐝 ケアマネジメントの重要性

　高齢者がサービスを選択することを基本に、専門職が連携して身近な地域で高齢者とその家族を支援する仕組みとして「介護支援サービス(ケアマネジメント)」を確立することが求められています。

介護保険におけるケアマネジメント

　介護保険制度では、要介護・要支援者に対して多様なサービス提供主体による保健・医療・福祉にわたるケアサービスが総合的、一体的、効率的に提供されるサービ

ス体系の確立を目指しています。このためのサービス提供の手法をケアマネジメントといい、介護保険制度では「介護支援サービス」といいます。

　介護支援サービス（ケアマネジメント）とは、要介護者やその家族が持つニーズと社会資源を結びつけることで在宅生活を支援する仕組みといえます。社会資源には、保健・医療・福祉・住宅等の公的サービス、ボランティアや近隣地域による支援などが含まれます。

● **ケアマネジメントの基本理念**

重要ポイント 介護保険制度の基本理念・基本目標は、①高齢者介護に対する社会的支援、②高齢者自身による選択、③在宅介護の重視、④予防・リハビリテーションの充実、⑤総合的・一体的・効率的なサービス提供、⑥市民の幅広い参加と民間活力の活用、⑦社会連携による支え合い、⑧安定的・効率的な事業運営と地域性の配慮です。これは、ケアマネジメントの基本理念に合致すると考えられます。

● **ケアマネジメントの機能**

　ケアマネジメントの役割は、介護支援専門員をはじめ各種サービス担当者が個々のサービス利用者の立場に立ってサービスを調整・統合し、利用者の状況に最適なサービスを継続的に提供することです。

図1-18-1　ケアマネジメントの機能

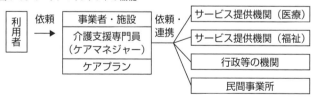

● **介護支援サービスの基本的な過程**

　介護支援サービスは次図に示す過程で行われます。①〜④を経過した後、本人の状態や生活状況等に変化があれば、それに応じて⑤の再課題分析が必要となり、①〜

④の過程を繰り返して計画を変更しながら、利用者の在宅生活を支援していきます。

　なお、⑤のサービスの実施評価（評価モニタリング）では制度の改正に伴い、利用者の居宅を訪問して面接することとモニタリングの結果を記録することを、少なくとも1か月に1回行う必要があります。

図1-18-2　介護支援サービスの基本的な過程

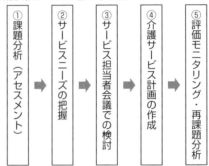

要介護者等の主体性尊重と自立支援

1 主体性の尊重

　ケアマネジメントにおいては、要介護者等が自らの生き方を自ら決定・選択して生活していくことを望んでいるという考え方を基本としています。この自己決定・自己選択は、一方では利用者の自由権という権利であり、他方では自己責任という義務を伴うものでもあります。

　介護保険制度では、高齢者が適切な介護サービスを円滑かつ容易に手に入れられるような利用者本位の仕組みとなっており、専門家等が連携して身近な地域社会の中で高齢者とその家族を支援する仕組みを確立することを目指しています。

● 介護支援専門員の役割

　介護支援専門員は、自らの専門的な判断と要介護者等

コレも出た！
介護支援専門員は、サービス利用者の生活上の楽しみを見つけ、それを実現するための方法を検討する必要がある。（17回24改）

の考えを調整しますが、最終的には要介護者等の気持ち
に寄り添い自己決定を尊重することが原則です。このた
め、介護支援専門員は、要介護者等が自らの責任で選択
できるよう側面的に援助します。介護支援専門員は、介
護サービス計画を作成する際は、サービス優先ではなく
ニーズ優先のアプローチが必要です。

コレも出た！
介護支援専門員は、利
用者やその家族からの
苦情に対応する義務が
ある。（16回24改）

　要介護者等とその介護者の意見が一致しない場合、介護
支援専門員が調整を図りますが、最終的な決定は、要介護
者等とその介護者（基本的には要介護者本人）が行います。

2 自立支援

　高齢者ケアは、高齢者の自立を支援することを目指し
ています。介護支援専門員は、高齢者が自らの問題を自
らが解決していけるように、自信を回復するための支援
をしていきます。

　このため、介護支援専門員は、高齢者と対等な援助関
係を構築し、信頼関係に基づいた対話を行い、自立に向
けたケアマネジメントを継続して実施していくことが不
可欠です。

重要ポイント ● 介護保険制度導入の基本的な考え方

①**自立支援**：介護を要する高齢者の身の回りの世話を
するということを超えて、高齢者自身の自立を支援
することを理念にする

②**利用者本位**：利用者の選択により、多様な保健医療サー
ビス、福祉サービスを総合的に受けられるようにする

③**社会保険方式**：給付と負担の関係が明確な社会保険
方式を採用する

家族・地域社会等を含む支援体制

● 家族に対する支援

　介護支援専門員は、要介護者等の本人だけでなく、家

族(介護者)への支援を行うことが重要です。その際には、次のような点に留意します。

　　①家族関係の調整
　　②家族の自己実現の支援
　　③家族の健康管理の支援

● **チームアプローチ**

　多くの専門職による支援チームを編成し、チームの知識、技能、経験を駆使して、共通の目標を達成するために、問題解決に向かって協働することをチームアプローチといいます。

● **地域社会の中での支援**

　地域社会には、ケアに活用できる各種の社会資源が存在し、同時にケアされる利用者が存在します。地域社会での高齢者ケアの質を高めるには、施設も含めた保健・医療・福祉のフォーマルサービス**1**とインフォーマルサポート**2**を適切に統合し活用していくことが必要です。

用語解説

1 フォーマルサービス
国や地方公共団体などの公的機関が提供する介護や福祉のサービスのこと。

2 インフォーマルサポート
家族、友人、近隣住民、ボランティア、NPO法人などによる非公的なサポートのこと。

check!

理解度チェック　1問1答

全問クリア　　月　　日

問題

□ ❶　ケアマネジメントにおけるモニタリングの情報は、3か月ごとに保険者に報告しなければならない。 17回18改

□ ❷　介護支援サービスの理念には、予防・リハビリテーションの充実が含まれる。 16回17改

□ ❸　介護支援サービスの理念には、施設介護の重視が含まれる。 16回17改

□ ❹　介護支援サービスの理念には、総合的・一体的・効率的なサービスの提供が含まれる。 16回17改

□ ❺　介護支援サービスの理念には、市民の幅広い参加と民間活力の活用が含まれる。 16回17改

□ ❻　ケアマネジメントでは、ニーズ優先アプローチではなく、サービス優先アプローチが求められる。 15回16改

解答解説　❶✕保険者への報告は義務づけられていない。❷○　❸✕在宅介護が重視される。❹○　❺○　❻✕ニーズ優先アプローチが求められる。

19 介護支援専門員の 役割・義務・倫理等

 「ここを押さえよう！」　　　　　頻出度 ★★★

介護保険制度における介護支援専門員の位置づけ（定義）、居宅介護支援および施設介護支援における役割、地域社会との連携、登録、義務、倫理の要点を把握しておきましょう。

介護支援専門員の定義と役割

1 介護支援専門員とは

重要ポイント 介護支援専門員とは、要介護者等からの相談に応じ、その心身の状態などに適するサービスを利用できるよう市町村やサービス事業者等との連絡調整を行う者であって、要介護者等が自立した日常生活を営むのに必要な援助に関する専門知識・技術を有する者として都道府県に登録し、介護支援専門員証の交付を受けた者をいいます。

介護支援専門員は、在宅生活の支援機関である居宅介護支援事業所にも、介護保険施設にも配置することが義務づけられています。

2 介護支援専門員の基本的な役割

知っトク！
ケアマネジメント展開のポイント
①利用者の自己決定の尊重
②自己決定の側面的支援
③利用者に対する価値観の尊重
利用者と介護支援専門員は対等な関係であり、自身の価値観で利用者の生活課題を判断し、専横的な判断をしてはならない。

介護支援専門員は、介護支援サービスの機能が十分に発揮されるように、介護保険制度の詳細な内容、要介護認定の申請から保険給付、介護報酬、給付管理、審査、支払いまでの手続きをしっかり把握し、要介護者に不利にならないよう運用するとともに、介護保険のあらゆる相談等に対応する必要があります。

● 利用者本位の徹底

介護支援専門員は、要介護者等に関わる支援者チームのメンバー全員が、要介護者等を支援する過程において利用者本位の姿勢を保ち続けるよう促さなければなりません。

● チームアプローチにおける総合的判断と協働

介護支援専門員は、担当する要介護者等の介護等に関わる専門職チームのコーディネーターとしてリーダーシップを発揮し、チームメンバーが積極的な支援を行えるようにします。

3 居宅介護支援における役割

コレも出た！
居宅サービス計画書の作成に当たっては、地域住民の活動によるサービスなどの利用を含め、居宅サービス計画に位置づけるよう努める。（26回20）

要介護者のニーズに沿ってサービスを効果的に組み合わせて利用するための支援者として、介護支援専門員は、①居宅サービス計画の作成、②各種サービス提供者との連絡調整を行います。つまり、介護支援専門員は、高齢者や家族の日常生活を支援するチームのコーディネーターという役割も果たします。

● 介護支援サービス計画の作成

居宅サービスの提供に当たっては、介護支援サービス計画を作成します。計画には次の3種類があります。

① **居宅サービス計画(居宅介護ケアプラン)**

　利用者(要介護の被保険者)等が介護支援サービスを受けたい場合に、介護支援専門員が作成します。

② **介護予防サービス計画(介護予防ケアプラン)**

　要支援者が介護予防サービスを受けたい場合に、地域包括支援センターにおいて作成するもので、介護支援専門員に作成を委託することもできます。

③ **自己作成居宅介護サービス計画(セルフケアプラン)**

　介護支援専門員に依頼せず、本人および家族が調整して作成するもので、これにより保険給付も受けられます。その場合、保険者に届け出ることによって、指定居宅サービスの代理受領が可能です。

● **保険給付**

　居宅介護支援サービスと介護予防支援サービスについては、その他の給付とは違い、全額給付で自己負担はありません。また、各サービスの連絡調整の業務、給付管理も、居宅介護(予防)サービス計画費等の保険給付の対象となります。

コレも出た!
居宅サービス計画には、長期目標を記さなければならない。(16回18改)

1
介護支援分野

4 施設介護支援における役割

● **施設サービス計画の作成**

　介護保険施設の介護支援専門員は、個々の入所者ごとに心身の特性に応じた介護支援サービス計画(施設サービス計画)を作成し、計画に基づいて、看護、介護、機能訓練、療養管理等を行います。

● **保険給付**

　施設サービスを要介護者へ直接的に提供するサービスのみならず、介護支援サービスそのものも、保険給付の対象となります。

地域社会と関係機関・関係者と連携

1 地域社会との連携

　介護支援サービスを円滑に実施していくには地域社会の仕組みが不可欠とされています。この仕組みを介護支援サービスシステムといいます。具体的には次のような仕組みづくりが必要です。

- 要介護者等となる可能性のある者を発見できる仕組み
- 要介護者等が居宅介護支援事業者にアクセスできる仕組み
- 介護支援専門員が要介護者等とともに作成したケアプランに介護保険給付サービス以外のフォーマルサービスやインフォーマルサポートを含めることができる仕組み
- 地域の介護支援専門員が集まり、援助困難な事例の検討等を介しての研修や地域の問題点を検討し意見表明できる仕組み
- 地域社会の中で社会資源をつくりあげる仕組み
- サービスへの苦情を受けつけて対応することができる仕組み
- 要介護者等のサービス利用での権利を擁護できる仕組み
- 各サービス事業者等を評価し開示できる仕組み

2 関係機関や関係者との連携

　介護支援サービスを円滑に実施していくには、次のような関係機関や関係者との連携も不可欠です。
　①保険者である市町村や介護認定審査会との連携

②介護サービス提供機関と居宅介護支援事業者との
　連携

③他の居宅介護支援事業者および介護支援専門員と
　の連携

介護支援専門員の登録等

1 登録

　保健・医療・福祉に関わる法定資格保有者または保健・
福祉に関わる相談援助業務の従事者のうち業務従事期間
の要件に該当する者が、介護支援専門員実務研修受講試
験に合格して実務研修を修了し、都道府県に登録すると、
介護支援専門員証が交付されます。

　なお、以下のいずれかに該当する人は、介護支援専門
員の登録を受けることができません。

介護支援専門員の欠格事由

①心身の故障により介護支援専門員の業務を適正に行
　うことができない者として厚生労働省令で定めるもの

②禁錮以上の刑に処せられている者(その執行が終わっ
　ていない者)

③介護保険法その他国民の保健医療・福祉に関する法律
　で政令で定めるものの規定により罰金刑に処せられ
　ている者(その執行が終わっていない者)

④登録申請前5年以内に居宅サービス等に関して不正
　または著しく不当な行為をした者

⑤都道府県知事による業務禁止処分を受けている期間
　中に、本人の申請により登録が消除され、まだその処
　分期間が経過しない者

⑥都道府県知事による登録の消除の処分を受けてから
　5年を経過しない者

⑦都道府県知事による登録の消除の処分の通知日から

処分をする日（または処分をしないことを決定する日）までの間に登録の消除の申請をした者で、登録が消除された日から5年を経過しない者

図1-19-1 介護支援専門員になるまでの流れ

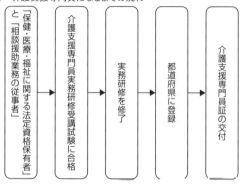

「保健・医療・福祉に関する法定資格保有者」と「相談援助業務の従事者」 → 介護支援専門員実務研修受講試験に合格 → 実務研修を修了 → 都道府県に登録 → 介護支援専門員証の交付

● 登録の移転

　介護支援専門員証が交付された後にほかの都道府県に登録を移転したときは、登録移転先の都道府県知事に申請して、新たな介護支援専門員証の交付を受ける必要があります。

● 登録の消除

　次のいずれかに該当する場合、都道府県知事は登録を消除しなければなりません。

① 本人から登録の消除の申請があった場合

② 死亡等の届出があった場合またはその事実が判明した場合

③ 職権に基づく場合（一定の欠格事由に該当した場合や不正な手段により登録を受けた場合など）

2 介護支援専門員証

　介護支援専門員は、業務に際して関係者から請求があったときは介護支援専門員証を提示しなければなりません。

　介護支援専門員証の有効期間は5年です。有効期間を

コレも出た！
介護支援専門員は、登録を受けている者が死亡した場合には、その相続人はその旨を届け出なければならない。（25回6）

更新するには、申請をし、都道府県知事が厚生労働省令で定める研修（更新研修）を受けなければなりません。

介護支援専門員の義務

1　介護支援分野

　介護支援専門員の義務は、介護保険法に、以下の７つが規定されています。

① 公正・誠実な義務遂行
② 基準の遵守
③ 介護支援専門員証の不正使用の禁止
④ 名義貸しの禁止
⑤ 信用失墜行為の禁止
⑥ 秘密保持
⑦ 資質向上の努力

● **義務違反等による登録の消除**

　義務違反等のあった介護支援専門員は、登録が消除され、１年以下の懲役または100万円以下の罰金に処せられます。

① **申請等に基づく消除**
② **職権に基づく消除**

介護支援専門員の基本倫理と基本視点

1 基本倫理

　介護支援専門員に求められる基本的な職業倫理は次のとおりです。

① 人権尊重
　介護支援専門員にとっての絶対的な倫理は、要介護者等の人権の尊重です。

コレも出た！
介護支援専門員は、退職後も守秘義務がある。
（24回5）

111

コレも出た！
介護支援専門員の基本
姿勢として、利用者の自
己決定の尊重や尊厳の
保持に努める。(22回
16)

②主体性の尊重

　　支援過程すべてにおいて、要介護者等および家族な
どの参加、意思の表明、自己決定を尊重します。基
本的に、要介護者等と援助者は対等な関係でなけれ
ばなりません。介護支援専門員は、要介護者等が常
に自分の感情や意思を表現しやすい状況をつくり、
誤りのない自己決定ができるよう助言する必要が
あります。

③公平性

　　要介護者等と支援者の関係において、どの人に対し
ても公平に対応しなければなりません。

④中立性

　　要介護者等をめぐる関係者との間において中立性
を保つ必要があり、さらに、要介護者等にサービス
を提供する機関との関係においても中立性を保つ
必要があります。

⑤社会的責任

　　要介護者等にとって、介護支援専門員は気軽に相談
に乗ってくれるよき隣人・よき友人ではありませ
ん。介護支援専門員は、専門的援助関係で成り立っ
ている支援者で、その活動は社会的責任を伴うもの
です。

⑥個人情報保護

　　要介護者等自身とその生活については、問題解決に
必要な情報以外に関心を持ってはなりません。まし
て、職業上知った個人情報を口外することなどは論
外です。

　　要介護者等の個人情報を適正に管理することは、介
護支援専門員が守るべき重要な職業倫理です。

2 基本視点

　　介護支援専門員は、介護支援サービスの実施に当たり、

次に掲げる基本視点を持つ必要があります。

① 自立支援

人を援助するときの理念として、自立支援は最大に重視されなければなりません。介護保険制度における介護の理念も自立支援です。

② ノーマライゼーションとQOL

ノーマライゼーションとは、高齢者も壮年も青年も児童も障害のあるなしに関係なく、普通の生活ができる地域社会を実現させようという理念です。

クオリティオブライフ（QOL）は「生活の質」を指し、生活の質を高めるよう支援する視点のことです。

③ 生涯発達

人は生涯を通して発達し続ける存在であるという考え方です。

理解度チェック 1問1答

全問クリア 月 日

問題

- ☐ ❶ 居宅サービス計画は、居宅介護支援事業所の介護支援専門員が作成する。 19回2改
- ☐ ❷ 介護支援専門員は、指定居宅サービス事業者との連絡調整を行う。 19回2改
- ☐ ❸ 介護保険法における介護支援専門員の義務には、基準遵守と資質向上努力が含まれる。 18回2改
- ☐ ❹ 介護支援専門員には、要介護度改善の義務がある。 18回2改
- ☐ ❺ 介護支援専門員は、居宅介護サービス事業者からも情報を得て、モニタリングを実施しなければならない。 17回17改
- ☐ ❻ 介護支援専門員は、サービス担当者会議を主催する。 17回17改
- ☐ ❼ 居宅サービス計画には、長期目標を記載する必要はない。 16回18改
- ☐ ❽ 介護保険施設入所者の施設サービス計画は、施設の計画担当介護支援専門員が作成する。 16回18

解答解説 ❶○ ❷○ ❸○ ❹✕ 要介護度改善の義務はない。 ❺○ ❻○ ❼✕ 記載しなければならない。 ❽○

1
介護支援分野

20 居宅介護支援事業者の指定

指定居宅介護支援事業者の基本方針、人員基準、運営基準、その他の基準の要点を押さえておきましょう。

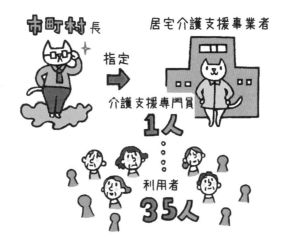

指定居宅介護支援事業者の指定

1 指定の更新

コレも出た！
居宅介護支援は、基準該当サービスが認められる。（17回8）

指定は、6年ごとの更新が必要です。

なお、居宅介護支援事業者の指定権限は、2018（平成30）年に市町村長に移譲されました。

2 基準遵守の勧告等

事業基準に違反した場合、次の処置が取られます。

①市町村長は、相当の期限を定めて基準を遵守することを勧告する。

②勧告に従わなかった場合は、事業者名、勧告に至った経緯、勧告に対する対応等を公表する。

③正当な理由なく勧告に関わる措置をとらないときは、期限を定めて措置をとるよう命ずる。なお、命令に従わない場合は、指定の全部または一部の効力を停止することができる。

3 指定の取消し・効力停止

次の場合には、市町村長は直ちに指定の取消しまたは効力停止を行うことができます。

①居宅介護支援事業者およびその従事者が、利用者に対して特定の居宅サービス事業者等によるサービスを利用させることの対償として、居宅サービス事業者等から金品その他の財産上の利益を収受したとき、その他の自己の利益を図るために基準に違反したとき

②利用者の生命または身体の安全に危害を及ぼすおそれがあるとき

③その他①および②に準ずる重大かつ明白な基準違反があったとき

また、次の事由がある場合も、指定を取り消すか、期間を定めて全部または一部の効力を停止します。

要介護認定等の更新認定に関する調査の委託を受けた事業者に対して虚偽の報告をしたとき

基本方針

事業者および事業の基本方針は、次のとおりです。
①要介護状態となった利用者が可能な限り居宅で自分

の有する能力に応じ自立した日常生活を営むことができるよう配慮しなければならない。

② 利用者の心身の状況、その置かれている環境等に応じて利用者の選択に基づき、適切な保健医療サービスおよび福祉サービスが、多様な事業者から、総合的かつ効率的に提供されるよう配慮して行わなければならない。

③ 指定居宅介護支援の提供に当たっては、利用者の意思と人格を尊重し、利用者の立場に立って、利用者に提供される指定居宅サービス等が特定の種類や事業者に不当に偏らないよう、公平中立に行わなければならない。

④ 事業の運営に際して、地域包括支援センター、老人介護支援センター、他の指定居宅介護支援事業者、指定介護予防支援事業者、介護保険施設、指定特定相談支援事業者等との連携に努めなければならない。

コレも出た！
指定居宅介護支援事業者の連携の対象に、障害者総合支援法の指定特定相談支援事業者は含まれる。(26回29)

人員基準

事業の基準については指定居宅サービス事業者と同じですが、人員基準については介護支援専門員を必ず配置しなければならない点が異なります。

● 介護支援専門員

事業所ごとに、介護支援専門員を 1 人以上配置しなければなりません。

介護支援専門員は、利用者からの相談等に常に対応できる体制を整えておく必要があるため、介護支援専門員が外出中でも、利用者が管理者などを通じて連絡できるようにしておかなければなりません。なお、介護支援専門員は、介護保険施設の常勤専従の介護支援専門員以外の他の業務と兼務することが認められています。

● 管理者

事業所ごとに、主任介護支援専門員の資格を持つ常勤の管理者を配置しなければなりません。

管理者は、居宅サービス計画の作成に関する業務の主要な過程（アセスメント、サービス担当者会議、モニタリングなど）を介護支援専門員に担当させなければなりません。

知っトク！
法改正により、管理者は主任介護支援専門員に限定された（移行措置期間あり）。

運営基準

1 サービスに関する基準

● 内容および手続きの説明と同意

事業者は、指定居宅介護支援の提供開始に先立って、利用申込者またはその家族に、運営規程の概要とサービスの選択に役立つ重要事項を記した文書を交付・説明し、利用申込者の同意を得なければなりません。

● サービス提供拒否の禁止

重要ポイント 事業者は、以下のような正当な理由がある場合以外は、指定居宅介護支援の提供を拒むことはできません。

- 事業所の現員では利用申込みに応じきれないと判断される場合
- 利用申込者の居住地が事業所の通常の事業の実施地域外である場合
- 利用申込者が他の指定居宅介護支援事業者にも依頼を行っていることが明らかな場合

コレも出た！
指定居宅介護支援の提供の開始に際し、複数の指定居宅サービス事業者等を紹介するよう求めることができることなどの説明を行い、理解を得なければならない。（23回21改）

介護支援分野 **1**

コレも出た!
通常の事業の実施地域を勘案し、自ら適切な指定居宅介護支援を提供することが困難な時は、他の指定居宅介護支援事業者を紹介するなど必要な措置を講じなければならない。(23回21)

● **サービス提供困難時の対応**

　サービスの提供が困難な場合は、他の指定居宅介護支援事業者の紹介などの措置を講じなければなりません。

● **利用者の受給資格などの確認**

　居宅介護支援の提供を求められたときは、被保険者証を提示してもらい、被保険者資格と要介護認定の有無および有効期間を確かめます。

● **要介護認定の更新申請に関する援助**

　要介護認定の更新の申請が、遅くとも認定の有効期間満了日の30日前までになされるよう、必要な援助を行わなければなりません。

● **身分を証する書類の携行**

　介護支援専門員証を携行し、初回訪問時と利用者または家族に求められたときに提示する必要があります。

2 利用料に関する基準

　利用料については次のような規定があります。

● 利用料を受領した際は領収書を発行する。
● 保険給付償還払い請求のための証明書を交付する。

　利用料のほか、通常の事業の実施地域以外の地域の居宅を訪問して居宅介護支援を行う場合には、それに要した交通費の支払いを利用者から受けることができます。

3 その他の基準

　その他、次のような規定があります。

① 利用者に関する市町村への通知
② 従業者と業務を一元的に管理するという管理者の責務
③ 運営規程を定める義務

コレも出た!
居宅介護支援事業者は、従業者や会計に関する記録を整備しておかなければならない。(25回20)

④適切な勤務体制の確保（職場のハラスメント防止措置を含む）

⑤業務継続計画の策定

⑥設備・備品等

⑦感染症の発生の予防とまん延防止

⑧従業者の健康管理

⑨重要事項の掲示

⑩秘密保持の義務

⑪広告の規制

⑫居宅サービス事業者等からの利益収受の禁止等

⑬利用者・家族からの苦情に対する迅速な対応・処理

⑭事故発生時の措置などの対応（市町村への報告が必要）

⑮高齢者虐待の防止

⑯他の事業会計との区分

⑰記録の整備（記録は2年間保存する義務がある）

コレも出た！
指定居宅介護支援事業者は、利用者の人権の擁護、虐待の防止等のため必要な体制の整備を行わなければならない。（26回29）

1 介護支援分野

居宅介護支援事業者に求められる公正中立って何ですか？

特にサービス決定・利用の際に、サービス提供事業者との公正中立が求められているんだよ。

119

理解度チェック 1問1答

全問クリア　　月　　日

問題

- □ ❶ 指定居宅介護支援の提供に当たっては、公正中立に行われなければならない。 `26回20`

- □ ❷ 指定居宅介護支援事業所の介護支援専門員の連絡調整の対象は、指定居宅サービス事業者に限定される。 `26回20改`

- □ ❸ 介護支援専門員は、居宅サービス計画書の作成に当たっては、地域の住民による自発的な活動によるサービス等の利用も含めて居宅サービス計画上に位置付けるよう努めなければならない。 `26回29`

- □ ❹ 指定居宅介護支援事業者は、被保険者証に認定審査会意見の記載があるときは、その意見に配慮した指定居宅介護支援の提供に努めなければならない。 `22回6`

- □ ❺ 指定居宅介護支援事業所の管理者は、管理者研修の受講が義務づけられている。 `22回6`

- □ ❻ 指定居宅介護支援事業所では、利用者が30人の場合には、介護支援専門員は、非常勤で1人置けばよい。 `22回6`

- □ ❼ 指定居宅介護支援の提供の開始に際し、要介護認定申請が行われていない場合は、利用申込者の意思にかかわらず、速やかに申請が行われるよう援助を行わなければならない。 `23回21`

- □ ❽ 指定居宅介護支援事業者は、事業所ごとに1人以上の常勤の介護支援専門員を置かなければならない。 `予想問`

解答解説　❶○　❷✕ 限定されない。　❸○　❹○　❺✕ 管理者研修の受講は義務づけられていない。　❻✕ 常勤の介護支援専門員を1人以上配置しなければならない。　❼✕ 利用申込者の意思を確認の上、申請の援助をする。　❽○

21 居宅介護支援の実施

「ここを押さえよう！」

頻出度 ★★

居宅サービス計画の作成に関する基準（基本的な方針と具体的な方針）の要点を理解し、居宅介護支援の介護報酬の概要を把握しておきましょう。

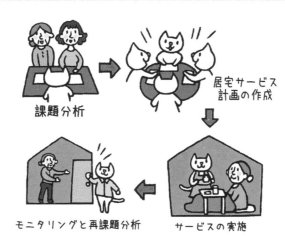

課題分析

居宅サービス計画の作成

モニタリングと再課題分析

サービスの実施

居宅サービス計画作成に関する基準

1 指定居宅介護支援の基本的な方針

居宅介護支援は、要介護状態の軽減または悪化防止に役立つように、医療サービスとの連携に配慮して行います。また、居宅介護支援事業者は、提供するサービスの質を常に評価し必要な改善を図らなければなりません。

2 指定居宅介護支援の具体的な取扱方針

指定居宅介護支援の取扱方針は、以下のとおりです。
①介護支援専門員による居宅サービス計画案の作成

② 指定居宅介護支援の基本的留意点

③ 継続的・計画的な指定居宅サービス等の利用

④ 総合的な居宅サービス計画の作成(保健医療または福祉サービス、地域住民による自発的な活動も含める)

⑤ 利用者自身によるサービスの選択

⑥ 課題分析(アセスメント)の実施・留意点

⑦ 利用者の居宅訪問などを通じた情報収集

⑧ 居宅サービス計画案の作成

⑨ サービス担当者会議などによる専門的な意見の聴取(テレビ電話装置等情報通信機器を活用し利用者・家族がサービス担当者会議に参加する場合、その活用の同意を得る)

⑩ 居宅サービス計画の説明と利用者からの文書による同意

⑪ 居宅サービス計画の利用者および居宅サービス事業者への交付

⑫ 居宅サービス事業者への個別サービス計画の作成・提出依頼

⑬ 居宅サービス計画の実施状況の把握・評価など

⑭ 利用者に関する情報を医師、歯科医師、薬剤師に提供

⑮ モニタリングの実施(少なくとも1か月に1回利用者を訪問・面接し、1か月に1回モニタリングの結果を記録)

⑯ 専門的意見を聴取し計画を変更(要介護認定の更新認定を受けた場合と要介護状態の区分変更認定を受けた場合)

⑰ 居宅サービス計画の変更

⑱ 介護保険施設への紹介その他の便宜の提供(主治医の意見なども参考に、居宅での生活が困難になったと判断される場合など)

⑲ 介護保険施設との連携(退所・退院する要介護者か

コレも出た！
居宅サービス計画の原案には、提供されるサービスの目標と達成時期を記載しなければならない。(16回20改)

ら依頼された場合）

⑳ 主治医などからの意見聴取（医療に関わるサービスを計画に位置づける場合）

㉑ 意見を求めた主治医等に、作成した居宅サービス計画を交付

㉒ 医療系のサービスは、主治医等の指示がある場合に限る

㉓ 短期入所サービスの計画への位置づけ（短期入所サービスの利用日数が要介護認定期間のおおむね半分を超えないよう注意）

㉔ 一定回数以上の訪問介護を居宅サービス計画に位置づける場合は、市町村への届出を行う

㉕ 福祉用具貸与・特定福祉用具販売の計画への位置づけ（理由を記載しサービス担当者会議を開催）

㉖ 認定審査会の意見などの計画への反映

㉗ 指定介護予防支援事業者との連携

㉘ 指定介護予防支援業務の受託に関する留意点（適正な業務の実施に影響を及ぼさないよう配慮）

㉙ 法定代理受領サービスに関する報告（情報を記載した給付管理票を毎月提出）

㉚ 利用者への直近の居宅サービス計画書類の交付（利用者から求められた場合）

㉛ 地域ケア会議への協力（個別のケアマネジメントの事例提出の求めがあった場合）

> **コレも出た！**
> 居宅サービス計画に福祉用具貸与または特定福祉用具購入を位置づける場合は、それが必要な理由を記載しなければならない。（15回19改）

居宅介護支援の介護報酬

　事業者が利用者に居宅介護支援を提供した場合、法定代理受領により、市町村から介護報酬（居宅介護支援介護給付費）を受け取ります。報酬は、取扱い件数と要介護度に応じて設定されています。

❶ 主な加算

● **初回加算**

新規計画書の作成時のみ加算されます。

● **特定事業所加算要件**

特定事業所加算は、次の基準への適合が条件です。

① 専従・常勤の主任介護支援専門員を2人以上配置

② 常勤の主任介護支援専門員の配置

③ 専従・常勤の介護支援専門員を3人以上配置

④ 専従・常勤の介護支援専門員を2人以上配置

⑤ 定期的なサービス提供等の会議開催

⑥ 24時間連絡体制の確保

⑦ 介護度3～5の利用者が40％以上

⑧ 計画的な研修の実施

⑨ 地域包括支援センターからの困難事例に対する指定居宅介護支援の提供

⑩ 地域包括支援センター実施の事例検討会等に参加

⑪ 減算の適用を受けていない

⑫ 介護支援専門員1人当たり利用者数が40人未満

⑬ 実務研修の実習等に協力

⑭ 他法人が運営する居宅介護支援事業者との共同で事例検討会、研修会等の実施

⑮ 必要に応じて、多様な主体により提供される利用者の日常生活全般を支援するサービスが包括的に提供されるような居宅サービス計画の作成

特定事業所加算Ⅰは、上記の②、④を除く基準に適合していることが要件。

特定事業所加算Ⅱは、①、④、⑦を除く基準、特定事業所加算Ⅲは①、③、⑦を除く基準を満たしていることが要件。さらに、特定事業者加算（A）は基準もゆるやかで兼務や他事業所との連携でも可とされます。

● **入院時情報連携加算**

　入院に当たって、利用者に関する必要な情報を提供した場合1か月に1回を限度として加算されます。

　　● **加算Ⅰ**：病院等を訪問し職員に対して利用者情報を入院して3日以内に提供していること。

　　● **加算Ⅱ**：病院等の職員に対して利用者情報を入院して4日以上7日以内に提供していること。

● **退院・退所加算**

　病院等の入院者または介護保険施設等への入所者が退院・退所に当たって居宅サービス計画を作成し、サービスの利用調整を行った場合に加算されます。

● **緊急時等居宅カンファレンス加算**

　利用者の病状の急変時に居宅でカンファレンスを実施し、居宅サービス計画を変更した場合に加算されます。

● **ターミナルケアマネジメント加算**

　在宅で死亡した末期の悪性腫瘍の利用者に対して、24時間連絡でき、かつ、必要に応じてケアマネジメントを行う体制が整備され、市町村へ届出した場合に加算されます。

● **特定事業所医療介護連携加算**

　特定事業所加算Ⅰ・Ⅱ・Ⅲを算定している事業所で、退院・退所加算にかかる医療機関から情報提供を受けた回数やターミナルケアマネジメント加算を一定以上算定している要件で加算されます。

● **退院時情報連携加算**

　医師の受診に同席し、利用者に必要な情報提供を行い、計画に記録した場合に加算されます。

2 減算

● **運営基準減算**

　①課題分析の実施、②サービス担当者会議の開催、③居宅サービス計画の説明と同意、④居宅サービス計画の

交付、⑤計画変更時のサービス担当者会議の開催、⑥モニタリングの実施、という運営基準を遵守しなかった場合は、減算されます。

● **特定事業所集中減算**

　過去6か月に作成した計画に位置づけられた各サービスの提供総数のうち、同一事業者によって提供された割合が、正当な理由なく100分の80を超えている場合に減算されます。対象サービスは、訪問介護、通所介護、地域密着型通所介護、福祉用具貸与の4つとなります。

3 その他

① 質の高いケアマネジメントの推進、特定事業所加算の見直し

② 基本報酬の見直し、逓減性見直し

③ 医療機関との情報連携の強化、通院時情報連携加算の創設

④ 看取り期におけるサービス利用前の相談・調整等にかかる評価

⑤ 介護予防支援の充実

⑥ 小規模多機能型居宅介護事業所連携加算、看護小規模多機能型居宅介護事業所連携加算の廃止

理解度チェック　1問1答

全問クリア　　月　　日

問題

□ **❶** 訪問入浴介護と居宅療養管理指導については、個別サービス計画を作成するという規定はない。 18回19改

□ **❷** 介護支援専門員は、居宅サービス計画の原案について利用者から口頭で同意を得ればよい。 16回20改

□ **❸** 居宅介護支援事業者と同一法人のサービス事業者のサービスを優先的に盛り込むことが原則である。 16回20改

□ **❹** 居宅サービス計画に認知症対応型通所介護を位置づける場合は、利用者の主治医等の意見を求めなければならない。 15回19

□ **❺** 居宅サービス計画に福祉用具貸与または特定福祉用具購入を位置づける場合は、それが必要な理由を記載する必要がある。 15回19改

1 介護支援分野

解答解説 **❶**〇 **❷**✕ 文書による同意が必要。 **❸**✕ 利用者にとって最適なサービスを公平に選択しなければならない。 **❹**✕ 主治医等の意見を求めるという定めはない。 **❺**〇

居宅介護支援事業所の管理者は、どんな人がなれるの?

管理者は、主任介護支援専門員の資格を持つ人という決まりがあるよ。ちなみに管理者の主な業務は、介護支援専門員やその他の従業者の管理のほか、利用申込みに関係する調整などがあるよ。

22 課題分析 （アセスメント）

「ここを押さえよう！」

居宅介護支援の開始過程、アセスメントの目的と内容（特に介護支援専門員の役割）、ニーズの導き出し方の要点を把握し、課題整理統括表の活用方法を覚えておきましょう。

面接

状況を把握

精神的状況

身体的状況

困っている状況

目標・結果を導き出す

居宅介護支援の開始過程

● 居宅介護支援の入口

　介護支援専門員は、利用者や家族から相談があったとき、地域住民からの情報により利用者を発見したとき、入院中の病院や介護保険施設、地域包括支援センター、相談支援事務所から依頼されたときなどに、利用者への居宅介護支援を開始します。その際に、認定を受けていない人については、要介護認定を受けるよう支援します。

● 介護支援サービスの開始時に注意すべき事項

重要ポイント 介護支援サービスの開始に先立って、

介護支援専門員は、自身の居宅介護支援事業所の運営規定の概要、介護支援専門員の勤務体制、秘密保持、事故発生時の対応、苦情処理の体制などにつき、重要事項説明書等の文書を交付して十分説明し、要介護者や家族から書面で居宅介護支援を受ける同意を得る必要があります。

コレも出た！
居宅介護支援のアセスメントや、サービス提供開始の際には複数事業者を紹介しなければならないことが問われた。（22回15）

アセスメントの目的と内容

● アセスメントの定義と目的

　課題分析（アセスメント）とは、要介護者の残存能力も含めた身体・心理状態などの実情を整理し、社会生活をする上でのその人特有の生活ニーズを明らかにすることです。

● アセスメントにおける介護支援専門員の役割

　要介護者の生活ニーズの内容や程度を明らかにし、そのような生活ニーズに応えるために利用できるフォーマルなサービスやインフォーマルな支援について検討します。介護支援専門員が要介護者の生活ニーズを明らかにし、適切に対応するための社会資源を明らかにするツールとして、課題分析表が用いられます。課題分析表に統一様式はありませんが、厚生労働省から課題分析標準項目（次表を参照）が示されています。

コレも出た！
居宅介護支援のアセスメントでは、利用者が置かれている環境も評価する必要がある。（19回23改）

コレも出た！
課題分析標準項目の利用者の被保険者情報には、生活保護受給の有無も含まれる。（20回16）

表1-22-1　課題分析標準項目（23項目）

基本情報に関する項目（9項目）	課題分析に関する項目（14項目）	
1. 基本情報（受付、利用者情報）	10. 健康状況	18. 口腔内の状況
2. これまでの生活と現在の状況	11. ADL（日常生活動作）	19. 食事摂取の状況
3. 利用者の社会保障制度の利用情報	12. IADL（手段的日常生活動作）	20. 社会との関わり
4. 現在利用している支援や社会資源の状況	13. 認知機能や判断能力	21. 家族等の状況
5. 日常生活自立度（障害）	14. コミュニケーションにおける理解と表出の状況	22. 居住環境
6. 日常生活自立度（認知症）	15. 生活リズム	23. その他留意すべき事項・状況
7. 主訴・意向	16. 排泄の状況	
8. 要介護認定情報	17. 清潔保持に関する状況	
9. 今回のアセスメントの理由		

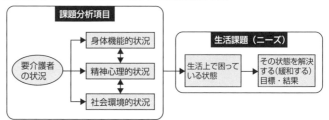

🐑✏️コレも出た！
アセスメントは、介護保険給付以外のものを含めて把握する。(24回20)

なお、アセスメントと要介護認定調査は別なものです。アセスメントは生活支援に必要な情報を収集して評価・分析することであり、要介護認定調査は認定に必要な調査項目に関する情報を収集することです。両者を同時に行うと利用者が混乱するおそれがあるので、同時に行わないよう配慮してください。ただし、調査内容を相互に利用することは問題ありません。

🐝 生活ニーズの導き出し方

🐑 知っトク！
アセスメントのねらい
　①要介護者の生活ニーズの内容やその程度を明らかにする
　②生活ニーズに対応する要介護者の能力を明らかにする
　③生活ニーズに対応するインフォーマルサポートの力量を明らかにする
　④生活ニーズに対応するフォーマルサービスを明らかにする

アセスメントにより生活ニーズを導き出す手順は、次図のとおりです。

図1-22-1　アセスメントにより生活ニーズを導き出す手順

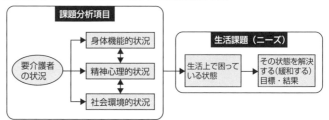

個々の要介護者によって生活ニーズは異なるため、個別対応が必要です。また、意欲や潜在的な能力も含めてニーズを的確に把握する必要があります。なお、アセスメント結果の記録は2年間保存することが義務づけられています。

🐝 **重要ポイント** ● **生活ニーズの優先順位の考え方**
　①利用者が困っていると感じていること、また援助を望んでいることを優先する
　②ニーズの中で生活上の困りごとをつくり出している諸要因の悪循環を生み出す原因を優先する
　③健康や生活の基盤に関係するものを優先する
　④サービスに結びつけることで、最も効果が見込まれ

るものを優先する

課題整理総括表の活用

　課題整理総括表は、要介護者の状態を把握し、情報の整理や分析等を通じて生活ニーズを導き出した過程について示したものです。サービス担当者会議や地域ケア会議などの多職種協働の場面などで使用し、適切な情報共有を目的として活用できるものです。

　課題整理統括表に情報を記入する際には、要介護者のマイナス評価だけを記述するのではなく、できることなどプラス面の評価も記述するようにしましょう。

理解度チェック　1問1答

全問クリア　　月　　日

問題

- [ ] ❶　居宅介護支援の開始時期は、要介護認定後である。 `19回24改`
- [ ] ❷　居宅介護支援の開始に先立って、苦情処理の体制について説明しなければならない。 `19回24改`
- [ ] ❸　居宅介護支援のアセスメントでは、利用者の有する能力を評価する。 `19回23改`
- [ ] ❹　居宅介護支援のアセスメントでは、利用者の置かれている環境等を評価する。 `19回23改`
- [ ] ❺　アセスメントで利用される課題分析標準項目には、ADLとIADLは含まれない。 `17回18改`
- [ ] ❻　課題分析標準項目には、認知能力に関する項目が含まれる。 `17回21`
- [ ] ❼　課題分析標準項目には、介護認定審査会の意見に関する項目は含まれない。 `17回21改`

解答解説　❶✕要介護認定前から始まる場合もある。 ❷○ ❸○ ❹○ ❺✕含まれる。 ❻○ ❼✕含まれる。

23 居宅サービス計画（ケアプラン）の作成

居宅サービス計画を作成する意義、居宅サービス計画の作成手順、サービス担当者会議の開催、利用者への居宅サービス計画の説明・同意・交付の要点を覚えておきましょう。

課題分析

生活課題を把握　→　援助目標を設定

援助内容を確定

居宅サービス計画作成の意義と留意点

コレも出た！
居宅サービス計画の作成や提出の内容。（21回17）

居宅サービス計画（ケアプラン）の作成の意義と留意点を、以下に示します。

1 介護保険における居宅サービス計画作成の意義

介護保険において居宅サービス計画を作成・実施することの意義は、次の2つです。

①**サービスの利便性を高める**：居宅サービス計画の作成・実施を通じて保健・医療・福祉の各種サービスの提供が統合・調整されることで、要介護者にとっ

てのサービスへの利便性が高まります。

② **サービス提供の調整を行う**：介護支援専門員が、サービス担当者会議で要介護者、家族、各種サービスの担当者と居宅サービスの内容を検討することで、適切な計画を作成・実施することができます。また、介護サービスの活用によって家族の過重な介護負担を軽減し、介護者が自己実現できるよう支援することができます。

2 居宅サービス計画作成上の留意点

　居宅サービス計画の作成に当たっては、ニーズ優先・サービス利用者主導の観点から、**要介護者の主体的参加が不可欠**であり、介護支援専門員は要介護者が居宅サービス計画を作成することを側面的に支援します。要介護者が的確な意思を表明できない場合、家族等の意見が中心になりやすいですが、その場合にも要介護者本人の意見をできる限りくみ取るよう心掛けなければなりません。

コレも出た！
居宅サービス計画の作成では、生活全般の解決すべき課題を記載する。（24回21）

居宅サービス計画作成の手順

　居宅サービス計画を作成する過程は次図のとおりです。

図1-23-1　居宅サービス計画の作成

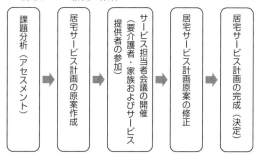

課題分析（アセスメント）→ 居宅サービス計画の原案作成 → サービス担当者会議の開催（要介護者・家族およびサービス提供者の参加）→ 居宅サービス計画原案の修正 → 居宅サービス計画の完成（決定）

　居宅サービス計画の作成は、支援目標の設定と具体的な居宅サービス計画の作成に分かれます。

1 支援目標の設定

　支援目標とは、要介護者が最終的に到達すべき方向性や状況、あるいは、困っていること全体に対する望ましい解決の方向性を提示するものです。

　介護支援専門員は、要介護者やその家族と話し合い、次の点を明らかにします。

　① 要介護者はどこで生活したいのか

　② 要介護者はどのような生活を送りたいのか

　要介護者と家族の意向を踏まえ、介護支援専門員は「総合的な援助の方針」をまとめ、要介護者や家族、居宅サービス事業者にも理解してもらいます。

2 具体的な居宅サービス計画の作成

　支援目標を達成するために、居宅サービス計画を作成します。計画作成は次の手順で行います。

コレも出た！
居宅サービス計画の作成で、被保険者証に認定審査会意見の記載がある場合には、これに沿って作成する。(24回21)

　① **生活ニーズの設定**：課題分析（アセスメント）結果をもとにして、要介護者の身体機能的状況、精神心理的状況、社会環境的状況等の相互関係の中から生活する上で困っている生活ニーズ（課題）を導き出します。

　② **援助目標の設定**：設定された生活ニーズ（課題）を解決するための援助目標は、長期目標と短期目標に分けられます。一定の期間で達成することが望ましい目標や結果を示すのが短期目標であり、最終的に目指す目標が長期目標です。

コレも出た！
居宅サービス計画の具体的な書式の内容（居宅サービス計画書(1)、(2)、週間サービス計画表）。(26回21)

　要介護者や家族の希望を踏まえて要介護者と介護支援専門員がよく話し合い、最終的に要介護者自身が援助目標を決定します。

　③ **援助内容の設定**：生活ニーズ（課題）と援助目標に基づき、課題分析を参考にして、援助内容を検討します。要介護者や家族の金銭面、自己負担の限度につ

いて話し合い、優先度に応じて、サービスの種別・事業者・内容、利用の頻度・期間・時間などを調整します。

居宅サービス計画では、介護保険の給付サービス以外に、市町村等で実施する一般福祉サービスや、家族、親戚、近隣、ボランティアといったインフォーマルな社会資源も活用します。

サービス担当者会議の開催

介護支援専門員は、課題分析を行い、居宅サービス計画の原案を作成します。そして、その居宅サービス計画原案を、介護支援専門員と保健・医療・福祉サービスの提供に関わるサービス担当者が参加して開かれるサービス担当者会議で検討します。

1 サービス担当者会議に関する基準

● 開催の目的

介護支援専門員は、利用者やその家族、サービス事業者の担当者、主治医等、サービス提供に関わる担当者に呼びかけて、サービス担当者会議（ケアカンファレンス）を開催します。会議では、以下を行うことが定められています。

> 利用者の状況等に関する情報を担当者と共有するとともに、居宅サービス計画の原案の内容について、担当者に専門的な見地からの意見を求めるものとする。ただし、やむを得ない理由がある場合については、担当者に対する照会等により意見を求めることができるものとする。

コレも出た！
サービス担当者会議の開催は、期間の定めはなく、居宅サービス計画に定めた期間に基づき見直す。（20回18）

コレも出た！
家庭内暴力がある場合は、必ずしも利用者や家族の参加を求めるものではない。（23回22）

● 開催が必要な場合

重要ポイント サービス担当者会議の開催が必要なの
は、要介護認定を受けている利用者が要介護更新認定を
受けた場合、または要介護認定を受けている利用者が要
介護状態区分の変更認定を受けた場合です。

2 サービス担当者会議のねらい

サービス担当者会議のねらいは次のとおりです。

コレも出た！
末期の悪性腫瘍の場合
は、主治医の判断でサ
ービス担当者への照会
により会議を開催しな
いこともできる。（23回
22）

①要介護者や家族の生活全体に関する理解を共有
する。
②「本人や家族の介護に対する意向（支援目標）」や
援助者側の「総合的な援助の方針」について理解
する。
③要介護者の生活課題を援助者と被援助者が共有
する。
④居宅サービス計画の内容を相互に深める。
⑤作成された居宅サービス計画でのサービス提供
者の相互の役割分担を理解する。

3 サービス担当者会議の内容

● 居宅サービス計画原案の検討

サービス担当者会議は、関係者が集まり、居宅サービ
ス計画原案を検討する場です。

● 情報共有と専門的意見の聴取

コレも出た！
サービス担当者会議に
出席できないサービス
担当者への照会内容の
記載。（26回21）

介護支援専門員は、サービス担当者会議の開催により、
利用者の状況等に関する情報を担当者と共有するととも
に、居宅サービス計画の原案の内容について、担当者に
専門的な見地からの意見を求めます。ただし、やむを得
ない理由がある場合には、担当者に対する照会等により
意見を求めることができます。なお、担当者に対する照

会等の記録は、２年間保存しなければならないとされています。

● 計画内容の確認

サービス担当者会議では、最終的にそれぞれの機関が実施するサービス内容だけでなく、サービス頻度、時間数、担当者名が確認されます。また週間スケジュールの予定が決定されます。

居宅サービス計画の説明・同意・交付の義務

● 計画内容の説明・同意

介護支援専門員は、サービス担当者会議後に、計画の原案が利用者および担当者等の了承を得て、保険給付の対象になるかどうかを区分し、サービス計画の内容について利用者またはその家族に対して説明し、文書により利用者の同意を得なければなりません。

● 居宅サービス計画の交付

介護支援専門員は、居宅サービス計画を作成した際には、利用者に居宅サービス計画書、利用表、および別表を交付し、サービス提供事業者に居宅サービス計画書、提供表、および別表を交付します。

● サービス担当者への個別サービス計画の提出依頼

介護支援専門員は、居宅サービス計画と個別サービス計画との連動性を高め、サービス提供事業者との意識の共有を図るために、サービス担当者に対して指定居宅サービス等基準において位置づけられている個別サービス計画の提出を求めなければなりません。

理解度チェック　1問1答

全問クリア　　月　　日

問題

- □ ❶ サービス担当者会議には、地域包括支援センターの主任介護支援専門員が出席しなければならない。 19回22改

- □ ❷ 利用者が要支援更新認定を受けた場合は、サービス担当者会議を開催するのが原則である。 19回22改

- □ ❸ 特記事項を書いた認定調査員は、サービス担当者会議に出席しなければならない。 19回22改

- □ ❹ 利用者が要支援状態区分の変更の認定を受けたときは、やむを得ない場合を除き、サービス担当者会議を開催する。 17回20改

- □ ❺ 作成されたケアプランの原案を、サービス担当者会議で検討する。 17回18

- □ ❻ 居宅サービス計画に記されるサービスの目標とは、利用者がサービスを受けつつ到達しようとする目標を指す。 16回19改

- □ ❼ 居宅サービス計画の原案について利用者が了解した場合は、サービス担当者会議の開催は不要である。 16回19改

- □ ❽ 居宅サービス計画の原案段階では、利用者およびその家族の生活に対する意向は含めない。 16回19改

- □ ❾ サービス担当者会議において利用者の家族の個人情報を用いる場合は、その家族の同意を文書で得ておかなければならない。 15回19

解答解説　❶✕出席する義務はない。　❷○　❸✕出席する義務はない。　❹○　❺○　❻○　❼✕開催が必要。　❽✕含める必要がある。　❾○

居宅サービス計画には、どのような書式がありますか？

利用者に提出される主な書式には、次の3つがあるよ。
- ● 居宅サービス計画書(1)
- ● 居宅サービス計画書(2)
- ● 週間サービス計画表

2021(令和3)年に居宅サービス計画書標準様式及び記載要領及び介護サービス計画書の様式の一部が改正されたんだ。

24 モニタリング・再課題分析・連携

 「ここを押さえよう！」 頻出度 ★★★

モニタリングの目的・方法、再課題分析の仕方、居宅介護支援事業に必要な関連機関との連携の要点を把握しておきましょう。

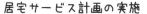
居宅サービス計画の実施

面接＆記録

月に1回は訪問

再課題分析＆サービス計画の見直し

モニタリング

　モニタリングとは、居宅サービス計画の実施状況を把握することをいいます。

● **居宅介護支援のモニタリングに関する基準**

　モニタリングに際しては、居宅サービス計画実施後に利用者およびその家族、主治医、居宅サービス事業者等との連絡を継続的に行う必要があります。居宅サービス事業者等の担当者との連携によりモニタリングが行われる場合、特段の事情がない限り、次の①と②が義務づけられています。また、保存期間も規定されています。

① 少なくとも 1 か月に 1 回、定期的に利用者宅を訪問し、利用者に面接する。
② 少なくとも 1 か月に 1 回、必ずモニタリングの結果を記録する。
③ モニタリングの結果は 2 年間保存する。

● モニタリングの目的

重要ポイント 次の項目について点検・確認を行い、居宅サービス計画の目標達成度の把握や、新たな生活課題（ニーズ）を発見することがモニタリングの目的です。

① 居宅サービス計画が適切に実施されているか。
② 居宅サービス計画に盛り込まれている援助目標が達成されているか。
③ サービスやサポートの内容が適切か。
④ 居宅サービス計画の変更が必要になるような新たな生活課題が生じていないか。

● 施設サービス計画のモニタリング

施設サービス計画のモニタリングでは、個々の入所者・入院者について、在宅復帰を視野に入れて援助計画を見直します。回数や期間などの定めはありませんが、定期的にモニタリングを行う必要があります。

● モニタリングの要点

要介護状態の変化が激しい人については、頻繁にモニタリングを実施しなければなりません。モニタリングは、介護支援専門員が直接行うほか、要介護者に常時サービスを提供しているサービス事業者から定期的または緊急時に情報を得て行うこともできます。

評価表

　評価表は、居宅サービス計画に位置づけたサービスの短期目標の達成度合いを評価し、より効果的な居宅サービス計画の見直しにつなげることを目的として実施されます。

再課題分析

　定期的なモニタリングにおいて、生活課題(ニーズ)の変化がみられる場合には、再課題分析を実施し、サービス計画を見直します。

関連機関等との連携

　指定居宅介護支援事業者(介護支援専門員)は、次図に示すような連携を図らなければなりません。

図1-24-1　介護支援専門員を中心とした連携のモデル

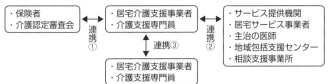

理解度チェック 1問1答

問題

☐ ❶ 居宅介護支援におけるモニタリングの結果の記録は、居宅介護支援完結の日から２年間保存しなければならない。 19回19改

☐ ❷ 居宅介護支援におけるモニタリングは、地域包括支援センターの指示に基づいて実施しなければならない。 19回19改

☐ ❸ 居宅介護支援におけるモニタリングでは、月２回以上、結果を記録しなければならない。 19回19改

☐ ❹ モニタリングを行い、必要に応じて居宅サービス計画を変更するものとする。 18回23

☐ ❺ 居宅介護支援におけるモニタリングでは、利用者に同居家族がいる場合は、家族との面接を実施しなければならない。 18回23改

解答解説 ❶◯ ❷✕ そういう規定はない。 ❸✕ 月１回以上。 ❹◯ ❺✕ 望ましいが義務ではない。

モニタリングはなぜ行うのですか?

居宅サービス計画実施後も利用者の生活を継続的に把握し、支援内容が利用者の自立や、QOL（生活の質）の向上に役立っているのかを評価するためにモニタリングを行うんだよ。
もし、その計画が有効に機能していない場合は、介護支援専門員は再アセスメントを行い、計画を修正するんだ。

25 地域支援事業と地域包括支援センター

「ここを押さえよう！」

地域支援事業の財源構成、介護予防・日常生活支援総合事業、包括的支援事業の概要を理解し、地域包括支援センターの組織内容と役割機能強化の取組みの要点を把握しておきましょう。

介護予防・日常生活支援総合事業

地域包括支援センター

包括的支援事業

任意事業

🐝 地域支援事業

　市町村は保険給付とは別に、被保険者が要介護状態等になることを予防するとともに、できる限り地域において自立した日常生活を営むことができるよう支援するため、地域支援事業（次図を参照）を行います。

　地域支援事業は、必須事業である①介護予防・日常生活支援総合事業および②包括的支援事業と、実施判断が市町村に委ねられている③任意事業の3種類に分けられます。

図1-25-1　地域支援事業の全体像

介護保険制度

介護給付（要介護1〜5）

予防給付（要支援1・2）

介護予防・日常生活支援総合事業
1　**介護予防・生活支援サービス事業（第1号事業）**
　①訪問型サービス（第1号訪問事業）
　②通所型サービス（第1号通所事業）
　③その他生活支援サービス（第1号生活支援事業）
　④介護予防ケアマネジメント（第1号介護予防支援事業）
2　**一般介護予防事業**
　①介護予防把握事業
　②介護予防普及啓発事業
　③地域介護予防活動支援事業
　④一般介護予防事業評価事業
　⑤地域リハビリテーション活動支援事業

（一体的運営）

包括的支援事業
1　**包括的支援事業（地域包括支援センターの運営）**
　①第1号介護予防支援事業（要支援者にかかるものを除く）
　②総合相談支援業務
　③権利擁護業務
　④包括的・継続的ケアマネジメント支援業務
2　**包括的支援事業（社会保障充実分）**
　①在宅医療・介護連携推進事業
　②生活支援体制整備事業
　③認知症総合支援事業
　④地域ケア会議推進事業

任意事業
　①介護給付等費用適正化事業
　②家族介護支援事業
　③その他の事業

地域支援事業

【財源構成】
国　　　　　25%
都道府県　12.5%
市町村　　12.5%
1号保険料　23%
2号保険料　27%

【財源構成】
国　　　　　38.5%
都道府県19.25%
市町村　19.25%
1号保険料　23%

（出所）厚生労働省資料を一部改変

コレも出た！
包括的支援事業の生活支援体制整備事業のコーディネーターの機能が問われた。（20回19）

● **財源構成**

　介護予防・日常生活支援総合事業の財源構成は、居宅給付費と同様です。介護予防・日常生活支援総合事業以外の地域支援事業の財源構成は、国38.5%、都道府県・市町村がそれぞれ19.25%、第1号保険料23%となり、第2号被保険者の負担はありません（次表を参照）。

表1-25-1　費用負担割合

	第1号保険料	第2号保険料			
・居宅給付費 ・介護予防・日常生活支援総合事業 ・介護予防事業	第1号保険料 23%	第2号保険料 27%	国 25%	都道府県 12.5%	市町村 12.5%
・施設等給付費 （介護保険施設、特定施設入居者生活介護、介護予防特定施設入居者生活介護）			国 20%	都道府県 17.5%	市町村 12.5%
・地域支援事業 （包括的支援事業、任意事業）	国38.5%			都道府県 19.25%	市町村 19.25%

● 介護予防・日常生活支援総合事業（総合事業）

　総合事業は、市町村が実施主体となり、要支援者等に必要な支援を行う「介護予防・生活支援サービス事業」と第1号被保険者に体操教室などの介護予防を行う「一般介護予防事業」の2つがあります。

　介護予防・生活支援サービス事業は、①訪問型サービス、②通所型サービス、③その他の生活支援サービス、④介護予防ケアマネジメントの4つの事業から構成されます。この事業の対象者は、要介護認定で要支援1・2の認定を受けた人と基本チェックリスト（表1-25-2参照）で事業対象者と判定された65歳以上の人です。

　一般介護予防事業は、①介護予防把握事業、②介護予防普及啓発事業、③地域介護予防活動支援事業、④一般介護予防事業評価事業、⑤地域リハビリテーション活動支援事業の5つからなっています。この事業の対象者は、すべての第1号被保険者です。

コレも出た！

介護予防・生活支援サービスの利用者負担額は、市町村が設定する。（25回11）

地域支援事業の包括的支援事業の内容が問われた。（26回13）

表1-25-2

基本チェックリスト

記入日：令和　　　年　　　月　　　日（　　）

氏名		住所			生年月日	
希望するサービス内容						

No.	質問項目	回答：いずれかに○ をお付けください	
1	バスや電車で1人で外出していますか	0.はい	1.いいえ
2	日用品の買い物をしていますか	0.はい	1.いいえ
3	預貯金の出し入れをしていますか	0.はい	1.いいえ
4	友人の家を訪ねていますか	0.はい	1.いいえ
5	家族や友人の相談にのっていますか	0.はい	1.いいえ
6	階段を手すりや壁をつたわらずに昇っていますか	0.はい	1.いいえ
7	椅子に座った状態から何もつかまらずに立ち上がっていますか	0.はい	1.いいえ
8	15分位続けて歩いていますか	0.はい	1.いいえ
9	この1年間に転んだことがありますか	1.はい	0.いいえ
10	転倒に対する不安は大きいですか	1.はい	0.いいえ
11	6か月間で2〜3kg以上の体重減少がありましたか	1.はい	0.いいえ
12	身長　　　　cm　　体重　　　　kg　（BMI＝　　　）（注）		
13	半年前に比べて固いものが食べにくくなりましたか	1.はい	0.いいえ
14	お茶や汁物等でむせることがありますか	1.はい	0.いいえ
15	口の渇きが気になりますか	1.はい	0.いいえ
16	週に1回以上は外出していますか	0.はい	1.いいえ
17	昨年と比べて外出の回数が減っていますか	1.はい	0.いいえ
18	周りの人から「いつも同じ事を聞く」などの物忘れがあると言われますか	1.はい	0.いいえ
19	自分で電話番号を調べて、電話をかけることをしていますか	0.はい	1.いいえ
20	今日が何月何日かわからない時がありますか	1.はい	0.いいえ
21	（ここ2週間）毎日の生活に充実感がない	1.はい	0.いいえ
22	（ここ2週間）これまで楽しんでやれていたことが楽しめなくなった	1.はい	0.いいえ
23	（ここ2週間）以前は楽にできていたことが今はおっくうに感じられる	1.はい	0.いいえ
24	（ここ2週間）自分が役に立つ人間だと思えない	1.はい	0.いいえ
25	（ここ2週間）わけもなく疲れたような感じがする	1.はい	0.いいえ

(注) BMI＝体重（kg）÷身長（m）÷身長（m）が18.5未満の場合に該当とする。

事業対象者に該当する基準

①	No.1〜20までの20項目のうち10項目以上に該当	（複数の項目に支障）
②	No.6〜10までの5項目のうち3項目以上に該当	（運動機能の低下）
③	No.11〜12の2項目のすべてに該当	（低栄養状態）
④	No.13〜15までの3項目のうち2項目以上に該当	（口腔機能の低下）
⑤	No.16に該当	（閉じこもり）
⑥	No.18〜20までの3項目のうちいずれか1項目以上に該当	（認知機能の低下）
⑦	No.21〜25までの5項目のうち2項目以上に該当	（うつ病の可能性）

図1-25-2　介護予防・日常生活支援総合事業の構成

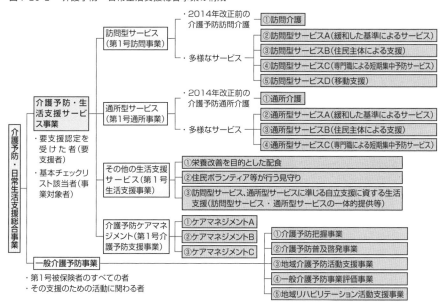

1
介護支援分野

(出所)厚生労働省「介護予防・日常生活支援総合事業のガイドライン」を一部改変

● 包括的支援事業

重要ポイント 包括的支援事業は、次の8つの業務・事業等から構成されます。

表1-25-3　包括的支援事業の概要

分類	業務・事業等	概要
地域包括支援センターの運営	①第1号介護予防支援事業(介護予防ケアマネジメント)(介護予防支援を受けている要支援者を除く)	要介護状態等になることを予防するため、介護予防事業その他のサービスが包括的・効率的に提供されるよう必要な支援を行う事業
	②総合相談支援業務	実情の把握、総合的な情報提供、関係機関との連絡調整等
	③権利擁護業務	権利擁護のために必要な援助を行う事業(虐待の防止・早期発見のための事業等)

(つづく)

表1-25-3　包括的支援事業の概要（つづき）

分類	業務・事業等	概要
社会保障充実分	④包括的・継続的ケアマネジメント支援業務	被保険者が地域において自立した日常生活を営むことができるよう包括的かつ継続的な支援を行う事業（支援困難事例の介護支援専門員への助言、地域ケア会議の設置等）
	⑤在宅医療・介護連携推進事業	多職種協働により在宅医療・介護を一体的に提供できる体制の構築を推進
	⑥生活支援体制整備事業	ボランティア等の多様な事業主体による重層的な生活支援・介護予防サービスの提供体制の構築を支援。生活支援コーディネーター（地域支え合い推進員）・就労的活動支援コーディネーター（就労活動支援員）の配置
	⑦認知症総合支援事業	認知症専門医による指導の下、認知症初期集中支援チーム❶や、認知症地域支援推進員❷を地域包括支援センター等に整備。チームオレンジコーディネーターの配置
	⑧地域ケア会議推進事業	地域包括支援センター等において、多職種協働での個別事例の検討、地域ネットワーク構築、ケアマネジメント支援、地域課題の把握等を推進

用語解説

❶ 認知症初期集中支援チーム
認知症に関する医療や介護の専門職が家族の訴え等により、認知症が疑われる人や認知症の人、およびその家族を訪問し、アセスメント、家族支援などの初期の支援を包括的、集中的に行い、自立生活のサポートを行うチームのこと。

❷ 認知症地域支援推進員
医療機関（認知症疾患医療センターを含む）や介護サービス、および地域の支援機関との連携や、認知症の人や家族を支援する相談業務等を行う者のこと。市町村ごとに配置。

　包括的支援事業は、実施主体の市町村が、次表のように地域包括支援センター等に委託することができます。
　なお、地域ケア会議推進事業は市町村と地域包括支援センターが連携しながら推進していきます。

表1-25-4　包括的支援事業の委託先

業務・事業等	委託先
①介護予防ケアマネジメント	市町村が委託する場合は、地域包括支援センターの設置者に限る
②総合相談支援業務 ③権利擁護業務 ④包括的・継続的ケアマネジメント支援業務	委託先は地域包括支援センターに限り、委託の際は分割して委託することはできない（一括して委託する）
⑤在宅医療・介護連携推進事業 ⑥生活支援体制整備事業 ⑦認知症総合支援事業	地域包括支援センター以外にも委託が可能

● 任意事業

市町村が独自に実施できる任意事業は、以下のとおりです。

① 介護給付等に要する費用を適正化する事業（介護給付等費用適正化事業）

② 介護方法の指導その他、要介護被保険者を現に介護する者を支援する事業（家族介護支援事業）

③ その他、介護保険事業の運営の安定化および被保険者が地域で自立した日常生活を送ることができるよう支援する事業（成年後見制度利用支援事業、認知症サポーター等養成事業等）

コレも出た！

地域支援事業の任意事業となっているものに、家族介護支援事業と介護給付等費用適正化事業がある。（23回14、24回14）

1 介護支援分野

● 介護サービスの分類

介護サービスは、介護給付と予防給付、総合事業の3つに分類できます。介護給付は要介護認定を受けた場合、予防給付は要支援認定を受けた場合、総合事業は要支援認定を受けた場合と要介護申請をしていない人（基本チェックリストで事業対象者として判定された人）および一般高齢者が利用できます。

総合事業では、住民主体のサービス等、多様なサービスを選択することが可能になります。

● 介護サービスの利用の手続き

介護サービスを利用する場合は、市町村の窓口（地域包括支援センター等）に相談します。窓口担当が具体的に総合事業の利用か要介護認定を受けるかなどについて、幅広い視点で相談を受けます。

相談窓口において、本人（65歳以上の人）が必ずしも要介護認定を受けなくても、必要なサービスを事業で利用できるツールとして基本チェックリストを用いてから、介護予防ケアマネジメントを行うことになります。

図 1-25-3　介護サービスの利用の手続き

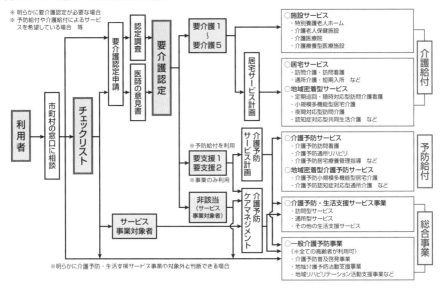

（出所）厚生労働省資料

地域包括支援センター

● 地域包括支援センターとは

　地域包括支援センターは、地域で生活する高齢者の保健・医療の向上、福祉の増進、生活の安定のために必要な支援を包括的に行う中核機関として、日常生活圏域を基本として市町村が、直接または委託により１～複数か所設置します。

　市町村は、老人介護支援センターの設置者、一部事務組合、広域連合、医療法人、社会福祉法人、公益法人、NPO法人、その他市町村が適切と認めるものに地域包括支援センターの運営を委託できます。

　市町村が地域包括支援センターの運営を委託する場合は、包括的支援事業のうち、①介護予防ケアマネジメント（第１号介護予防支援事業）、②総合相談支援業務（要介護認定の申請代行などを含む）、③権利擁護業務、④包括

コレも出た！
地域包括支援センターは、居宅サービス計画・施設サービス計画の検証を行う。（15回21改）

的・継続的ケアマネジメント支援業務のすべてを一括して委託することとされています。

なお、市町村および地域包括支援センターの設置者は、地域包括支援センターの事業内容に関する評価の実施と必要な措置を講ずることが義務化されています。

● 地域包括支援センターの役割

重要ポイント 地域包括支援センターは、地域支援事業のうちの包括的支援事業を一体的に実施する中核拠点として位置づけられ、地域包括ケアシステム[3]を支えます。

● 地域ケア会議

重要ポイント 市町村は、包括的・継続的ケアマネジメント支援業務の効果的な実施のために、介護支援専門員、保健医療および福祉に関する専門的知識を有する者、民生委員その他の関係者、関係機関および関係団体により構成される会議（地域ケア会議）を設置するよう努めなければなりません。地域ケア会議（地域ケア個別会議）の開催は、地域包括支援センターの重要な役割です。地域ケア会議には、①個別課題の解決機能、②ネットワーク構築機能、③地域課題発見機能、④地域づくり・資源開発機能、⑤政策形成機能の5つの役割があり、必要に応じて個別ケース検討を通じた地域課題を関係者で共有する地域ケア推進会議を開催します。

● 地域包括支援センターの担当職員

区域内の第1号被保険者3,000人以上6,000人未満ごとに、主任介護支援専門員、保健師等、社会福祉士等を各1人常勤専従で配置することを基本とします。保健師等とは、保健師のほか、地域ケア、地域保健に経験のある看護師を含みますが、准看護師は含みません。社会福祉士等とは、社会福祉士のほか、福祉事務所の現業員等の業務経験が3年以上、かつ高齢者相談援助業務の経験が3年以上の社会福祉主事も含みます。

なお、職員等には秘密保持の義務があります。

---

1 介護支援分野

用語解説
[3] 地域包括ケアシステム
高齢者が住み慣れた地域でその人らしい生活を継続していけるよう支援する仕組みのこと。

コレも出た！
地域ケア会議の機能が問われた。（26回14）

● 地域包括支援センター運営協議会

　原則として、市町村に１か所地域包括支援センター運営協議会が設置されます。その協議の対象とする主な事項として、地域包括支援センターの設置等に関すること、地域包括支援センターの行う業務に係る方針に関すること、地域包括支援センターの運営および評価に関すること、地域包括支援センターの職員の確保に関すること、その他の地域包括ケアに関すること等が挙げられます。

　運営協議会の構成員は、介護（予防）サービス事業者、関係団体、被保険者、学識経験者等です。

● 地域包括支援センターの機能強化の取組み

　地域包括支援センターは、行政直営型か委託型かを問わず行政（市町村）の一部を担い、地域の最前線で活動していることから、地域包括ケアシステムを構築していく中核的機関として、次図のような複合的な機能強化を図ることが求められます。

図1-25-4　地域包括支援センターの機能強化

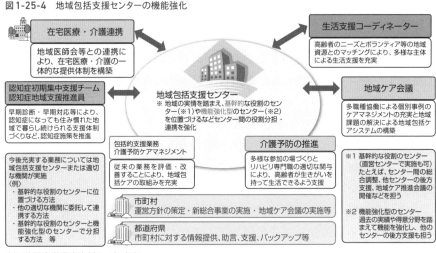

（出所）厚生労働省資料を一部改変

理解度チェック 1問1答

全問クリア　　月　　日

問題

□ **❶** 社会福祉法人は、地域包括支援センターを設置できない。 19回3改

□ **❷** 包括的支援事業のうちの包括的・継続的ケアマネジメント支援事業は、地域包括支援センター以外に委託できる。 19回4改

□ **❸** 要支援者は、介護予防・生活支援サービス事業の対象となる。 24回14

□ **❹** 包括的支援事業には、生活支援体制整備事業が含まれる。 22回12

□ **❺** 地域ケア会議の機能には、地域づくりや資源開発がある。 26回14

□ **❻** 地域包括支援センターの職員配置基準には、精神保健福祉士が含まれている。 予想問

□ **❼** 地域リハビリテーション活動支援事業は、地域支援事業の任意事業である。 23回14

□ **❽** 介護予防・生活支援サービス事業の住所地特例適用被保険者の費用は、施設所在地の市町村が負担する。 25回11

□ **❾** 在宅医療・介護連携推進は、包括的支援事業に含まれる。 22回12

□ **❿** 生活支援コーディネーターの機能としてニーズとサービスのマッチングがある。 予想問

解答解説 **❶**✕ 設置できる。 **❷**✕ 地域包括支援センター以外には委託できない。 **❸**○
❹○ **❺**○ **❻**✕ 社会福祉士とされている。 **❼**✕ 任意事業でなく必須事業である。
❽✕ 被保険者の保険者である市町村が負担する。 **❾**○ **❿**○

地域ケア会議はどんな人が参加するんですか？

会議の参加者は、検討内容や規模により異なるけれど、主に地域包括支援センターの職員、介護支援専門員、民生委員や保健医療・福祉に関する専門職、生活支援コーディネーター、その他の関係機関のメンバーとされているよ。

26 介護予防ケアマネジメント

 「ここを押さえよう!」　　　　　　　　　　　　頻出度 ★★

介護予防ケアマネジメントの概要、介護予防サービス計画費、および業務委託と、介護予防ケアマネジメントの要点を整理して覚えておきましょう。

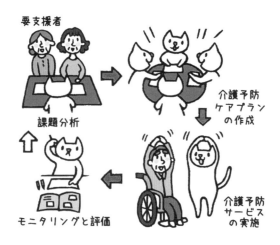

要支援者

課題分析

介護予防ケアプランの作成

介護予防サービスの実施

モニタリングと評価

介護予防ケアマネジメントの概要

コレも出た!
介護予防サービス計画には、地域住民による自発的なサービスも位置づけるよう努めなければならない。(18回22)

　介護予防ケアマネジメントとは、高齢者が要介護状態等になることを予防するために高齢者自身の取組みを促進し、予防給付の対象となるサービスおよび地域における介護予防に資する保健・医療・福祉サービスや家族による支援等が包括的かつ効率的に実施されるように援助を行うことです。要支援1・2と判定された方が予防給付サービスを利用する介護予防支援と基本チェックリストで事業対象者として判定され介護予防・生活支援サービス事業を利用する支援を合わせて介護予防ケアマネジメントと呼びます。

介護予防ケアマネジメントは地域包括支援センターの職員（担当職員**❶**）などが、要支援1・2、介護予防・日常生活支援総合事業対象者からの依頼を受けて、目標指向型の介護予防サービス・支援計画書を作成し、計画に基づくサービスが提供されるように、サービス提供事業者等との連絡調整その他の便宜を供与します。

● 介護予防サービス・支援計画書

重要ポイント 地域包括支援センターの業務見直しで2024（令和6）年4月より、指定居宅介護支援事業者も介護予防支援事業者として指定を受けられることになりました。要支援者が、指定介護予防支援事業者である地域包括支援センターや指定居宅介護支援事業者から指定介護予防支援を受けたときに、介護予防支援費が予防給付費として現物支給されます。なお、計画費は、全額（10割）支給されます。また、介護予防ケアマネジメントにおける計画費は市町村が指定した金額が給付されます。

● 介護予防ケアマネジメントの種類

介護予防支援（予防給付）の他に3つの類型があります。

① 介護予防ケアマネジメントA：原則的なケアマネジメントプロセス

② 介護予防ケアマネジメントB：簡略化したケアマネジメントプロセス

③ 介護予防ケアマネジメントC：初回のみのケアマネジメントプロセス

● 業務委託の要件

地域包括支援センターは、介護予防支援および介護予防ケアマネジメント業務の一部を指定居宅介護支援事業者に委託することができます。委託する事業者の選定は、地域包括支援センター運営協議会の議を経て行います。

● 業務委託の留意点

指定居宅介護支援事業者に委託した場合は、介護予防サービス・支援計画原案が適切に作成されているか等の

用語解説

❶ 担当職員
保健師・介護支援専門員・社会福祉士・経験のある看護師など。

コレも出た！
指定介護予防支援事業者の担当職員の業務内容。（21回18）

1 介護支援分野

コレも出た！
指定介護予防支援事業所の管理者は地域包括支援センター業務との兼務ができる。（22回20）

表1-26-1　介護予防サービス・支援計画書（ケアマネジメント結果等記録表）の作成の流れ

①→②→③の順番で作成する

①アセスメント欄　②作成するための過程　③介護予防ケアプラン

アセスメント領域と現在の状況	本人・家族の意欲・意向	領域における課題（背景・原因）	総合的課題	課題に対する目標と具体策の提案	具体策についての意向 本人・家族	目標	支援計画					
							目標についての支援のポイント	本人等のセルフケアや家族の支援、インフォーマルサービス	介護保険サービスまたは地域支援事業	サービス種別	事業所	期間
運動・移動について		□有 □無					（　）					
日常生活（家庭生活）について		□有 □無					（　）					
社会参加、対人関係・コミュニケーションについて		□有 □無					（　）					
健康管理について		□有 □無					（　）					

（出所）厚生労働省資料を一部抜粋

156

確認と併せて、評価内容等の確認、今後の方針への指導・助言等を行います。

● **委託可能な件数**

指定居宅介護支援事業者に委託できる件数には、上限はありません。

コレも出た！
介護支援後においてモニタリングをしなければならない。(20回11)

介護予防ケアマネジメントのプロセス

● **介護予防ケアマネジメントの流れ**

介護予防ケアマネジメントの流れとして、地域包括支援センターは、一定期間を経過した後に事業の効果を評価し、その結果に基づき課題分析を再度行い、一連のプロセスを繰り返します。

コレも出た！
介護予防サービス・支援計画書の「本人等のセルフケアや家族の支援、インフォーマルサービス」欄には、地域のボランティアや近隣住民の協力なども記載する。(第23回23)

● **介護予防サービス・支援計画書（ケアマネジメント結果等記録表）**

介護予防ケアマネジメントでは、5種類の帳票（①利用者基本情報、②基本チェックリスト、③介護予防サービス・支援計画書、④介護予防支援・サービス評価表、⑤介護予防支援経過記録）が、標準的な様式として示されています。このうちの介護予防サービス・支援計画書は、①アセスメント欄、②作成するための過程、③介護予防ケアプラン、からなっており、① ⇒ ② ⇒ ③の順に作成します（前表を参照）。

コレも出た！
介護予防サービス計画には、地域の住民による自発的な活動によるサービス等の利用も含めて位置付けるよう努めなければならない。(25回22)

①**アセスメント欄**：利用者の生活課題の抽出に焦点を当てて作成します。

②**作成するための過程**：話し合いと合意を基にプランを作成する過程を記します。

③**介護予防ケアプラン**：専門家と利用者・家族で決めた内容をわかりやすく整理して示します。

理解度チェック 1問1答

全問クリア　　月　　日

問題

☐ ❶ 介護予防サービス計画に介護予防通所リハビリテーションを位置付ける場合には、理学療法士の指示が必要である。 `25回22`

☐ ❷ 地域包括支援センターは第1号介護予防支援事業の実施を指定居宅介護支援事業者に委託できる。 `22回19改`

☐ ❸ 介護予防サービス・支援計画書の「課題に対する目標と具体策の提案」欄には、利用者や家族の意向を踏まえた目標と具体策を記載する。 `23回23`

☐ ❹ 介護予防支援事業所ごとに、主任介護支援専門員を置かなければならない。 `20回10`

☐ ❺ 介護予防サービス・支援計画書の「目標とする生活」の「1年」欄には、利用者とともに生きがいや楽しみを話し合い、今後の生活で達成したい目標を記載する。 `23回23`

☐ ❻ 介護予防支援事業では、地域支援事業と連続性および一貫性を持って行う。 `20回11`

☐ ❼ 介護予防の基本チェックリストには、入浴時の不安を確認する質問がある。 `予想問`

解答解説 ❶✕医師の指示が必要である。 ❷◯ ❸✕利用者や家族に対して専門的観点から示す提案を記載する。 ❹✕主任介護支援専門員でなく担当職員である。 ❺◯ ❻◯ ❼✕入浴時でなく転倒への不安である。

課題分析を行う際の重要な視点ってどんなことですか？

生活機能である「心身機能・身体構造」「活動」「参加」と、健康状態と背景要因である「個人因子」「環境因子」などを総合的に把握することで、要因や背景が何かを分析することが重要な視点だよ。これは、国際生活機能分類（ICF）の考え方になるんだ。

27 介護予防サービス

「ここを押さえよう！」 頻出度 ★

介護予防サービスの種類・内容、介護予防住宅改修費、地域密着型介護予防サービス費、高額介護予防サービス費、特例入所者介護予防サービス費、特例介護予防サービス費の要点を把握しましょう。

介護予防サービス

介護予防サービスは、要支援認定を受けた者を対象とするサービス（介護予防・生活支援サービスを除く）で、要介護状態にならないよう予防するためのものです。

予防給付

要支援者に提供される介護予防サービスに関わる給付を予防給付と呼びます。

予防給付の特徴は、次の2つです。

①利用者が持つ能力を最大限活用できるような目標を設定し、計画的にサービスを提供するよう努める。

コレも出た！

自らの事業所でのサービス提供が困難な場合は、申込者を担当する介護予防支援事業者に連絡し、他の事業者の紹介などの措置を講じなければならない。(15回55改)

② 利用者が主体的に事業に参加できるよう適切に働きかけ、できる限り要介護状態にならずに自立した日常生活を営むことができるよう支援する。

以下で、主な予防給付の種類と内容について説明します。

● 介護予防サービス費

要支援者が指定介護予防サービス事業者からサービスの提供を受けたときは、介護予防サービス費が現物支給されます。介護予防サービス費の給付方式は、介護サービス費の給付方式とほぼ同様です。

予防給付の対象サービスの中核である介護予防サービスの種類と内容を、次表に示します。

表1-27-1　介護予防サービスの種類と内容

サービスの種類	内容
介護予防訪問入浴介護	要支援者の自宅を入浴車等で訪問し、浴槽を家庭に持ち込んで行う入浴介護
介護予防訪問看護	主治医が基準に適合すると認めた要支援者の自宅にて看護師等が行う療養上の世話や必要な診療の補助
介護予防訪問リハビリテーション	病院等の理学療法士等が、基準に適合する要支援者の自宅を訪問して行うリハビリテーション
介護予防居宅療養管理指導	医師等が通院困難な要支援者の自宅を訪問して行う療養上の管理および指導・助言
介護予防通所リハビリテーション	基準に適合する要支援者が、通所リハビリテーション事業所に通って受ける心身の機能の維持回復、日常生活の自立を助けるために必要なリハビリテーション
介護予防短期入所生活介護	要支援者が、短期入所生活介護事業所に短期間入所して受ける入浴、食事、排せつ等の介護、日常生活上の世話、機能訓練
介護予防短期入所療養介護	基準に適合する要支援者が、短期入所療養介護事業所に短期間入所して受ける看護、医学的管理の下における介護、機能訓練、その他必要な医療、日常生活の世話

(つづく)

表1-27-1　介護予防サービスの種類と内容（つづき）

サービスの種類	内容
介護予防特定施設入居者生活介護	特定施設入居者生活介護施設に入居している要支援者に行う入浴・排せつ・食事等の介護、日常生活の世話、機能訓練・療養上の世話
介護予防福祉用具貸与	厚生労働大臣が定めた種目の福祉用具の要支援者への貸与
特定介護予防福祉用具販売	要支援者に対する福祉用具のうち、入浴、排せつのための用具等で厚生労働大臣が定めるものの販売（償還払い）

● 介護予防住宅改修費

　要支援者が現に居住する住宅について、その要支援者の心身の状況等を勘案して市町村が必要と認めた場合に、20万円まで支給されます。

● 地域密着型介護予防サービス費

　地域密着型介護予防サービスは、次表に示す3種類です。

表1-27-2　地域密着型介護予防サービスの種類と内容

サービスの種類	内容
介護予防認知症対応型通所介護	認知症の要支援者が通所して受ける入浴、排せつ、食事などの介護や機能訓練
介護予防小規模多機能型居宅介護	要支援者の状態に合わせ、通所を中心に受ける訪問と宿泊を組み合わせたサービス
介護予防認知症対応型共同生活介護	認知症のある要支援者※が、5〜9人の家庭的な共同生活住居で受ける入浴、排せつ、食事などの介護

※ 要支援2に限られる。

● 高額介護予防サービス費

　高額介護予防サービス費は、要支援者が支払う自己負担額が世帯単位で一定の上限額を超えた場合に、償還払い方式で支給されます。

　特定介護予防福祉用具購入費、介護予防住宅改修費の自己負担分、通所系・短期入所系サービス等の食費、滞在費、日常生活費などについては、対象外です。

● 特定入所者介護予防サービス費

特定入所者が短期入所系サービスを利用した場合の、滞在費と食費についての自己負担の軽減を図るための保険給付です。負担上限が設定され、負担限度額を超える費用については、介護保険から補足（現物給付）するものです。

● 特例介護予防サービス費

特例介護予防サービス費は、要支援者が次のいずれかのサービスを受けたとき、保険者が必要と認めた場合に、原則として償還払い方式で支給されます。

- ● 認定申請前に受けたサービス
- ● 基準該当サービス
- ● 離島等相当サービス
- ● 緊急やむを得ない場合に利用したサービス

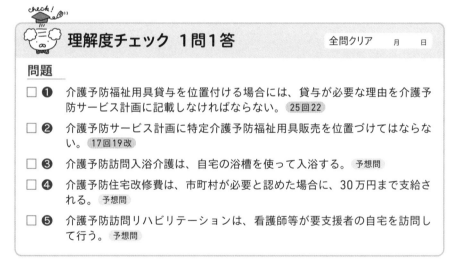

check!

理解度チェック　1問1答

全問クリア　　月　　日

問題

- □ ❶ 介護予防福祉用具貸与を位置付ける場合には、貸与が必要な理由を介護予防サービス計画に記載しなければならない。 25回22
- □ ❷ 介護予防サービス計画に特定介護予防福祉用具販売を位置づけてはならない。 17回19改
- □ ❸ 介護予防訪問入浴介護は、自宅の浴槽を使って入浴する。 予想問
- □ ❹ 介護予防住宅改修費は、市町村が必要と認めた場合に、30万円まで支給される。 予想問
- □ ❺ 介護予防訪問リハビリテーションは、看護師等が要支援者の自宅を訪問して行う。 予想問

解答解説　❶○　❷✕ 理由を記載すれば位置づけることが可能。 ❸✕ 浴槽を家庭内に持ち込んで行う。 ❹✕ 30万円ではなく、20万円まで支給される。 ❺✕ 看護師等ではなく、理学療法士等が訪問して行う。

28 介護保険施設

 「ここを押さえよう！」　　　　　　頻出度　★★

介護保険施設の種類、指定と許可、サービス提供の共通事項と固有事項の要点を押さえておきましょう。

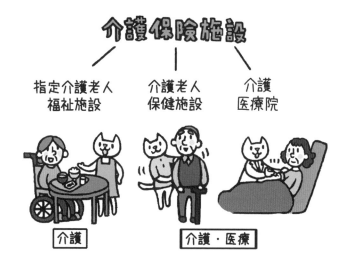

介護保険施設の概要

● 介護保険施設の種類

　介護保険施設は、次表に示す3種類があります。なお、2017（平成29）年の法改正により、看取り・ターミナル等の機能と生活施設の機能を兼ね備えた「介護医療院」が2018（平成30）年に創設されました。

表1-28-1　介護保険施設の種類

種類	基本的な性格
指定介護老人福祉施設 （特別養護老人ホーム）	65歳以上の要介護者のための生活施設
介護老人保健施設 （老人保健施設）	要介護高齢者にリハビリ等を提供し在宅復帰を目指す施設
介護医療院	日常的な医学管理や看取り・ターミナル等の機能と、生活施設としての機能とを兼ね備えた施設

● 介護保険施設の指定と許可

老人福祉法に基づく特別養護老人ホームは、都道府県知事の指定を受けることにより指定介護老人福祉施設になります。

また、介護老人保健施設と介護医療院は、介護保険法に基づき、都道府県知事の許可により開設される施設です。

● 人員・設備等の基準

都道府県の条例で規定されます。詳細は、次表のとおりです。

コレも出た！
地域密着型介護老人福祉施設は介護保険施設の類型には含まれない。
（25回7）

表1-28-2　100床当たりの人員配置基準（例）

	指定介護老人 福祉施設	介護老人保健施設	介護医療院（Ⅱ型）
医師	1人以上。非常勤可	1人以上。常勤	1人以上
看護職員	3人以上	9人以上（看護・介護職員の総数の7分の2程度）	17人以上（利用者6人に対し1人以上）
介護職員	31人以上	25人以上。看護・介護職員の総数の7分の5程度	17人以上（利用者6人に対し1人以上）
介護支援 専門員	1人以上	1人以上	1人以上
栄養士	1人以上	1人以上	1人以上

（つづく）

表1-28-2　100床当たりの人員配置基準（例）（つづき）

	指定介護老人福祉施設	介護老人保健施設	介護医療院（Ⅱ型）
その他	● 生活相談員：1人以上 ● 機能訓練指導員：1人以上	● 薬剤師：実情に応じた適当数 ● 支援相談員：1人以上 ● PT、OT、ST：いずれか1人以上	● 適当数（PT、OT、ST、放射線技師など）

🐝 サービス提供の共通事項と固有事項

1 居宅サービス事業者と同様の規定

　介護保険施設には、以下のように、指定居宅サービス事業者とほぼ同様の規定が設けられています。

① サービス提供拒否の禁止

② サービス提供困難時の対応

③ 入所・入院者の受給資格等の確認

④ 要介護認定の申請に関する援助

⑤ 利用料に関する共通事項

⑥ 居宅介護支援事業者に対する利益供与等の禁止

⑦ 利用者に関する市町村への通知

⑧ 管理者の責務

⑨ 運営規程

⑩ 勤務体制の確保（職場のハラスメント防止措置を含む）

⑪ 業務継続計画の策定

⑫ 衛生管理（感染症の発生予防及びまん延防止）

⑬ 保険給付の請求のための証明書の交付

⑭ 掲示

⑮ 秘密保持

⑯ 苦情処理

> 🐑✏️コレも出た！
> 利用者の負担により、当該施設の従業者以外の者による介護を受けさせることはできない。（22回再57）

> 🐑✏️コレも出た！
> 感染症や食中毒の予防またはまん延防止のため、対策検討委員会をおおむね3月に1回以上開催しなければならない。（22回57改）

⑰ 事故発生時の対応

⑱ 高齢者虐待防止

⑲ 会計の区分

⑳ 記録の整備

2 介護保険施設固有の規定

介護保険施設固有の規定の主なものは次のとおりです。

● **内容と手続きの説明と同意**

　● 介護保険施設は、あらかじめ入所申込者またはその家族に、主な事項について文書で説明を行い、提供開始に関する入所申込者の同意を得なければならない。

重要ポイント ● **入退所（入退院）に関する共通事項**

① 必要性の高い人を優先的に入所（入院）させる。

② 入所（入院）に際しては、心身の状況等の把握をする。

③ 退所（退院）に際しては必要な援助をし、安易に退所（退院）を促すことのないよう留意する。

④ 居宅介護支援事業者等との連携を図る。

● **サービス提供の記録**

① 必要事項（入退所（入退院）の年月日、施設種類、名称）を被保険者証に記載する。

② 提供した具体的なサービス内容などを記録する。

● **身体拘束の禁止**

重要ポイント

コレも出た！
身体的拘束等の適正化のための指針を整備している場合にも、その対策を検討する委員会を開催しなければならない。（23回57改）

① **本人または他の入所・入院者の生命・身体を保護するため緊急やむを得ない場合**を除き、身体拘束その他の行動制限を行ってはならない。

② **身体拘束を行った場合**は、その態様・時間、心身の状況、および理由を記録しなければならない。

● **定員の遵守**

　● 災害、虐待その他やむを得ない事情がある場合以外は、入所・入院定員および療養室・病室の定員を超

えて入所・入院させてはならない。

● **地域との連携など**

① 地域住民や地域活動などとの連携・交流に努める。

② 市町村が行う事業に協力するよう努める。

介護保険サービス提供の相違点

主な介護保険施設の相違点は、次表のとおりです。

表1-28-3 介護保険施設の比較

	指定介護老人福祉施設	介護老人保健施設	介護医療院
対象者	常時介護が必要で在宅生活が困難な要介護者（原則、要介護3以上）	病状が安定し、入所による医学的管理下の介護や機能訓練等が必要な要介護者	要介護者であって、主として長期にわたり療養が必要である者
基本方針	入浴、排せつ、食事等の介護その他の日常生活上の世話、機能訓練、健康管理、および療養上の世話	看護、医学的管理の下における介護および機能訓練その他必要な医療、ならびに日常生活上の世話	療養上の管理、看護、医学的管理の下における介護および機能訓練その他必要な医療ならびに日常生活上の世話
提供拒否	① 入院治療の必要がある場合 ② 適切なサービス提供が困難な場合		① 入院治療の必要がない場合 ② 適切なサービス提供が困難な場合
医療処置	医療保険で給付	施設療養上必要な医療は、介護保険で給付	
協力病院	入所者の病状の急変等に備えるため、あらかじめ協力病院を定めておかなければならない。		（特に規定なし）

理解度チェック 1問1答

問題

- □ ❶ 介護保険施設は、住所地特例が適用される。 26回5改
- □ ❷ 地域密着型介護老人福祉施設は、介護保険施設に含まれる。 予想問
- □ ❸ 第2号被保険者は、要介護3以上であっても、指定介護老人福祉施設には入所できない。 24回4
- □ ❹ 介護保険施設等における生活環境の改善を図るための事業に関する事項は、介護保険法上、市町村介護保険事業計画において定めるべき事項である。 24回13改
- □ ❺ 介護老人保健施設の人員に関する基準は、医療分野から介護分野まで幅広い職種が含まれている。 23回44
- □ ❻ 2017(平成29)年の介護保険制度改正で介護医療院は創設された。 22回1
- □ ❼ 介護医療院は、医療法の医療提供施設には該当しない。 22回45
- □ ❽ 施設サービスの提供により事故が発生した場合には、速やかに市町村、家族等に連絡するとともに、必要な措置を講じなければならない。 22回再44
- □ ❾ 介護保険施設では、地域住民による自発的な活動によるサービスとの連携に努めなければならない。 22回18改
- □ ❿ 介護保険施設は、明るく家庭的な雰囲気を有し、地域や家庭との結び付きを重視した運営を行うよう努めなければならない。 25回57改
- □ ⓫ 介護老人保健施設の管理者となる医師は、都道府県知事の承認を得なければならない。 25回7

解答解説　❶○　❷✕地域密着型サービスである。❸✕第2号被保険者も入所が可能である。❹✕定めるべき事項とはされていない。❺○　❻○　❼✕医療提供施設に該当する。❽○　❾○　❿○　⓫○

介護保険施設の指定(許可)をするのは誰ですか?

都道府県知事だよ。

29 施設の ケアマネジメント

 「ここを押さえよう！」 頻出度 ★★

施設介護支援サービスの定義と過程、施設サービス計画、モニタリングと再課題分析、計画担当介護支援専門員の責務のポイントを押さえておきましょう。

課題分析

施設サービス計画の作成

施設サービスの実施

モニタリングと再課題分析

施設ケアマネジメントの意義・目的等

　介護保険施設の利用者に対して行われる施設ケアマネジメントの意義は、ケアマネジメントの手法を用いて適切な施設サービス計画が作成・実行されることにより、生活・生命の質が担保され、多職種による専門性が発揮され、地域とのかかわりが広がり、その人らしい人生が展開されることにあります。

　またその目的は、利用者が主体的・自立的に意欲をもって生きることを支援し、QOLの向上と人権が尊重され、その結果として地域包括ケアシステムの一員としての役割が発揮できることにあります。地域包括ケアシステムは、

住み慣れた地域で重度の要介護状態になっても生活を継続していくことを大前提にしていますので、施設も地域の中の社会資源としてとらえる視点が大切になっています。

施設のケアマネジメントプロセス

重要ポイント 施設介護支援の過程も、居宅介護支援と同様に循環的な過程をたどります（次図を参照）。

図1-29-1　施設におけるケアマネジメントプロセスの概要

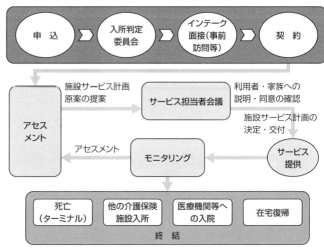

（出所）『九訂 介護支援専門員基本テキスト 上巻』p.386（長寿社会開発センター）

● 施設と利用者との関係の始まり

介護保険施設入所前の過程としては、①入所判定委員会で入所が確定、②利用者等に入所の意思を確認、③初回面接、④入所（契約）という流れが一般的です。ここまでの過程をインテークといいます。

● アセスメント（課題分析）

計画作成担当介護支援専門員[1]は、厚生労働省が定める課題分析標準項目を満たすアセスメント様式を用いて、利用者およびその家族に面接して「情報の収集」「情報の整理」「情報の分析」「課題の抽出」を行います。

コレも出た！
アセスメントの実施は、入所者及びその家族に面接して行うことが必要である。（22回18）

用語解説
1 計画作成担当介護支援専門員
介護保険施設において、入所・入院者の施設サービス計画を担当する介護支援専門員。

● 施設サービス計画の作成

　アセスメントによって抽出された生活課題に対して、施設サービス計画書を用いて、第1表には「利用者・家族の生活に対する意向」「総合的な援助の方針」などを、第2表には「生活全般の解決すべき課題（ニーズ）」「目標（長期・短期）」「援助内容」などを記載します。第3表は週間サービス計画表、第4表は日課計画表となりますが、これはいずれかを選択して記載することでもよいとされています。

知っトク！
施設サービス計画の原案の内容は、文書により入所者の同意が必要である。また、入所者に交付しなければならない。

1
介護支援分野

● サービス担当者会議

　施設サービス計画書の原案は、サービス担当者会議で検討されます。またそこで検討された要点は第5表にサービス担当者会議の要点としてまとめられます。

コレも出た！
サービス担当者会議の開催は、計画担当介護支援専門員が行う。（20回22）

● モニタリングおよび再評価

　介護支援専門員は定期的にサービスの実施状況の把握、目標の達成の評価、利用者満足度、ニーズの変化の把握などを行います。これらの結果は第6表の施設介護支援経過に記録しておきます。

　モニタリングの結果、施設サービス計画の修正や見直しの必要性、利用者の状態の変化などを把握した場合は、再評価（再アセスメント）を行います。

理解度チェック 1問1答

問題

- □ ❶ 施設サービス計画の目標の「期間」については要介護認定の認定期間内で設定する。 24回22

- □ ❷ 施設サービス計画書に記載する「目標」は、実際に解決または実現が可能と思われるものとする。 24回22

- □ ❸ 指定介護老人福祉施設の施設サービス計画には、地域住民の自発的な活動を位置づけるよう努める。 19回21改

- □ ❹ 施設サービス計画の作成は、介護支援専門員以外の者にもできる。 20回22

- □ ❺ 「利用者及び家族の生活に対する意向」には、利用者及びその家族の生活に対する意向が異なる場合には、利用者の意向のみを記載する。 24回22

解答解説　❶○　❷○　❸○　❹✕ 他の職種の者はできない。　❺✕ 利用者、家族の意向をそれぞれ分けて記載する。

インテークの意味がわかりにくいのですが?

インテーク(intake)の本来の意味は「受入れ」なんだが、介護分野では、「介護サービスの利用希望者からのコンタクトに対応する」という意味で使われることが多いようだね。

第**2**章

保健医療サービス
の知識等

出題の傾向と対策

過去6年間の出題傾向

　「保健医療サービスの知識等」の出題数は、基礎分野15問、総合分野5問の合計20問です。

　出題内容は、①**保健医療の基礎知識**、②**保健医療系のサービス**の2つに大別できます。

　保健医療系のサービスには、訪問看護、訪問リハビリテーション、居宅療養管理指導、通所リハビリテーション、短期入所療養介護、介護老人保健施設、介護医療院、介護療養型医療施設、定期巡回・随時対応型訪問介護看護、看護小規模多機能型居宅介護があります。訪問看護、訪問リハビリテーション、居宅療養管理指導、通所リハビリテーション、短期入所生活介護については介護予防サービスも含まれます。

　基礎分野と総合分野の出題範囲については、トピック（項目）では分けられておらず、指定範囲のすべてが対象となっていますが、近年では基礎分野が医学知識、総合分野が保健医療系のサービスとされることが増えています。あわせて、次のような傾向があります。

- 出題割合：保健医療の基礎知識からの出題が75％程度を占め、保健医療系のサービスからの出題は25％程度です。基礎知識とサービスの出題される範囲が具体的に示されていないため、基礎分野か総合分野かどちらか絞り込むことはできません。
- 難易度：保健医療サービスの知識等は、他分野と比較して難度が高いといわれています。その理由として、身体面についての内容が多く暗記が必要となる出題が多いこと、1つの選択肢中に複数の意味や内容を含め、一部を誤りとする出題が増加していること、福祉分野に記載されている項目を補助的に活用した出題が増加していることなどが挙げられます。

対策

　高得点を狙うには、**保健医療の基礎知識**の体系的な理解が求められます。高齢者の特徴や生理的な加齢変化を理解した上で、系統立てて知識を習得するようにしましょう。テキストをトピック（項目）ごとに断片的に読むだけではなく、関連項目を横断的に確認しながら学習する姿勢が大切です。

　たとえば、「褥瘡」を理解するには、褥瘡の項目と並行して、廃用症候群（生活不活発病）、低栄養と栄養管理、感染症予防、介護技術など、褥瘡の原因や防止に関係する項目を関連づけて学習するのが効果的です。最初のうちは、関連項目がどれなのかよくわからないかもしれませんが、テキストを読み進めるなかで、また過去問題を解いていくうちに、「あれっ、これはどこかで見た？」と感じることがあるはずです。そんなときは、目次や索引を活用して、関連項目を見つけましょう。付せんを貼って関連項目がわかるようにしていけば、学習の深まりとともに気づくことが増え、知識を相互に関連づけることができるようになります。

　また、**保健医療系のサービス**では、福祉系や介護系のサービスとの違いを意識した問題が多く出題されます。福祉系や介護系のサービスと比較しながら保健医療系のサービスの特徴を確認しておきましょう。

　このほか、保健医療系の各サービスが介護保険から給付されるのか、医療保険から給付されるのかについても留意しておく必要があるでしょう。

　実際の試験問題は、5つの選択肢から正しいものを選ぶ形式です。以前は、保健医療サービスの知識等は、5問中3つを選択する問題がほとんどでしたが、最近の試験では、選択肢の数が2つと3つが混在しています。まず問題文の「○つを選べ」の数をしっかり確認し、選ぶ選択肢の数から正解を絞り込むようにしましょう。

1 高齢者の特徴と起こりやすい症状・よくみられる疾患

「ここを押さえよう！」　　　　　頻出度　★★

高齢者の特徴と老年症候群(せん妄、認知機能障害、睡眠障害、低栄養、脱水、めまい、聴覚障害など)の要点をしっかり把握しておきましょう。

脱水

感音性難聴

低栄養

高齢者の特徴

● 高齢者の身体的特徴と精神的特徴

コレも出た！
高齢者は急激な環境の変化への適応が難しい。
(26回32改)

　老化とは「加齢とともに生理機能が衰えること」とされ、生理的老化と病的老化に分けられます。高齢者の身体機能の低下は個人差が大きいことも特徴の一つです。健康長寿を目指し、高齢者を総合的・全人的に評価し、対応することが求められます。

老年症候群

　老年症候群とは、高齢者の生活機能(心身機能・活動・

参加）を低下させ、生活の質（QOL）も低下させる症状・病態を指します。老年症候群には、適切な治療とケアが必要ですが、根治は困難で、基本的には不可逆的に進行していきます。

表2-1-1　老年症候群として扱われる病態

高齢者でなくてもみられる急性あるいは慢性の症状だが、高齢者で頻度が高く、特別な配慮が必要となる病態			
意識障害	肩こり	下痢	不整脈
失神	骨折	悪心、嘔吐	出血傾向
抑うつ	食欲不振	発熱	めまい
不眠	低栄養	浮腫	ふらつき
頭痛	貧血	喘鳴	起立性低血圧
手足のしびれ	脱水	咳	転倒
関節痛	低体温	痰	頻尿、夜間頻尿
腰痛	便秘	呼吸困難	

※このほか、エコノミークラス症候群（深部静脈血栓症・肺塞栓症）にも注意が必要。長時間同じ姿勢でいることから起こりやすいので、こまめに足を動かすことなどで予防する。

高齢者に特有の、あるいは主として高齢者にみられる病態			
間欠性跛行	骨関節変形	尿失禁、排尿障害	フレイル
歩行障害	難聴	認知機能障害	サルコペニア
言語障害	耳鳴	せん妄	褥瘡
骨粗しょう症	視力障害	嚥下障害、誤嚥	廃用症候群

（出所）『九訂 介護支援専門員基本テキスト 下巻』p.6（長寿社会開発センター）に一部加筆

1 せん妄

● 病状

重要ポイント せん妄は意識障害の一種で、意識混濁と幻覚が生じ妄想や興奮を伴います。

　不安感を伴い、落ち着きなく徘徊したり、不穏になったり、興奮したりします。特に、夜にみられることが多く、夜間せん妄といわれます。通常2〜3日から1週間で治まりますが、長期にわたることもあります。

コレも出た！
夜間にせん妄が増悪する場合は、昼間に適度な刺激と散歩などの活動の機会をつくり、夜間に睡眠できるよう配慮する。（18回35）

コレも出た！
せん妄の発生率は、年齢とともに増加する。
（26回32）

● **原因**

　脳の器質疾患（脳血管障害、脳腫瘍、認知症疾患、頭部外傷など）が多いのですが、心疾患、腎疾患、感染症、尿路感染症をきっかけに起こすこともあります。

● **治療と予防**

　せん妄が疑われたら速やかに医療機関を受診します。水分や電解質を補給し、必要であれば投薬します。発病予防には、静かな環境と夜間の適度な照明が効果的です。

2 抑うつ

● **定義**

　気分や感情の落ち込み、やる気が起きないなどの状態を抑うつといいます。気力の低下、自尊心の喪失、頭痛、肩こり、自責感・罪業感、集中力の低下、不安・焦燥感、不眠、食欲不振などの症状が多くあります。

● **原因**

　高齢者には、身体的な衰え、機能障害、慢性疾患の罹患、家族との死別、社会的な役割の喪失などの要因により、抑うつが高頻度でみられます。脳血管疾患やパーキンソン病などの疾患、薬剤などが原因となることもあります。

3 認知機能障害

　認知機能障害には、記憶、知識、計算、見当識、理解、判断など多くの機能障害があります。

　人生の個人的な経験に基づくエピソード記憶は、加齢により特に最近の出来事に対する記憶が低下していく傾向がみられます。一方、知識の学習によって得られる意味記憶は高齢になっても保持されます。

4 睡眠障害

　睡眠障害の中で高齢者に多いのは、不眠です。加齢とともに、夜間の睡眠時間が短縮し、睡眠が浅くなり、中

コレも出た！
睡眠障害は、痛み、かゆみ、咳、呼吸困難、頻尿などが原因になることがある。（19回36改）

途覚醒や早期覚醒が増えていきます。このほか、睡眠時無呼吸症候群やレストレスレッグス症候群（足がむずむずして動いてしまう疾患）も高齢者に多い睡眠障害ですが、これらは専門的な診断が必要です。

5 低栄養

● 原因

重要ポイント 高齢者は肝臓でのアルブミンの合成が低下すること、消化吸収機能が低下すること、各疾患（胃潰瘍、便秘など）、食事の準備が困難な環境（独居）、薬剤の摂取などから、低栄養状態に陥りやすいといわれています。

● 症状

一般に自覚症状はありませんが、低栄養になると、免疫力の低下、薬効の増強などが出現しやすく、低栄養が高度になると心不全や全身浮腫を引き起こす可能性もあります。

コレも出た！
寝たきりなどで体重測定が難しい場合の低栄養の判定には、上腕や下腿の周囲長が使われる。（18回27改）

6 脱水

● 定義

脱水とは、体の中で水分が不足している状態を指します。寝たままの状態でも呼吸や皮膚からの蒸発（不感蒸泄）によって水分が失われるため、50kgの体重の人の場合、1日1,000ml以上の水分を摂取する必要があります。

コレも出た！
手の甲の皮膚をつまみ上げて離したとき、すぐには元に戻らない場合は、脱水を疑う。（25回38）

● 原因

高齢者は、体内水分貯蔵量が少ない、のどの渇きを感じにくい、食事・水分摂取量が少ない、水分の再吸収能力が低下することなどから、脱水を起こしやすいといわれています。

● 摂食不良、下痢、発熱、高血糖、利尿剤服用、胸腹水の貯留、消化管出血、痰など身体面の理由に加え、必要な介助を受けていないなどの社会的な理由もある。

- **症状**
  - **自覚症状**

    口渇、立ちくらみ、食欲不振、頭痛、嘔気、全身倦怠感
  - **他覚症状**

    目のくぼみ、舌の乾燥、尿量減少、体重減少、低血圧（特に起立性低血圧）、頻脈（100回以上／分）、活気の低下、ADLの低下

  高度な脱水では、意識障害やけいれんも生じます。

７ めまい・ふらつき

重要ポイント 回転性のめまいは、メニエール病、両側性頭位めまい症、前庭神経炎など、多くの場合は内耳の障害によって起こります。

　眼前暗黒感は、目の前が暗くなる感覚で、起立性低血圧、低血糖、徐脈性不整脈の場合にみられます。めまいには脳腫瘍などの重大な疾患が隠れていることもあるため、慎重な対応が必要です。

８ 聴覚障害

　高音域（高い音）が特に聞き取りにくく、治療による改善が期待しがたい、感音性難聴が多いのが特徴です。高齢男性に高頻度でみられます。補聴器の使用を勧めます。

９ 手足のしびれ

　高齢者では、手足のしびれが高頻度でみられます。主な原因は、脳血管障害、脊椎の障害、糖尿病です。末梢神経障害によるしびれは、ビタミンＢ群の欠乏、糖尿病、関節リウマチなどの膠原病、正中神経圧迫などでみられます。

コレも出た！
高齢者のめまいは、内耳の障害のほか、血圧のコントロール不良、脳腫瘍などが原因となることがある。（22回再26改）

コレも出た！
内耳から大脳に異常があるため生じる難聴を感音性難聴という。（23回26改）

コレも出た！
しびれや麻痺は、褥瘡の原因となる。（26回29）

🔟 フレイル、サルコペニア、廃用症候群

● フレイル

高齢になって筋力や活動が低下している状態をフレイルといいます。フレイルは、健康と病気の中間的な段階でもあり、要支援、要介護状態とも重なります。

①体重減少、②歩行速度低下、③握力低下、④疲れやすい、⑤身体活動レベルの低下のうち、3項目以上あればフレイルとみなされます。

● サルコペニア

加齢に伴う骨格筋量の減少に加えて、筋力や身体機能の低下までを含めたフレイルの一部とも考えられています。

● 廃用症候群（生活不活発病）

フレイルが進行すると寝たきりや廃用症候群になります。廃用症候群により筋萎縮、関節の拘縮、褥瘡、起立性低血圧、認知機能障害、尿失禁、便秘、嚥下障害、抑うつ、肺炎などが生じます。

> **コレも出た！**
> 就労、ボランティアなどの社会参加は、フレイル予防に役立つ。（25回39）

> **コレも出た！**
> サルコペニア（筋肉減弱症）の簡便な評価法として「指輪っかテスト」がある。（26回26改）

🔟 尿失禁

尿失禁とは、自分で排尿の意識がないのに尿が出てしまうことをいいます。なお、高齢者には、切迫性（我慢できなくなる）、溢流性（溜まりすぎで溢れ出す）、機能性（知的機能や身体機能が低下する）の尿失禁がよくみられます。

🔟 嚥下障害・誤嚥

嚥下は、食塊を口腔から胃に送り込む一連の運動をいいます。嚥下障害は、食物が誤って気道に入ってしまう誤嚥の原因となり、誤嚥性肺炎が起こることもあります。

誤嚥は、加齢とともに筋力低下や知覚障害のために嚥下反射や咳反射が低下・遅延することで起こります。脳血

管障害やパーキンソン病などでも嚥下障害がみられ、加齢と障害が重なって障害が進行します。

　高齢者では、誤嚥があっても自覚していない不顕性誤嚥が多くみられます。誤嚥性肺炎は、口腔ケアの徹底、夜間の胃食道逆流を防ぐための頭部挙上などである程度予防できます。

⓭ 褥瘡

　褥瘡は床ずれともいわれ、皮膚局所への持続的圧迫による血流障害が原因となった虚血性皮層壊死です。褥瘡の半数以上は仙骨部にできます。続いて足部、腰部、大腿転子部、下腿部、胸腰椎部にみられます。

　褥瘡の主要な要因は寝たきりと低栄養です。血清アルブミンが3.0g/dl以下、あるいは血中ヘモグロビンが11.0g/dl以下になると褥瘡ができるリスクが大きくなります。

🐤✍コレも出た！

褥瘡とは、体外からの圧力による皮下の血流障害により、細胞が壊死してしまう状態をいう。(23回32)

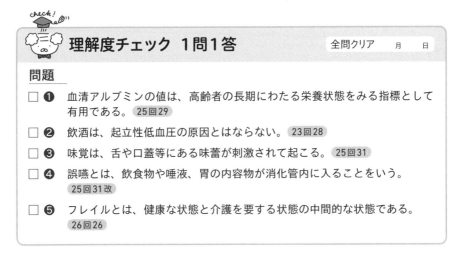

check!

理解度チェック　1問1答

全問クリア　　月　　日

問題

□ ❶ 血清アルブミンの値は、高齢者の長期にわたる栄養状態をみる指標として有用である。 25回29

□ ❷ 飲酒は、起立性低血圧の原因とはならない。 23回28

□ ❸ 味覚は、舌や口蓋等にある味蕾が刺激されて起こる。 25回31

□ ❹ 誤嚥とは、飲食物や唾液、胃の内容物が消化管内に入ることをいう。 25回31改

□ ❺ フレイルとは、健康な状態と介護を要する状態の中間的な状態である。 26回26

解答解説　❶○　❷✕原因になる。　❸○　❹✕気管内に入ることをいう。　❺○

2 バイタルサインと検査・検査値

 「ここを押さえよう！」　頻出度 ★★★

バイタルサインについては、体温、脈拍、血圧、意識レベル、呼吸の概要を理解し、検査・検査項目については、身体計測、血液検査（総タンパク、血清アルブミン、白血球、血糖など）、心電図検査の要点を把握しましょう。

バイタルサイン

バイタルサインとは、「人が生きていく上で必要な生体情報」のことです。

1 体温

体温には日内変動がみられ、通常は早朝に低く、活動とともに徐々に上昇し、夕方が最も高く、就寝時以降は再び低下していきます。

● 測定方法

腋下検温法、口腔検温法、直腸検温法の3種類があり、

一般的には腋下検温法と口腔検温法が用いられます。

● **基準値と異常値**

一般に、37度以上を高体温、34度以下を低体温といいます。

コレも出た！
高齢者の不明熱では、悪性腫瘍や感染症が隠れていることがある。（19回27）

　● **高体温をきたすことの多い疾患**

　　肺炎、尿路感染症、髄膜炎、敗血症、不明熱など

　● **低体温をきたすことの多い疾患**

　　気管支炎、腎不全、低栄養、甲状腺機能低下、薬剤の服用など

2 脈拍

脈拍とは、心臓の拍動を表し、心臓血管系の機能評価を行う最も簡単な方法です。

● **測定方法**

通常は手首の橈骨動脈で、1分間の脈拍数を数えます。橈骨動脈で脈が触れない場合には、頸動脈や股動脈で脈拍を測定します。

● **基準値と異常値**

基準値は1分間に60〜80回で、60回未満を徐脈、100回以上を頻脈と呼びます。

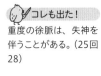
コレも出た！
重度の徐脈は、失神を伴うことがある。（25回28）

　● **徐脈をきたしやすい疾患**

　　心疾患、脳圧亢進、薬物中毒、甲状腺機能低下症、低体温症、ジギタリス剤の副作用など

　● **頻脈をきたしやすい疾患**

　　うっ血性心不全、感染症、甲状腺機能亢進症、脱水など

　また、リズムの乱れている脈拍を不整脈と呼びます。

3 血圧

血圧とは、血液が血管壁に及ぼす圧力の大きさをいい、一般には動脈の圧を指します。血圧の最大値を収縮期血圧、最高血圧などと呼び、最小値を拡張期血圧、最低血

圧などと呼びます。

● **基準値と異常値**

　収縮期血圧が常に140mmHg以上、または拡張期血圧が常に90mmHg以上の場合に、高血圧とされます。

　加齢とともに高血圧症は増加します。高齢者には、収縮期血圧が140mmHg以上、かつ、拡張期血圧が90mmHg未満となる収縮期高血圧が多いといわれています。

　全身入浴は特に、温度変化や全身への負担など、血圧が変動しやすいため注意が必要です。

4　意識レベル

　意識障害には、傾眠から昏睡まで様々な段階がありますが、正常な意識状態である清明、刺激がないと眠ってしまう傾眠、強い刺激でかろうじて開眼する混迷、時々体動がみられるのみの半昏睡、自発的運動がなく痛覚刺激にも反応しない昏睡に分けられます。

　詳細な評価方法としては、3-3-9度方式■と呼ばれるジャパン・コーマ・スケール（Japan Coma Scale：JCS）が使われます。

5　呼吸

● **呼吸の測定**

　呼吸数は正常の高齢者で1分間に15〜20回です。

　呼吸回数が1分間に25回以上で1回の換気量が減る状態を頻呼吸、逆に呼吸数が9回以下を徐呼吸といいます。頻呼吸は、発熱や心不全、呼吸器疾患などでみられ、徐呼吸は糖尿病性ケトアシドーシスや脳卒中などによる昏睡でみられます。

● **呼吸状態の悪化**

　呼吸状態が悪く血液中の酸素が欠乏して皮膚や粘膜が紫藍色になる状態をチアノーゼといいます。特に、爪床や口唇周囲によくみられます。

コレも出た！
血圧測定は、上腕での測定が難しい場合には、下肢で測定してもよい。（19回27）

用語解説
■ 3-3-9度方式
意識レベルを3段階に分け、各段階をさらに3段階に分けて数値で表現したもの。

コレも出た！
口すぼめ呼吸で息を吐くと、気管支内の圧力が高くなり気管支の閉塞を防ぐ。（23回29）

口すぼめ呼吸は、慢性気管支炎や肺気腫などの慢性閉塞性肺疾患（COPD）の患者によくみられます。

下顎呼吸は、努力呼吸（安静時の呼吸では使用されない呼吸筋も用いて行う呼吸）の一つで、呼吸のたびに顎であえぐような呼吸です。下顎呼吸が始まると、1～2時間で死亡することが多いといわれています。

心不全により呼吸困難になっている場合は、起座位または半座位になることで、呼吸困難が解消されます。

検査・検査項目

高齢者では検査値の個人差が大きいことも特徴です。

1 身体計測

● 身長

加齢に伴い低くなります。骨粗しょう症診断の手がかりとなり、特に女性で著しいのが特徴です。

● 体重

急激な増加は、心不全、ネフローゼ**2**、肝硬変などの浮腫性疾患の可能性があります。

急激な減少は、悪性腫瘍、糖尿病の悪化や脱水の危険性があります。

● BMI（肥満度・Body Mass Index）

重要ポイント 体重（kg）÷身長（m）÷身長（m）で計算する肥満度です。18.5未満がやせ、18.5以上25未満が正常、25以上が肥満です。

2 血液検査

検査項目と疾病・症状との関連は次のとおりです。

● 総タンパク

低タンパク血症を呈する病態には、低栄養、吸収障害、タンパクの合成障害、ネフローゼ症候群、悪性腫瘍、糖

用語解説

2 ネフローゼ
脂質異常、低タンパク血症、高度なタンパク尿、浮腫、全身倦怠感などを主症状とする腎臓疾患。

コレも出た！
高齢者では膝などの関節が十分に伸びなくなるため、BMIは本来の値より大きくなる。（23回30）

186

尿病、悪性貧血、肝硬変があります。高タンパク血症を呈する病態としては、脱水、多発性骨髄腫、感染症、自己免疫性疾患などの γ（ガンマ）- グロブリンが増加する疾患があります。

● **血清アルブミン**

高齢者の長期にわたる栄養状態をみるために最も適した検査指標です。基準値は3.8g/dl以上で、3.5g/dl以下で低栄養状態のリスクが高いと判断します。

● **血糖**

重要ポイント 糖尿病の診断は、空腹時血糖、HbA1c（ヘモグロビンエーワンシー：糖化ヘモグロビン）、経口糖負荷試験などにより行います。高齢者は、耐糖能の低下に伴い、経口糖負荷試験後の血糖は高値を示します。HbA1cは、測定日以前の１～２か月間の血糖状態を知るのに適しています。

● **肝機能（肝酵素）**

慢性肝炎、肝硬変、肝がん等の肝・胆道疾患や心筋梗塞（こうそく）、筋疾患、溶血疾患で AST（GOT）と ALT（GPT）は上昇します。γ - GTP が上昇するときには、脂肪肝やアルコール性肝炎を疑います。

コレも出た！
AST（GOT）の検査数値は、肝臓関係の疾病以外が原因でも上昇する場合がある。（19回28改）

● **腎機能（尿素窒素・クレアチニン）**

重要ポイント 腎機能が低下すると、尿素窒素（BUN）、クレアチニン（Cr）とも高値を示します。

BUN は、消化管出血、脱水症などでも上昇します。高齢者の場合、Cr が正常値でも、クレアチニンクリアランス（糸球体ろ過率）が低下していることもあるため、注意が必要です。

コレも出た！
血中の尿素窒素（BUN）は、腎機能の程度を示す。（22回37改）

● **電解質（Na、K、Cl）**

高齢者は、腎機能低下時や脱水症・熱中症、ホルモン異常、薬剤（降圧薬、利尿薬、ステロイド剤など）などで電解質異常をきたしやすいといえます。

● CRP（C反応性タンパク質）

炎症が反映されるため、高値の場合は感染症、膠原病、悪性腫瘍などの可能性があります。

● 赤血球数

低値の場合は、消化管出血、血液疾患、貧血、慢性腎疾患、慢性感染症を疑います。

● 白血球数

重要ポイント 増加する場合は細菌感染、炎症、白血病の可能性を、減少する場合はウイルス感染症、再生不良性貧血などの骨髄抑制を疑います。

③ 尿検査

尿検査は、尿糖やタンパクの検出に使われ、糖尿病や腎臓病のスクリーニング検査として有効です。また、高齢者では、尿路感染症の診断にも有効です。

④ 胸部レントゲン検査

呼吸器疾患（肺炎・肺気腫・肺結核・肺がん）や心臓疾患の有無が判断できます。高齢者でも、年に1回程度の定期的な胸部レントゲン検査は必要です。

⑤ 心電図検査

循環器系の診断に有用です。不整脈がある場合や、狭心症が疑われる場合に、24時間心電図（ホルター心電図）もよく使用されます。

コレも出た！
24時間心電図（ホルター心電図）検査は、在宅で行うことも可能である。（22回再31改）

糖尿病性ケトアシドーシスってなんですか？

インスリンの欠乏によってもたらされるアシドーシス、つまり血液が酸性に傾いた状態のことだよ。1型糖尿病患者に多く発生するんだ。

理解度チェック 1問1答

全問クリア 　月　　日

問題

- [ ] ❶ 高体温とは、体温が36.5度以上である場合をいう。 26回27
- [ ] ❷ 脈拍数と心拍数は、常に一致する。 26回27
- [ ] ❸ 血圧には日内変動がある。 26回27
- [ ] ❹ BMI(Body Mass Index)は、身長(m)を体重(kg)の2乗で除したものである。 25回29
- [ ] ❺ 昏睡とは、刺激がないと眠ってしまう状態である。 25回28
- [ ] ❻ ヘモグロビンA1cの値は、過去1週間の平均的な血糖レベルを反映する。 25回29
- [ ] ❼ ジャパン・コーマ・スケール(JCS)では、数値が大きい日ほど意識レベルが低い。 23回29
- [ ] ❽ 脊椎の圧迫骨折で身長が低くなると、BMI(Body Mass Index)は、骨折前と比較して高くなる。 22回37
- [ ] ❾ やせているため体温計を腋窩部(えきかぶ)に密着できない場合には、腋窩部では正確に体温を測定できない。 22回36
- [ ] ❿ 脈の結滞(拍動が欠けること)は、健常高齢者でもよくみられる。 22回36
- [ ] ⓫ 血中尿素窒素(BUN)は、腎機能の指標となる。 21回29
- [ ] ⓬ 脱水では、徐脈がみられる。 21回30
- [ ] ⓭ AST(GOT)・ALT(GPT)の値は、腎機能の指標となる。 25回29改
- [ ] ⓮ 血清クレアチニンの値は、肝・胆道疾患の指標となる。 25回29改
- [ ] ⓯ CRP(C反応性タンパク質)は、感染症以外に、悪性腫瘍や膠原病でも高値になる。 22回再31

2 保健医療サービスの知識等

解答解説 ❶×37.0度以上をいう。 ❷×差が生じる場合もある。 ❸○ ❹×体重(kg)を身長(m)の2乗で除したものである。 ❺×外部からの刺激が加えられても反応がない状態である。 ❻×過去1〜2か月間の平均的な血糖レベルを反映する。 ❼○ ❽○ ❾○ ❿○ ⓫○ ⓬×頻脈がみられる。 ⓭×肝・胆道疾患の指標である。 ⓮×腎機能の指標となる。 ⓯○

3 高齢者に多い疾患

「ここを押さえよう！」

頻出度 ★ ★ ★

高齢者に多い疾患の特徴と、代謝異常による疾患や体の各部の疾患などの原因・治療法などの要点をしっかり把握しておきましょう。脳卒中、がん、パーキンソン病、心不全、慢性閉塞性肺疾患（COPD）などが特に重要です。

高齢者に多い疾患の特徴

高齢者に多い疾患の特徴は、次のように整理できます。

① 一人で多くの疾患を併せもっている。多臓器疾患が多い。

② 加齢に伴い、個人差が大きくなる。

③ 症状が非定型的である。

④ 慢性の疾患が多い（慢性的である）。

⑤ 高齢者に特有な病態である老年症候群（認知症、転倒、失禁など）がある。

⑥ 薬剤に対する反応が特徴的であり、成人と異なる。

⑦生体防御力・免疫機能が低下しており、疾患が治り
にくい。

⑧患者の予後やQOLが医療のみならず社会的要因に
より大きく影響される。

⑨水・電解質の代謝異常を起こしやすい。

⑩負荷時にみられる潜在的機能低下がある。

(出所)『九訂 介護支援専門員基本テキスト 下巻』p.93(長寿社会開発センター)

代謝異常による疾患

1 糖尿病

重要ポイント 糖尿病は、血糖値を下げる働きをする
インスリンの分泌不全や作用不全により血糖値が上がり、
様々な障害が起こる疾患で、インスリンが絶対的に不足
する1型糖尿病、インスリンが相対的に不足する2型糖
尿病に分けられます。高齢者には、2型糖尿病が多くみ
られます。

　糖尿病の臨床症状には口渇、多飲、多尿などがあります
が、高齢者ではこれらの症状が出ないことが多く、見過
ごされることがあります。血糖コントロールが悪く、糖
尿病が長くなると、合併症が起こります。

表2-3-1　糖尿病の三大合併症(細小血管症)

症状	特徴
神経症	自律神経や末梢神経が障害される。自律神経症状には、起立性低血圧、排尿障害、インポテンス、便秘・下痢などがあり、末梢神経症状には、四肢末端の知覚障害などがある。
網膜症	糖尿病による網膜の血管障害により網膜の血流が低下することで起こり、突然の視力低下も生じる。
腎症	腎臓の主要構成組織であり老廃物排せつの担い手である糸球体の血管障害に起因する障害。

その他、動脈硬化が原因となって、虚血性心疾患(狭心症、心筋梗塞など)、脳血管疾患(脳梗塞、脳出血など)などが認められます(大血管症)。

　治療の基本は、食事療法、運動療法、薬物療法です。食事・運動療法から始め、効果が不十分な場合は薬物療法を行います。血糖降下薬などが使用されますが、高齢者は低血糖症状が現れにくいため、低血糖には注意が必要です。

　ケア上の注意としては、糖尿病および合併症の早期発見、食事、運動、薬物(種類と服用するタイミング)、検査(血糖測定、尿糖測定)、フットケアなどが十分に行えるように援助します。低血糖が疑われる場合には、速やかにグルコース類を経口摂取させることが必要です。

2 脂質異常症

　脂質異常症は、リポタンパク質が過剰または減少した状態のことで、悪玉と呼ばれるLDLコレステロールが過剰な高LDLコレステロール血症、善玉と呼ばれるHDLコレステロールが減少した低HDLコレステロール血症、中性脂肪が過剰な高中性脂肪血症に分けられます。

　血管の動脈硬化が進行しやすくなり、狭心症、心筋梗塞、脳梗塞などの原因となります。また、低HDLコレステロール血症と高中性脂肪血症は、メタボリックシンドロームの危険因子で、肥満と深い関係があります。

脳・神経の疾患

1 脳卒中(脳血管疾患)

● 脳卒中とは

　脳卒中は、脳血管に障害が生ずる疾患で、次のように分類されます。
- 脳梗塞(脳血栓・脳塞栓)

● 脳出血（脳内出血・くも膜下出血・硬膜下血腫）

脳血管疾患は、介護保険法上の特定疾病です。

● 脳梗塞

脳梗塞は、脳血管が閉塞し、脳細胞への酸素・栄養供給が止まることで脳細胞が壊死する疾患です。脳血栓は、動脈にコレステロールが蓄積するアテローム血栓ができることで起こります。脳塞栓は、多くの場合、心房にできた血栓が脳に流入して脳の血管を詰まらせることで起こります。前者は症状が緩慢で、後者は急に起こります。

● 脳出血

脳出血は、脳内出血（通常、脳出血というと脳内出血を指すことが多い）、くも膜下出血、硬膜下血腫に分けられます。くも膜下出血は、脳を覆っているくも膜と硬膜の間の動脈に瘤ができて破れることで起こります。激しい頭痛が特徴で、吐き気や嘔吐があり、意識障害が認められます。硬膜下血腫は、くも膜の外側で生じる血腫です。

● 原因と治療

高血圧、糖尿病、脂質異常を予防することが大切です。

右脳にダメージを受けると左側の障害、左脳にダメージを受けると右側の障害が起こります。身体の片側が麻痺した状態を片麻痺といいます。

急性期には手術や薬物療法を行い、慢性期には再発予防と運動や言語等のリハビリテーションを継続します。

2 筋萎縮性側索硬化症（ALS）

原因が不明で、徐々に全身の骨格筋が萎縮して、筋力低下による歩行障害、嚥下障害、呼吸麻痺などを生じます。症状は手先から始まり、身体の中心へと進んでいきます。数年で寝たきり等の自立困難となることが多いのですが、眼球運動や知能は末期までよく保たれます。

治療として、病気の進行を遅らせるリルゾール（グルタミン酸拮抗薬）投与がありますが、基本的には補助具を用

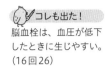

コレも出た！
脳血栓は、血圧が低下したときに生じやすい。
（16回26）

コレも出た！
心房細動では、心内で形成された血栓による脳梗塞が発症しやすい。
（22回再26）

2 保健医療サービスの知識等

いた介護と運動訓練を行います。

ALS は介護保険法の特定疾病です。

③ パーキンソン病

● パーキンソン病とは

パーキンソン病は、中高年に多い病気です。原因ははっきりしませんが、脳の黒質の神経細胞の変性消失によって起こる疾患です。その結果、神経伝達物質であるドーパミン**❶**が欠乏します。

📖 用語解説
❶ ドーパミン
脳内ホルモンで、快感、意欲、運動などを制御する神経伝達物質。

● パーキンソン病の症状

パーキンソン病では次の四大運動症状がみられます。

表2-3-2　パーキンソン病の四大運動症状

症状	特徴
振戦 (しんせん)	初発症状として、片側から起こる手足の震えが安静時に起こる。初発症状の60～70%といわれている。
筋固縮	四肢を受動的に屈伸すると硬い抵抗を示す症状。筋を伸ばすと歯車のようにガクガクと抵抗する(歯車現象)。
無動	動作が乏しくなり、顔の表情の変化がなくなる(仮面様顔貌(かめんようがんぼう))。
姿勢・歩行障害	小刻み歩行がみられ、バランスがとりにくくなり、転倒しやすくなる。骨折に注意を要する。

● パーキンソン病の重症度

パーキンソン病は、進行性核上性麻痺、大脳皮質基底核変性症とともに、パーキンソン病関連疾患として介護保険上の特定疾病に指定されています。

表2-3-3　パーキンソン病の臨床的重症度分類

ホーエン・ヤールの臨床的重症度分類		生活機能障害度
Stage I	一側性障害のみ、通常、機能障害は軽微またはなし。	I度 日常生活、通院にほとんど介助を要しない。
Stage II	両側または身体中心部の障害、ただし、体のバランスの障害は伴わない。	

(つづく)

表2-3-3　パーキンソン病の臨床的重症度分類（つづき）

ホーエン・ヤールの臨床的重症度分類		生活機能障害度
Stage III	姿勢反射障害の初期兆候がみられるもの。これは、患者が歩行時に向きを変えるときの不安定や、眼を閉じ足をそろえて立っている患者を押してみることで、明瞭となる。身体機能はやや制限されているものの、職業の種類によっては、ある程度の仕事も可能である。身体的には独立した生活を遂行することができ、その機能障害度はまだ軽度ないし中等度にとどまる。	II度 日常生活、通院に部分的な介助を要する。
Stage IV	病気が完全に進行し、機能障害高度。患者はかろうじて介助なしで起立及び歩行することはできるが、日常生活は高度に障害される。	III度 日常生活に全面的な介助を要し、独力では歩行起立不能。
Stage V	介助がない限り寝たきり、または車いすの生活を余儀なくされる。	

（出所）神経変性疾患調査研究班

● パーキンソン病の治療

重要ポイント 治療の基本は薬物療法ですが、運動療法も行われます。

　ドーパミン神経伝達を改善する様々な薬があり、複数の薬が併用される場合もあります。副作用として、起立性低血圧、排尿障害などの自律神経症状や認知機能の低下がみられることもあります。投薬を突然中止すると悪性症候群が出現することがあります。また、最近は、深部脳刺激といった外科的治療が行われることもあります。

④ 進行性核上性麻痺、大脳皮質基底核変性症

　進行性核上性麻痺は、黒質を含む脳の基底核を中心に、脳幹、小脳などにまで広範囲な変性をきたす進行性疾患です。パーキンソン病に似た症状を呈し、転びやすくなると同時に早期から眼球運動障害や認知機能の低下がみられます。

　大脳皮質基底核変性症は、基底核や大脳皮質に異常をきたす進行性の変性疾患です。日常生活動作が固縮、無

195

動、筋肉の不随意運動などと併せて、認知機能の低下が起こります。

いずれもパーキンソン病薬が効く場合もありますが、効果が長続きしないこともあるため、リハビリテーションが重要になります。併せて、転倒や誤嚥などの事故予防に配慮が必要です。

❺ 脊髄小脳変性症、多系統萎縮症

コレも出た！
脊髄小脳変性症では、運動能力を維持するリハビリテーションや環境整備により、ADLを維持することが重要である。（18回37）

脊髄小脳変性症は、原因は不明で、中高年に発症します。症状として、言葉のろれつが回らない、上肢のふるえ、歩行のふらつきなどの運動失調と自律神経障害があります。

自律神経症状が目立つシャイドレーガー症候群は、小脳性運動失調が目立つオリーブ橋小脳萎縮症、パーキンソン症状が目立つ線条体黒質変性症とまとめて、多系統萎縮症と呼ばれています。介護保険法の特定疾病です。

❻ 早老症

代表的なものはウェルナー症候群です。ウェルナー症候群は常染色体劣性の遺伝子疾患で、20歳頃より白髪、頭髪の脱落、しわなど老化に似た現象を認めるようになり、若年性白内障、耐糖能異常、動脈硬化、悪性腫瘍などが多く認められます。疾患により予後が異なりますが、平均死亡年齢は40〜50歳といわれています。

循環器の疾患

❶ 心筋梗塞

冠動脈が血栓により閉塞した結果、心筋が壊死し、前胸部の痛み、締めつけ感が認められます。心臓のポンプ作用低下によるショックで、心不全を起こすこともあり

ます。また、障害が刺激伝導系（心房と心室を収縮させる働きをする）に影響すると不整脈が起こり、死に至る場合もあります。

診断法には心電図や血液生化学検査、治療法には閉塞冠動脈の疎通療法等があります。

2 狭心症

冠動脈の狭窄（きょうさく）によって、心筋に必要な酸素が不足して起こります。運動や仕事をしたときに起こる労作性狭心症と、運動とは関係なく夜間や睡眠時の冠動脈の攣縮（れんしゅく）で起こる異型狭心症があります。

前胸部の圧迫感が典型的な自覚症状で、発作が起きていないときは心電図では異常を認めません。発作時には冠動脈を拡張させるため、ニトロ製剤を舌下に入れます。狭窄した冠動脈をカテーテルにて拡張する手術や、人工血管によってバイパスを作る手術があります。

発作の頻度が増加したり軽労作でも発作が起こったりする不安定狭心症は、心筋梗塞へ移行する場合があります。

3 高血圧症

原因がはっきりしない高血圧を本態性高血圧症、内分泌系の異常や腎臓の血管異常等のように基本的な原因がはっきりしているものを二次性高血圧症といいます。

高齢者では、血圧の変動がある場合が多く、夜間から朝方にかけての血圧が高くなることがあり、心筋梗塞や脳卒中のおそれがあることから、1日に2回、朝晩の血圧測定が望まれます。

基本的には、薬物療法が行われます。ただし、高血圧の薬を服用すると、予測不可能な低血圧が起こる場合もあるので、血圧の変化に注意する必要があります。

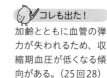

コレも出た！
加齢とともに血管の弾力が失われるため、収縮期血圧が低くなる傾向がある。（25回28）

コレも出た！

慢性心不全に用いるジギタリス製剤や認知症治療薬は、食欲不振の原因になることがある。（19回30改）

血圧低下による重要臓器の末梢循環が著しく障害された状態をショックという。（19回35）

心不全による呼吸困難は、起座位または半座位で軽減し、臥位で増強する。（22回26改）

心房細動では、心房の正常な収縮と拡張ができなくなる。（23回29）

4 心不全

　多くの場合、心臓弁膜症、高血圧症、心筋梗塞、不整脈等が原因で心不全が起こります。症状としては、息切れ、呼吸困難が認められ、肺水腫やショックを起こすこともあります。呼吸困難時は仰臥位でなく、体を起こした状態（起座位）の方が自覚症状が和らぐ場合があります。

5 不整脈

　不整脈とは、脈が速くなったり（頻脈）、遅くなったり（徐脈）、脈のリズムが乱れたりすることをいいます。治療が必要か否かの判断は、通常は、心電図やホルター心電図で行います。治療法には、ペースメーカーの埋込み術などがあります。

　また、不整脈の一種として高齢者によくみられる心房細動は、心臓内で血栓をつくりやすく、脳梗塞の原因となることもあるため、ワルファリンなどの抗凝固剤を使用することがあります。

6 閉塞性動脈硬化症（ASO）

　動脈硬化により血液が末梢に行かなくなって四肢末端部に壊死が生じるおそれのある疾患です。多くの場合、大腿動脈など下肢の血管が慢性的に閉塞し、その結果、運動時に下肢痛が起こります。

　重要ポイント 歩行時に痛み、立ち止まると痛みはとれ、また歩行すると痛むという、**間欠性跛行**も認められます。

　治療法には、抗血小板薬、抗凝固薬、血管拡張術、人工血管によるバイパス手術があります。最近ではステントを使用したカテーテルで治療することもあります。

呼吸器の疾患

1 慢性閉塞性肺疾患（COPD）

● 慢性閉塞性肺疾患（COPD）とは

重要ポイント 慢性気管支炎や肺気腫などの呼吸障害を生じる疾患を総称して慢性閉塞性肺疾患（COPD）と呼びます。COPDは介護保険法の特定疾病です。

　高齢者では、気道感染、肺炎、心不全などをきっかけに急激に呼吸不全を起こすことがあり、食欲不振による低栄養、意識障害、ショック、脱水などの呼吸器以外の症状が初発症状となることもあります。

● 慢性気管支炎

　慢性気管支炎とは、痰を伴った咳が2年以上、主として毎年冬に3か月以上続く状態を指します。

　タバコを吸う人、大気汚染、粉じん、刺激性のガスがある環境にいる人に多く認められますが、環境要因がない人にもみられるため、体質も関係していると考えられます。男性の罹患率は女性の数倍に上ります。

　頑固な咳や痰が常に出ていて、階段の昇降などで咳や呼吸困難などが生じます。気温が低下する冬に症状が悪化する傾向があります。

　治療薬として、気管支拡張薬と去痰薬が用いられます。

● 肺気腫

　終末細気管支とそれに付随する肺胞が破壊され、異常に拡大した状態です。そのため、酸素を取り込んで二酸化炭素を排出する、ガス交換の効率が悪化します。

　原因としては慢性気管支炎と同様に、タバコや大気汚染などの環境因子の影響が大きいとされます。

　症状としては、喘鳴 **2** や労作時呼吸困難が生じます。

　治療としては、禁煙指導や感染予防が重要で、呼吸不全が重度となれば、在宅酸素療法を行い、気管支拡張薬、

コレも出た！

慢性閉塞性肺疾患（COPD）の場合は、口をすぼめて息を長く吐く呼吸を勧める。（19回29改）

用語解説

2 喘鳴（ぜんめい）

呼吸時にゼイゼイ、ヒューヒューといった音が出ること。

去痰薬も使用されます。

2 呼吸器感染症

● 肺炎

肺炎は、悪性腫瘍、心疾患に次ぐ死因第3位です。高齢になるほど肺炎での死亡率が高くなります。

高齢者の肺炎の特徴は、次のとおりです。

- 咳、痰、発熱などの典型的な臨床症状を欠くことが多く、このため発見の遅れにつながる可能性がある。
- 高齢者は様々な基礎疾患を持つことが多く、肺炎が重症化しやすくなる。
- 肺炎の原因として、誤嚥の関与が大きい。

治療としては、抗菌薬を使用し、脱水には補液、呼吸不全があれば酸素を投与します。

誤嚥性肺炎を予防するために、口腔ケアをしっかり行い、誤嚥しにくいよう食事を工夫します。

● 肺結核

高齢者の肺結核は、免疫力の低下に伴って、初感染巣に残っていた結核菌が勢いを盛り返して発症します。

肺結核の主症状は咳、痰、血痰、喀血、胸痛で、さらに発熱、盗汗(寝汗)、食欲不振、体重減少なども認められます。2週間以上続く咳や微熱があれば、胸部X線検査を考えます。

治療は原則的に入院して行い、複数の抗結核薬を用いた化学療法を行います。

3 喘息(気管支喘息)

気管支の粘膜が慢性的なアレルギー性炎症によってむくみ、気道が狭くなって呼吸困難の発作を繰り返し起こすものです。症状は夜半から明け方にかけて出現し、昼間はほとんどないのが特徴です。発作時には喘鳴が生じ、ひどくなると呼吸が苦しくなって横になっていられない

（起座呼吸）状態になります。重症の発作の場合、チアノーゼ、意識障害、喘息死（窒息死）に至ることもあります。

気管支拡張薬、ステロイド薬が有効です。

消化器の疾患

1 胃・十二指腸潰瘍

高齢者の消化性潰瘍[3]には十二指腸潰瘍より胃潰瘍が多く、大きな潰瘍が多いという特徴があります。

さらに、高齢者の場合は腹痛などの症状が乏しく、吐血や下血などで発症することが少なくありません。また、非ステロイド性消炎鎮痛剤による潰瘍の発生も多く、治療のために使用している薬剤にも注意する必要があります。

治療としては、胃酸分泌を抑えるためにH_2ブロッカー、プロトンポンプ阻害剤が用いられます。

2 胆石症・胆のう炎

胆のうや胆管に生じた石状のものを胆石といいます。胆のう内にある胆のう結石の場合、無症状のこともありますが、食事によりみぞおちに痛みが出現することがあります（疝痛発作）。胆のう炎は多くの場合、胆のう結石が胆のうの出口にはまり込んで、胆汁の流れが悪くなったときに発症します。胆のうが細菌に感染し、発熱、右季肋部の痛み、吐き気などが出現します。

無症状の胆のう結石の場合は、経過観察としますが、症状がある場合は、手術で胆のうを摘出することもあります。

3 肝炎・肝硬変

● 急性肝炎

原因ウイルスとしては、Ａ型肝炎ウイルスが最多です。発症すると遷延化、劇症化する傾向があります。食欲不

用語解説

[3] 消化性潰瘍
胃酸やペプシン（消化酵素）によって胃や十二指腸の粘膜に欠損が生じた状態。

2 保健医療サービスの知識等

振、倦怠感などのほか、黄疸が生じることもあります。

● **慢性肝炎**

　慢性肝炎には、ウイルス性肝炎（B型肝炎、C型肝炎）が最も多く、他にはアルコール性肝炎、自己免疫疾患による肝炎などがあります。

　治療としては、インターフェロンと抗ウイルス薬による原因療法から対症療法、経過観察まで様々です。高齢者の場合は、肝がんの早期発見が重要になります。

● **肝硬変**

　肝障害の最終段階で、繰り返す肝臓の炎症により、肝臓の細胞が壊れ、肝臓全体で線維化が起こり、本来の肝臓の働きができなくなった状態です。

　高齢者では進行が遅いですが、肝不全の予防と肝がん合併時の治療が重要です。肝不全になった場合は、浮腫・腹水に対する治療、食道静脈瘤に対する治療、肝性昏睡に対する治療が中心になります。

● **感染対策**

　原因ウイルス別の感染対策は、次のとおりです。

表2-3-4　肝炎ウイルス別の感染対策

原因ウイルス	対策
A型肝炎ウイルス	経口感染するため、生水、生ものの摂取には注意する。手洗いの励行を心掛ける。
B型肝炎ウイルス	感染経路としては、垂直感染（母子感染）と水平感染（不特定多数への感染）がある。水平感染における主な原因である針刺し事故には、十分な注意が必要である。
C型肝炎ウイルス	血液を介して感染する。針刺し事故はもちろん、歯ブラシ、爪切り、ひげそり等の共用は避ける。

4 潰瘍性大腸炎

　潰瘍性大腸炎は、直腸から連続的に大腸粘膜の炎症が生じ、大腸全体で潰瘍を起こす原因不明の難病です。初

期には粘血便、血便、下痢、腹痛などがみられます。特に持続性反復性の血性下痢、粘血便が特徴的です。重症例では貧血、発熱、食欲不振、体重減少などがみられます。

　症状の寛解と増悪を繰り返しながら推移します。薬物治療が基本であり、内服の継続が重要です。薬物で効果がみられない場合は、手術により大腸を切除することもあります。

腎臓・尿路の疾患

1 腎不全

　腎不全とは、腎臓の機能が障害されて、体液の恒常性(成分バランスが保たれた状態)が維持できなくなる状態を指します。

● 急性腎不全

　脱水、心不全、薬剤、尿路閉塞などが原因で急速に起こる腎不全であり、緊急の治療が必要です。乏尿、悪心、嘔吐、浮腫、体重の急激な増加、動悸、易疲労感などを呈し、けいれんを起こすこともあります。

　尿路閉塞によるものは閉塞を取り除いて尿路を確保し、その他については血液浄化療法(透析など)を検討します。

● 慢性腎不全

　糖尿病性腎症、慢性腎炎などが原因となって不可逆的に腎機能が徐々に低下します。症状として、全身倦怠感、動悸、頭痛、浮腫などがあります。治療法は、次のとおりです。

> コレも出た！
> 慢性腎不全では、水分やカリウムの摂取量に注意する必要がある。
> (25回26)

● 食事療法
　　タンパク、水分、塩分、カリウムを制限し、高カロリー食にする。

● 高血圧の管理
　　塩分制限、降圧剤などで管理する。

- ● 高リン血症、低カルシウム血症の治療

  カルシウム、ビタミンDを投与する。
- ● 透析療法

  腎不全が進行した場合に必要となる。

2 前立腺肥大症

　前立腺肥大症は、ほとんどが50歳代後半以降に発症し、前立腺内側の増殖が男性ホルモン依存的に起こります。

　最も多い症状は、夜間の排尿回数が2〜3回以上になること（夜間頻尿）と、排尿しようとしても出始めるまでに10秒以上かかる、尿線が細く勢いがないなどの排尿困難です。急に排尿ができなくなり、膀胱の充満による疼痛を訴えたり（急性尿閉）、失禁したりすることもあります。

　治療法には、①内服薬、②内視鏡による治療、③開腹手術、などがあります。

がん

1 症状

　高齢者のがんは、発生率が上昇し、多発がんや重複がんも多くみられます。発生数は、胃がんが最も多く、次いで肺がん、大腸がんの順となっており、胃がんは減少傾向、肺がんと大腸がんは増加傾向にあります。

　悪性腫瘍は、日本では1981（昭和56）年から死因のトップとなっています。

　原因としては、遺伝的要因、生活習慣などの環境因子があり、特に喫煙は予防可能な死亡の最大の原因とされ、肺がんだけでなく、他のがんのリスクも高めると考えられています。また、胃がんはピロリ菌、肝がんや子宮がんなどはウイルスの関与が考えられます。

　末期になると、全身倦怠感、食欲不振、疼痛などがみ

コレも出た！
がんの発生頻度は、年齢とともに高くなる傾向がある。（22回再40改）

られ、急激に身体機能が低下するケースが多くなります。ただし、若年者と比較して高齢者では痛みの訴えが少ないこともあります。

2 治療

治療方法は症状によって様々ですが、手術療法、化学療法、放射線療法が基本です。高齢者の場合は、積極的治療を避けて、緩和医療を選択することも多くなります。

● 緩和医療

終末期には、苦痛を取り除きQOL(生活の質)をできるだけ高める緩和医療が中心となります。そのために、医療従事者、ボランティア、家族などがチームとなって患者のために全人的な医療を提供します。

死を看取る場所は、一般の病院、ホスピス・緩和ケア病棟、施設、在宅(自宅)に分類されます。

骨・関節の疾患

1 変形性膝関節症

変形性膝関節症とは、膝関節の軟骨がすり減り、関節炎や変形を生じて痛みなどが起こる病気です。男性より女性に多いとされ、肥満、O脚が変形性膝関節症の発症、悪化要因といわれています。

膝を深く曲げたときや長時間の歩行で痛みが出現し、腫れたり水がたまることもあります。

痛みが強いときは安静にし、湿布、消炎鎮痛剤、関節内注射などの保存療法で治療します。効果がない場合は、骨切り術や人工膝関節置換術などの手術療法を考慮します。

2 関節リウマチ

関節リウマチは、中高年の女性に多い進行性の多発性

コレも出た!
高齢者のがんに対しても、インフォームド・コンセントを行い、どのような療法を選択するか本人が決定する。(22回再40改)

コレも出た!
変形性関節症は高齢者に多く発症する。(23回28)

コレも出た!
膝関節症による痛みや腫脹を抑えるには、定期的な運動が効果的である。(25回39)

関節炎です。自己の体に対して攻撃してしまう、自己免疫が発症に深く関わっていると考えられています。

初期には起床時の手のこわばり、全身倦怠感、関節の痛み、腫(は)れ、熱感などがみられます。進行すると、骨や軟骨などが破壊されて関節の変形が起こり、微熱、食欲不振、貧血などの全身症状が現れます。

高齢者の関節リウマチの主な病変としては、関節拘縮(こうしゅく)、日常活動性低下、リウマチ性頸椎(けいつい)病変があります。

日常生活をできるだけ不自由なく過ごせることを目標に、薬物療法(非ステロイド系抗炎症剤、ステロイド剤、抗リウマチ剤)、リハビリテーション、手術療法などが行われます。

ケア上の注意としては、症状の日内変動(朝はこわばり、昼は動きやすく、夕方は疲れて動きが悪くなる)を考えてプランを作成します。無理のない運動を促し、自助具、福祉機器も積極的に活用して、ADL低下を防ぐように配慮します。

❸ 脊柱管狭窄症(せきちゅうかんきょうさくしょう)

脊髄神経の通り道(脊柱管)が狭くなり、様々な障害を引き起こします。狭窄の部位で症状は異なります。

● **頸部脊柱管狭窄症**

肩こり、首の痛み、上肢や下肢のしびれなどから始まり、進行すると、手に力が入らない、足がふらつく、尿の切れが悪いなどの症状が出ます。

● **腰部脊柱管狭窄症**

腰・臀部の痛み、ふくらはぎ・すねの痛みやしびれ、下肢の筋力低下、間欠性跛行❹が典型的な症状です。

📖 用語解説
❹ 間欠性跛行
歩き出すと腰や足に痛みが生じ、立ち止まったり座ったりすると痛みが治まること。

● **生活上の留意事項等**

> ①痛みと上手につき合い、運動量を落とさないよう
>   支援する。
> ②前傾姿勢を保持すると、痛みが軽くなる。杖やシ
>   ルバーカーなどの前傾姿勢を取りやすい器具の
>   使用を、リハビリ職種と連携し指導する。
> ③背をそらす（後屈）姿勢は、脊柱管をさらに狭くす
>   る危険があるため、できるだけ控える。
> ④痛みが強い場合は、コルセットを使用する。温め
>   ると痛みが緩和されるため、入浴は重要。

4 後縦靭帯骨化症
（こうじゅうじんたいこっかしょう）

　後縦靭帯骨化症とは、後縦靭帯が骨化して脊柱管が狭
くなり、神経が圧迫されて知覚障害や運動障害が起こる
病気です。40歳以上の男性に多く発症します。

　頸椎部の骨化では、首、肩、上肢のしびれから始まり、
進行すると上下肢の麻痺、排尿・排便障害が起こります。
転倒などで急変することがあるので、注意が必要です。

　頸椎装具、牽引（けんいん）、消炎鎮痛剤、筋弛緩剤（しかん）などによる治
療が施され、症状が強い場合は神経の圧迫を取る手術が
行われます。

コレも出た！
後縦靭帯骨化症では、
首を強く後ろに反らす
ような動作は避けたほ
うがよい。(18回37改)

5 骨粗しょう症

　骨粗しょう症は、骨密度が減少して骨折しやすくなる
病気です。カルシウムや骨を作るホルモンの不足、運動
不足、日光不足などが原因で、閉経後の女性に多くみら
れます。

　また、ステロイド剤の使用も原因となります。立ち上
がるときや、重い物を持つときの背中や腰の痛みから始
まり、背中が徐々に曲がっていきます。進行すると、激

コレも出た！
高齢者においては、無
症状であっても骨粗し
ょう症の検査を受ける
ことが推奨されている。
(25回39)

2
保健医療サービスの知識等

しい腰痛を伴うほか、少しの転倒でも骨折しやすくなります。

　予防として、カルシウムの摂取、適度な運動、日光浴が重要です。薬物療法としては、骨吸収を抑える薬、骨形成を助ける薬（ビタミンK）、吸収と形成を調節する薬（ビタミンD、カルシウム）が使われます。

⑥ 大腿骨頸部骨折

重要ポイント 高齢者に多い骨折は、大腿骨頸部骨折、脊椎圧迫骨折、上腕骨骨折、橈骨下端骨折などです。特に大腿骨頸部骨折は寝たきりの主な原因となる疾患です。高齢者は骨がもろくなっているところに、視力・筋力・平衡感覚の低下、薬物の副作用などにより、転倒して骨折することが多く、骨粗しょう症の予防・治療とともに、転倒予防の対策が重要です。

　可能な限り早期に手術を行い、適切な術前術後のリハビリテーションにより早期離床を図り、臥床に伴う廃用症候群などの合併症の予防を心掛けます。

目の疾患

① 白内障

　目の水晶体が白く濁る疾患です。年齢が高くなるほど、発症率が上昇します。初期は点眼薬で対応します。進行した場合には手術の適用となることもあります。

② 緑内障

　視神経の変化と視野欠損（見える範囲の狭まりや異常）、眼圧の上昇などが出現する進行性の疾患で、糖尿病性網膜症とともに失明の主な原因疾患です。進行した場合、頭痛や吐き気などの全身症状を呈することがあります。

3 加齢黄斑変性症

　加齢黄斑変性症は、加齢に伴い、網膜にある黄斑が変性する疾患です。物がゆがんで見えるケースが多く、失明の原因にもなります。

🐝 皮膚の疾患

1 疥癬(かいせん)

　疥癬は、ヒゼンダニが皮膚表面の角質層に寄生して起こる病気です。人の皮膚から皮膚へ直接接触で感染するほか、寝具や衣類などを介する間接経路でも感染し、集団発生例もあります。

　疥癬トンネルと呼ばれる、わずかに隆起し、曲がりくねった線状の皮疹が特徴です。皮膚の一部を採取して顕微鏡で観察し、ヒゼンダニの成虫や卵を確認し診断します。

　疥癬には通常の疥癬と、ダニが非常に多く手足の角質が増殖し、白い粉を吹いたような角化型疥癬(ノルウェー疥癬)があります。通常の疥癬は感染後約1か月の潜伏期間を経て発症し、かゆみが強く、夜間に増強します。ノルウェー疥癬は老衰、重症感染症、悪性腫瘍、ステロイド使用患者など、何らかの免疫低下に伴い発症します。感染力の強いノルウェー疥癬では個室管理をするか検討を要します。

　治療には、外用薬と内服薬を用います。

2 薬疹

　薬疹は、薬剤のアレルギーによる発疹です。どんな薬剤でも薬疹の可能性があり、長期間服用していた薬剤によっても薬疹は生じます。

　治療の原則は、原因薬剤の速やかな中止です。

2｜保健医療サービスの知識等

209

❸ 白癬、皮膚カンジダ症

コレも出た！
爪切りやスリッパなど
を共用すると、白癬が
感染するおそれがある。
（19回31改）

白癬は、カビの一種である白癬菌が皮膚に感染することによって起こる病気です。爪に感染すると白濁して肥厚、変形していきます。爪白癬の治療では、抗真菌薬の内服が基本となります。

白癬になると、皮膚のバリアの働きが失われ、細菌感染が起こりやすくなります。そのため、糖尿病などがある人は、きちんとした治療が必要です。

皮膚カンジダ症も、カビの一種であるカンジダ菌の感染によって起こります。カンジダは皮膚や粘膜に常在していますが、免疫不全などの要因があると症状を起こします。

❹ 皮脂欠乏症・皮膚掻痒症・脂漏性湿疹

皮脂欠乏症は、皮膚表面の皮脂が減少した高齢者が、空気の乾燥した冬にさらに皮膚が乾燥することによって、かゆみが出現（皮膚掻痒症）するものです。さらに脂漏性湿疹になることもあります。

湿疹は、皮膚表面の多様な炎症性反応の総称で、通常はかゆい赤味のある発疹です。

皮膚の保湿を心がけ、物理的な摩擦を避けて、保湿剤、止痒剤、ステロイド外用剤、抗真菌薬、ビタミン剤などを使用します。

❺ 帯状疱疹

コレも出た！
帯状疱疹は、早期に治
療を始めると、帯状疱
疹後神経痛などの後遺
症が少なくなる。（18回
36）

帯状疱疹は、水痘・帯状疱疹ウイルスによって起こります。以前に水痘（みずぼうそう）にかかったときから体内に潜伏しているウイルスが、免疫力が落ちたときに再び活発になって、帯状疱疹として出現します。

通常、体の右半分または左半分に、痛みを伴う小さな水ぶくれ（水疱）が帯状に出現します。

帯状疱疹は、軽症であれば自然に治りますが、高齢者

ではしばしば重症化し、痛みが残ったり、潰瘍になったりします。重症の場合は入院が必要であり、抗ウイルス薬や外用剤による処置を行い、痛みに対する治療を並行して行います。

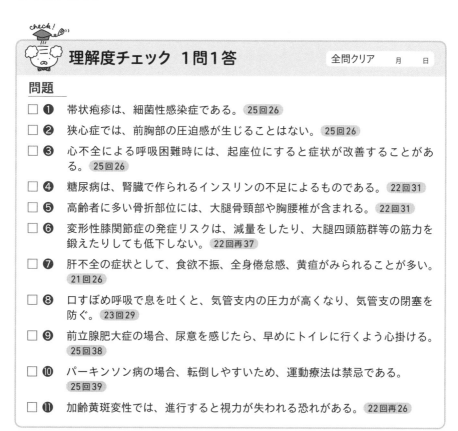

理解度チェック 1問1答

全問クリア　月　日

問題

☐ ❶　帯状疱疹は、細菌性感染症である。 [25回26]

☐ ❷　狭心症では、前胸部の圧迫感が生じることはない。 [25回26]

☐ ❸　心不全による呼吸困難時には、起座位にすると症状が改善することがある。 [25回26]

☐ ❹　糖尿病は、腎臓で作られるインスリンの不足によるものである。 [22回31]

☐ ❺　高齢者に多い骨折部位には、大腿骨頸部や胸腰椎が含まれる。 [22回31]

☐ ❻　変形性膝関節症の発症リスクは、減量をしたり、大腿四頭筋群等の筋力を鍛えたりしても低下しない。 [22回再37]

☐ ❼　肝不全の症状として、食欲不振、全身倦怠感、黄疸がみられることが多い。 [21回26]

☐ ❽　口すぼめ呼吸で息を吐くと、気管支内の圧力が高くなり、気管支の閉塞を防ぐ。 [23回29]

☐ ❾　前立腺肥大症の場合、尿意を感じたら、早めにトイレに行くよう心掛ける。 [25回38]

☐ ❿　パーキンソン病の場合、転倒しやすいため、運動療法は禁忌である。 [25回39]

☐ ⓫　加齢黄斑変性では、進行すると視力が失われる恐れがある。 [22回再26]

解答解説 ❶✕ ウイルス感染症である。 ❷✕ 前胸部の圧迫感は、狭心症の主症状である。❸○ ❹✕ インスリンを作る臓器は膵臓。 ❺○ ❻✕ 減量や大腿四頭筋等の筋力の鍛錬で、低下する。 ❼○ ❽○ ❾○ ❿✕ 転倒に注意しながら、運動療法に取り組む。 ⓫○

2 保健医療サービスの知識等

4 介護技術の展開

「ここを押さえよう！」　　　　　　　　　頻出度 ★★★

食事・嚥下困難時、排せつ時、睡眠時、入浴・清拭時の介護と口腔ケアの要
点を把握しておきましょう。特に、誤嚥と褥瘡の防止が重要なポイントです。

嚥下困難

褥瘡（床ずれ）

う蝕・歯周病

介護技術を展開する意味

　介護技術の展開とは、利用者が尊厳を保ちながら自立
した日常生活を営むことができるよう、生活支援技術を駆
使して心身の状況に応じた介護を行うことを意味します。

　独自の生活習慣が形成されている高齢者が多くみられ
ますが、規則正しい生活をすることは、高齢者にとって
も大切です。そのためには、栄養や水分を適切に摂取す
る、生活リズムを整える、服薬を管理する、などが求め
られます。

212

基本となる介護技術の重要性

1 移動・移乗ケア

● **移動・移乗ケアの重要性**

移動・移乗介護には、次のような意義があります。

- 拘縮・廃用症候群を予防する。
- 事故を防止する。
- 日常生活や社会生活への参加の意欲を引き出す。

● **自立支援のための移動・移乗の介護の視点**

移動・移乗介護では、できるだけ本人の能力を生かし、時にはそれを引き出し、それでも足りない部分を介護するのが基本といえます。移動・移乗の留意点は、次のとおりです。

- 日常生活動作および残存能力のアセスメント
- 環境設定
- ボディメカニクス**❶**の応用
- コミュニケーション

2 褥瘡への対応

● **褥瘡とは**

重要ポイント 褥瘡は、床ずれとも呼ばれ、体重による圧迫が、腰や背中など骨の突起部に継続的に加わる場合に起こります。最も褥瘡ができやすい部位は腰(特に仙骨部)です。

褥瘡は、適切に支援しない場合、発赤(皮膚が赤くなること)、壊死(血液の流れが低下し皮膚が黒ずむこと)、潰瘍(皮膚の真皮にまで褥瘡が進行し、組織がくずれること)へと進行する場合もあります。

また、褥瘡感染症は、重篤な状態にも結びつきやすいため、医療職と連携しながら予防に努めます。

用語解説

❶ ボディメカニクス
人が持つ身体の機能を上手に使い、できるだけ小さい力で身体に負担をかけないで行う介護技術のこと。

コレも出た!
褥瘡とは、体外からの圧力による皮下の血流障害により、細胞が壊死してしまう状態をいう。(23回32)

コレも出た!
感覚障害のある在宅療養者は、褥瘡が生じやすい。(17回32)

褥瘡の予防

褥瘡の予防対策の例を次表に示します。

表2-4-1　褥瘡の予防対策

対策	内容
体位変換、褥瘡予防具の活用	原則として2時間ごとに体位変換をし、補助的に褥瘡予防用具（エアマットやムートン）なども活用する。
皮膚の清潔・保護	入浴や清拭（せいしき）により、皮膚を清潔に保ち、血行を促進する。特に発汗時や失禁時には、その都度清潔を保てるよう支援する。圧迫を受けやすい部分や発赤周囲へのマッサージ※は血行を促進するので効果的。
適切な寝衣・寝具の使用	清潔でしわの少ない柔らかな寝衣・寝具を活用する。軽い寝具を選び、日光でよく乾燥させて使用する。
栄養管理	高タンパク、高カロリー、高ビタミン食とする。終末期の利用者は、褥瘡ができやすいので特に注意が必要。

※発赤部分へのマッサージは、褥瘡を悪化させるので避ける。

食事・嚥下（えんげ）困難の介護

食事介護の視点

食事介護では、次の点に留意しながら取り組みます。

- できる限り自分で食べられるよう援助する。
- 口から食べられるように工夫する。
- 心理的・社会的・文化的な欲求を満たせるよう援助する。

食物摂取の過程と加齢等による問題点

高齢者は、食物摂取の各過程において障害等が出やすくなるため、問題点を見極め、適切な介護を提供する必要があります。

食事摂取のアセスメント

食事介護のチェック事項は、次表のとおりです。

表2-4-2　食事介護のチェック事項と把握すべき内容

チェック事項	主に把握すべき内容
①食事摂取量	食べ残し、偏食、食べこぼしを確認する。脱水防止用に水分量も確認する。
②食欲	体調、薬剤の影響、精神的問題、生活の乱れ、運動不足を確認する。
③摂食動作	食事動作、食事場所への移動、自助具等の利用などを確認する。
④咀嚼・嚥下機能	脳血管疾患後遺症や呼吸機能障害の有無を確認する。必要時には食事形態を工夫する。
⑤歯・口腔の状況	歯と口腔内の状態に問題はないか、口腔ケアは行っているか、義歯は合っているかなどを確認する。
⑥精神的問題（うつ等）	拒食や食欲不振等を起こしている精神的問題の状況や背景を把握し、改善の糸口を探る。
⑦介護不足	介護する側に問題が生じていないかを確認する。

● 誤嚥防止の介護

重要ポイント 嚥下食の摂取時には、脱水や便秘に注意する必要があります。食事摂取時の姿勢は、可能な限り座位とし、頭と体をわずかに前傾させます。また、食後しばらくは半座位等の姿勢をとってもらい、口腔内の食物残渣を除去するなどにより、誤嚥性肺炎の予防に努めます。

コレも出た！
嚥下機能が低下した人に一律にきざみ食を提供すると、誤嚥や窒息を引き起こすおそれがある。（17回35改）

表2-4-3　嚥下困難時の好ましい食品と好ましくない食品

好ましい食品	好ましくない食品
①プリン状（プリン、卵豆腐）、②ゼリー状（ゼリー、寒天寄せ）、③マッシュ状（ポテト、かぼちゃ）、④とろろ状（とろろ、生卵）、⑤かゆ状、⑥ポタージュ類、⑦乳化状（ヨーグルト）、⑧ミンチ状など	①液体（水などのサラサラしたもの）、②スポンジ状（カステラ、食パン、凍り豆腐）、③練り食品（かまぼこ類）、④口の中に粘着するもの（わかめ、のり）、⑤その他（もち、麺類、酢の物）

排せつの介護

● 排せつの機能と排せつ障害の理解

　排せつとは、体内での物質の代謝の結果生じた不要物を、排尿、排便、発汗などによって体外に排出することです。

　排せつ障害とは、疾病や障害、加齢、その他の多様な要因によって、排せつの一部または全部に障害をきたすことです。

● 排尿障害・排便障害の分類

　排せつ障害は、排尿障害と排便障害に大別されます。

表 2-4-4　排尿障害・排便障害

排尿障害	尿が漏れる（尿失禁）	溜められずに漏れる（蓄尿障害）	・咳やくしゃみで漏れる（腹圧性尿失禁） ・我慢できずに漏れる（切迫性尿失禁）
		出にくいため漏れる（排尿障害）	・出にくいので漏れる（溢流性尿失禁）
		環境により漏れる（環境障害）	・トイレが間に合わない（機能性尿失禁）
	尿が出にくい	神経障害により出ない（神経因性膀胱）	
	排尿回数が多い	1日10回以上、特に夜間にトイレに行く回数が多い（頻尿）	
排便障害	便が漏れる（便失禁）	我慢できずに漏れる（蓄便障害）	・腹圧性便失禁 ・切迫性便失禁
		出にくいため漏れる（排便障害）	・便があふれ出る（溢流性便失禁）
		環境により漏れる（環境障害）	・トイレに間に合わない（機能性便失禁）
	下痢	便の水分が多くなり、便の形がなくなった状態	
	便秘	便が硬い、出すのに苦労する、何日も出ない	
	排便回数が多い	トイレの回数が多い（頻便）	

（参考）特定非営利活動法人日本コンチネンス協会ホームページ http://www.jcas.or.jp/care.html#bunrui

● **排せつ介護の方法**

　排せつ介護においては、本人の自尊心を傷つけないように配慮するとともに、安易なおむつ着用は避け、できるだけ自立した排せつができるよう支援します。

🐝 睡眠の介護

● **高齢者の睡眠の特徴**

　🐝 **重要ポイント** 一般的に高齢になると、①就寝から入眠までに時間がかかり、②睡眠は浅く、③夜間や早朝に覚醒し、④昼間の居眠りが多くなる、傾向があります。

● **不眠（睡眠障害）の背景と安眠対策**

　不眠の背景を探り、適切に対処します（次表を参照）。

表 2-4-5　不眠の背景と安眠対策

不眠の背景	安眠対策の例
日中の活動不足や昼間の居眠り	日中の活動量を増やし、規則正しい生活パターンを確立・獲得する。
入眠困難や中途覚醒	就寝前に、下記の安眠対策を実施する。 ・適度な疲労感で就眠を誘う。 ・洗顔や歯磨きなどのケアを就寝前の儀式とする。 ・コーヒーなどの覚醒を誘う飲食物を控える。 ・日中に必要な水分を確保し、夕方以降の水分摂取を控える。 ・室温調節や騒音排除など、睡眠環境を整える。

🐝 清潔保持の介護

● **清潔保持の介護の意義と目標**

　体や身辺の清潔を保持する目的は、次表のとおりです。

表2-4-6　体や身辺の清潔を保持する目的

目的	内容
生理的意義	皮膚・粘膜の老廃物の除去と血液循環・腸運動の促進により細菌感染を防ぐ。
心理的意義	爽快感等により、療養生活への意欲向上につながる。
社会的意義	人との交流、社会生活を円滑にする。

● 入浴の援助のポイント

入浴は、清潔効果が高い反面、体力の消耗も大きいため、安全性への配慮が欠かせません。

入浴介護のポイントは、次のとおりです。

コレも出た！

入浴の際に、皮膚の発赤や新しいアザを見つけた場合は、放置せずに原因を特定して対処する必要がある。(19回36改)

①全身状態やバイタルサインのチェックにより入浴可否と方法を判断・決定する。

②食事直後や空腹時の入浴は避ける。

③湯加減や室温を調整する。

④脱衣時には、皮膚の変化など日頃把握できない全身状態の観察をする。

⑤入浴中に体を動かすなど、リハビリテーションの場にする。

⑥転倒ややけどなどの事故を起こさないよう、安全性に配慮する。

⑦入浴後は体の水分を十分拭き取り、風邪を引かないように注意する。

⑧入浴後は水分補給を忘れずに行い、保温に気をつけて休養を取らせる。

⑨疲労感や身体状態の変化を観察する。

⑩必要時は、爪切り等のケアをする。

このほか、浅い浴槽の使用、手すりの設置、滑り止めマットの利用、適切な福祉用具の活用などの環境整備は、介護負担の軽減と安全性の確保に効果的です。

● **清拭の援助のポイント**

入浴許可が出ていない人や、身体的負担で入浴が難しい人などには、清拭を行います。

入浴と清拭を組み合わせる場合や、全身清拭だけではなく、汚れやすい部位(陰部や足)や褥瘡の好発部位(腰部や背部)への部分清拭も効果的です。

● **全身清拭の留意点**

① 皮膚の脂肪分を除去し過ぎない成分の石鹸等を利用する。アルコールは高齢者には不向き。

② 皮膚のひだや麻痺や拘縮・変形のある曲がった四肢や関節部分は特にていねいに拭く。

③ 皮膚の変化や異常(褥瘡、皮膚炎など)を見逃さないように観察する。また、褥瘡のできやすい部分(背部・腰部・足部)はマッサージを行うと効果的。

④ 清拭後には、クリーム等を塗り、皮膚の保湿に努める。

コレも出た！
清拭をするときには、その部屋の温度を確認する。(25回30)

表2-4-7 部分清拭の留意点

項目	内容
①陰部清拭	寝たきり、おむつ着用、失禁などの場合は、陰部が汚れやすい。褥瘡や皮膚炎尿路感染症を予防するために、清拭や洗浄等で陰部を清潔に保つ。
②足浴	乾燥が原因の皮膚の汚れも除去できる。足浴後にクリームを塗り、皮膚の乾燥を防ぐ。
③爪の手入れ	高齢者の爪は、厚い、脆い、皮膚に食い込むなど切りにくい場合が多いため、入浴などの後の爪が柔らかい状態で切る。
④手の清潔	感染予防のために食事前に必ず手を拭く。汚れがひどいときには手浴を行う。
⑤洗面と口腔の清潔	起床時と睡眠前の洗面は、清潔保持とともに、1日のけじめとなるため本人ができないところを介助する。
⑥耳の手入れ	耳あかがたまると難聴の原因にもなるので定期的に掃除をする。
⑦毛髪の手入れ	毎日の整髪と定期的な洗髪を行う。清潔を保つ目的で勝手に髪を切るなどしない。

口腔ケア

● **口腔ケアの重要性**

🐝 **重要ポイント** 口腔には、次の4つの機能があります。

① 咀嚼**機能**(食物を咀嚼し、唾液と混ぜることで食塊を作る)

② 嚥下**機能**(食塊を飲み込む)

③ 発音**機能**(言葉を発する)

④ 呼吸**機能**(口呼吸する)

　口腔は、栄養摂取や呼吸という生命維持の役割とともに、コミュニケーションにも重要な役割を果たします。口腔ケアにより口腔内の健康を維持することは、誤嚥性肺炎や低栄養の予防、高齢者のADL(日常生活動作)とQOL(生活の質)の維持・増進につながります。

● **加齢に伴う口腔の変化**

　加齢に伴い、口腔に次のような変化が生じるといわれています。

> **加齢に伴う口腔変化**
>
> ①機械的刺激や感染に対する抵抗力が低下する。
> ②むし歯や歯周疾患にかかりやすくなって、喪失歯が増える。
> ③咀嚼機能が低下する。
> ④嚥下機能が低下する。
> ⑤発音機能が低下する。

● **口腔ケアのアセスメント**

　口腔ケアでは、口腔の機能・状態・清掃状況に関する情報を収集し評価して、歯科医師や歯科衛生士等の専門職との連携を積極的に図ります。

　経管栄養を行っている場合や歯がない場合は、唾液の分泌量が減少し、咀嚼による自浄作用が減るため、積極

🐰/**コレも出た！**
歯のかみ合わせは、咀嚼だけではなく、嚥下にも影響する。(23回33)

🐰/**コレも出た！**
口腔ケアは、口腔内細菌を減少させるので、誤嚥性肺炎の予防に有効である。(18回28)

的な口腔清掃が必要となります。

● **口腔ケアの方法**

　口腔ケアは毎食後に行うことが基本ですが、1日1回の場合は、必ず夕食後に行います。

　口腔ケアの方法は、①機械的清掃法（歯ブラシ等を使用する方法）と、②化学的清掃法（消毒薬等を使用する方法）の2つに大別されます。消毒薬を使う化学的清掃法よりも歯ブラシを使用する機械的清掃法のほうが効果が高いので、歯ブラシによる清掃を優先します。

　要介護者の場合にも、自力で可能なところは本人に清掃してもらい、不足している部分だけ介助します。

● **義歯の手入れ**

　義歯を手入れするときのポイントは、以下のとおりです。

> ● 1日に1回は取り外し、歯ブラシ（義歯用歯ブラシ）で、流水下でていねいに磨く。
> ● 歯磨き剤は、研磨剤が義歯床を傷つける場合があるため専用のものを使用する。
> ● 夜間は取り外し、義歯洗浄剤に浸して保存する。
> ● 義歯や義歯床が変形・破損しないよう、ていねいに扱う。

コレも出た！
食後は、食物残渣の除去などにより口腔内を清潔に保ち、誤嚥性肺炎を予防する。（16回30改）

2
保健医療サービスの知識等

最近よく耳にする「オーラルフレイル」って何ですか？

オーラルフレイルとは、噛んだり、飲み込んだり、話したりするための口腔機能が衰えることを指し、老化のサインとされているよ。口に関する衰えに対して適切な対応を行うよう啓発する概念のことだと覚えておけばいいよ。

理解度チェック 1問1答

問題

- □ ❶ 介護を行うときには、利用者の残存能力をできる限り活かす。 `25回30`
- □ ❷ 入浴は、全身の保清を図り、血液循環や新陳代謝を促進する。 `25回30`
- □ ❸ 尿失禁とは、尿を全部出しきれず、膀胱の中に尿が残ることをいう。 `25回30`
- □ ❹ 高齢者は特に疾患がなくても、気道の閉じるタイミングが遅れることで誤嚥が生じやすくなる。 `23回33`
- □ ❺ 食事の介護のアセスメントでは、利用者の普段の活動性や睡眠状況も確認する。 `22回27`
- □ ❻ 口腔内・口腔周囲を動かすことは、オーラルフレイル予防につながる。 `25回31`
- □ ❼ 機能性尿失禁とは、くしゃみ、咳などによって尿がもれることである。 `21回31`
- □ ❽ ポータブルトイレについては、理学療法士等の多職種と連携し、日常生活動作に適合したものを選択する。 `22回再38`
- □ ❾ 高齢になっても、味覚は低下しない。 `21回36`
- □ ❿ 認知症高齢者への食事摂取の促しとしては、声かけ、見守りなども重要である。 `21回36`
- □ ⓫ 褥瘡は、大転子部に発症しにくい。 `21回26`
- □ ⓬ 床に就いてもなかなか眠れないことを、熟眠障害という。 `22回28`
- □ ⓭ 口腔内を清掃する際は、義歯は外さない。 `22回29`

解答解説　❶○　❷○　❸✕ 尿失禁とは、自分の意思にかかわらず、尿が漏れ出てしまう状態のことをいう。　❹○　❺○　❻○　❼✕ くしゃみ、咳などによって尿がもれるのは腹圧性尿失禁である。　❽○　❾✕ 味覚は低下する。　❿○　⓫✕ 大転子部に発症しやすい。　⓬✕ 入眠障害という。　⓭✕ 義歯を外してから口腔内を清掃する。

リハビリテーション

「ここを押さえよう！」

頻出度 ★★

リハビリテーションを行う目的、対象となる障害や症状、実践の概要を把握しましょう。特に、ADL・IADLの維持・向上がポイントになります。

手すりの設置

段差解消

歩行補助具→

生活環境の整備!

2 保健医療サービスの知識等

リハビリテーションの基本的な考え方

　リハビリテーションは、「機能回復訓練」ではなく、「全人間的復権」や「生活の再建」といった社会的意味合いを持った幅の広い概念です。総合的な支援によって、身辺動作や生活において自立し、QOL（生活の質）を高めることが最終目標です。

重要ポイント 介護保険下で行われるリハビリテーションは、主に維持期[1]が対象で、生活環境の整備、社会参加の促進、介護負担の軽減など自立生活を支援することが目標となります。

📖 **用語解説**

[1] 維持期
リハビリテーションで扱う段階は、急性期、回復期、維持期の3つに分けられる。維持期には、QOL（生活の質）を高めるために、基本動作の維持・向上が図られる。

リハビリテーションの基礎知識

1 危険性（リスク）の管理

コレも出た！
リハビリテーションは、果たす機能と時期から、予防的リハビリテーション、治療的リハビリテーション、維持的リハビリテーションに分けられる。（18回44改）

リハビリテーションでは、予測される危険性を把握し、予防に努めます。必須のチェック項目は次のとおりです。

- 疾病や障害の確認（疾病による運動制限の有無等）
- バイタルサイン（血圧、脈拍、体温、呼吸等）
- その他（睡眠の状況、疲労感、疼痛、転倒の可能性等）

2 基本動作・日常生活動作・手段的日常生活動作

リハビリテーションでは、基本動作を維持・向上させ、ADL（日常生活動作）とIADL（手段的日常生活動作）の残存能力を積極的に使うことで自立を支援します（次表を参照）。加えて、環境整備（段差解消、手すりの設置など）、自助具や福祉用具の活用も重要です。

表2-5-1　動作能力の分類

動作能力のレベル	定義	具体的な動作の要素
基本動作	寝た位置から起き上がり、立ち上がって歩くまでの動作	①寝返り、②起き上がり、③座位、④立ち上がり、⑤立位、⑥歩行
日常生活動作（ADL）	人が自立して日常生活を送る上で行う必要がある各種の動作	①食事、②排せつ、③更衣、④整容、⑤入浴、⑥起居移動
手段的日常生活動作（IADL）	ADL以外の諸活動	家事（炊事、洗濯、掃除）、買い物、金銭管理、趣味活動、公共交通機関の利用、車の運転など

3 ケアにおいて問題となる障害や症状

● 廃用症候群（生活不活発病）の予防

過度の安静や長期の臥床により廃用症候群を招かないよう、適切なリハビリテーションを行います。

● 拘縮予防

拘縮とは、関節包や靭帯などの関節構成組織や周囲の組織が伸縮性を失い、正常な関節の動きが阻害された状態をいいます。拘縮を予防するには、良肢位保持、体位交換、関節可動域訓練などを行います。

● 筋萎縮・筋力低下の予防

廃用性筋萎縮の予防には、体位交換、筋力増強運動、日常生活動作の励行、趣味やレクリエーション活動などの継続が有効です。その際、不適切な運動や訓練により誤用症候群**2**が生じることがあるため、注意が必要です。

● 不随意運動

本人の意思に反して身体に生じる様々な動きを不随意運動といい、多発性脳梗塞、パーキンソン病、小脳疾患などにみられます。不随意運動は、緊張によって増強されます。

● 感覚障害

重度の感覚障害があると、熱傷や褥瘡などが生じやすいため、注意が必要です。

● 精神的問題

認知症、うつ状態により意欲低下がみられる場合は、症状に合わせた対応が必要となります。

● 嚥下障害

嚥下障害があると、呼吸困難、誤嚥性肺炎を誘発しやすいため、食事でのケアには配慮が必要です。

● 高次脳機能障害

高次脳機能とは、言語、記憶、認知、判断、行動、情緒、人格などの神経・精神機能です。大脳の一部分が傷害されると、次表のような高次脳機能障害が出現します。

用語解説

2 誤用症候群

不適切な運動や訓練により関節、骨、筋肉に炎症や損傷が生じること。

2 保健医療サービスの知識等

コレも出た！

高次脳機能障害における失語症には、話そうとするが言葉が出てこないという症状も含まれる。（23回28）

表2-5-2　主な高次脳機能障害

症状	特徴
失語	言葉の意味がわからない、正しくしゃべれない。
失行	運動器官に問題はないが、行為が正しくできない（手は動くが敬礼ができないなど）。
失認	物品が何か認識できない。
見当識障害	場所、人物、時間が正しく認識できない。
地誌的障害	物や地図の上の都市、場所の位置が確認できない。
左半側空間無視	視力は問題ないが左側が認識できない（左側の食事を残す、左側にぶつかるなど）。

🐝 リハビリテーションの実際

生活の中でのリハビリテーション

　在宅で暮らす要介護者等に対するリハビリテーションでは、次のような工夫をすることが大切です。

① 機能レベルに合わせた適切なリハビリテーションを工夫する。

② 動きやすい環境を整備し、毎日の生活のなかで動くことを習慣化する。

③ 目標を持ち、達成感を実感できるように、成果を日誌やカレンダーなどに記録する。

④ 欲張らず、毎日手軽にできるような種目に絞る。

⑤ 天候に影響されずに運動量が維持できるように工夫する。

⑥ 定期的に機能状態、活動レベルを評価し、プログラムを見直す。

コレも出た！
高齢者のケアは、リハビリテーション前置主義（リハビリテーション医療を集中的に行い、改善がみられてから介護を提供すること）にのっとっている。（26回30改）

（出所）『九訂 介護支援専門員基本テキスト 下巻』p.297（長寿社会開発センター）を一部抜粋

日常生活自立度ごとのリハビリテーションのポイント

障害高齢者の日常生活自立度の判定基準とリハビリテーションのポイントを、次表に示します。

表2-5-3　障害高齢者の日常生活自立度の判定基準とリハビリテーションのポイント

ランク	定義	リハビリテーションのポイント
ランクJ	何らかの障害等を有するが、日常生活はほぼ自立しており独力で外出する。 1. 交通機関等を利用して外出する。 2. 隣近所へなら外出する。	歩行能力や体力を維持・向上させ、活動性を保つことが目標になる。
ランクA	屋内での生活はおおむね自立しているが、介助なしには外出しない。 1. 介助により外出し、日中はほとんどベッドから離れて生活する。 2. 外出の頻度が少なく、日中も寝たり起きたりの生活をしている。	現在のレベルを落とさないために、生活環境の整備、生活のリズムづくり、体調悪化の予防等、機能を低下させない対策を積極的に行う。
ランクB	屋内での生活は何らかの介助を要し、日中もベッド上での生活が主体であるが、座位を保つ。 1. 車いすに移乗し、食事、排せつはベッドから離れて行う。 2. 介助により車いすに移乗する。	できる限り長く能力を維持できるよう働きかける。さらに、介護者への介助方法の指導や、介護負担軽減のための対応も検討する。
ランクC	1日中ベッド上で過ごし、排せつ、食事、着替えにおいて介助を要する。 1. 自力で寝返りをうつ。 2. 自力では寝返りもうたない。	高齢者の苦痛や介護者の負担を増やさないように留意し、健康状態の維持、悪化や合併症の予防、精神的賦活、環境の整備と介護負担の軽減、社会資源の活用等を行う。

(出所)『九訂 介護支援専門員基本テキスト 下巻』p.298（長寿社会開発センター）を一部抜粋

2 保健医療サービスの知識等

リハビリテーション資源の活用と職種の連携

各種リハビリテーションの役割

● **入所リハビリテーション**

要介護状態の入所者に、自立支援と在宅復帰を目的に

リハビリテーションを実施します。

● **外来リハビリテーション**

　診療所や病院の外来で行うリハビリテーションです。個別に対応して、機能や生活能力の維持を目指します。

● **通所リハビリテーション(デイケア)**

　個別と集団を組み合わせた訓練とともに、健康管理、入浴、食事、送迎サービスが行われます。

● **訪問リハビリテーション**

　訪問による訓練と指導を行います。必要があれば、住宅改修・福祉機器導入や介護の仕方の指導も行います。

● **リハビリテーション資源との連携**

　かかりつけ医、看護師、リハビリ職種、訪問介護員等によるチームで、情報を共有し、連携して援助します。

コレも出た！
指定訪問リハビリテーションは、バス等の公共交通機関への乗降の支援も対象とする。(25回33)

---

check!

理解度チェック　1問1答

全問クリア　　月　　日

問題

□ ❶ 終末期にある者は、リハビリテーションの対象とならない。 `25回33`

□ ❷ 高次脳機能障害の主な症状には、失行や失認が含まれる。 `22回31`

□ ❸ 深部静脈血栓症(いわゆるエコノミークラス症候群)は、こまめに足を動かして予防に努める。 `21回27`

□ ❹ 左片麻痺でみられる半側空間失認に対しては、失認空間に注意を向けるリハビリテーションを行う。 `22回再33`

□ ❺ 片麻痺がある場合の車の乗降は、健側から乗り、患側から降りるのがよい。 `15回37改`

解答解説　❶✕ 終末期にある者も対象となる。　❷○　❸○　❹○　❺○

228

6 認知症と認知症のある高齢者の介護

 「ここを押さえよう！」 頻出度 ★ ★ ★

認知症の原因疾患、診断方法、タイプ別の特徴、中核症状と行動・心理症状（BPSD）、治療法、パーソン・センタード・ケア（PCC）、認知症初期集中支援チームの要点を把握しておきましょう。

認知症の特徴と病態

1 認知症の定義と原因疾患

● 認知症の定義

　認知症とは、脳の後天的な器質障害によって、既存の認知機能が低下し日常生活に支障をきたした状態をいいます。米国精神医学会の診断マニュアル（DSM-5）では、独居生活を営むには手助けが必要なレベルまで認知機能が低下した状態としています。認知症は、意識障害であるせん妄とは区別する必要があります。

● 認知症の原因疾患

　認知症の原因疾患とその分類は、次表のとおりです。アルツハイマー型が最も多く、血管性、レビー小体型、前頭側頭型と続きます。

表2-6-1　認知症の原因疾患（認知症様の症状を生じる原因疾患を含む）

分類	原因疾患
変性疾患	アルツハイマー型認知症、レビー小体型認知症、前頭側頭型認知症（ピック病）、嗜銀顆粒性認知症[※1]、神経原線維変化優位型老年期認知症[※1]
脳血管障害	血管性認知症
外傷性疾患	脳挫傷、慢性硬膜下血腫[※2]
感染症	進行麻痺（梅毒）、脳膿瘍、単純ヘルペス脳炎後遺症、エイズ
内分泌代謝性疾患	甲状腺機能低下症[※2]、ビタミンB_{12}欠乏[※2]
中毒	一酸化炭素中毒後遺症、メチル水銀中毒、慢性アルコール中毒
腫瘍	脳腫瘍（髄膜腫）
その他	正常圧水頭症[※2]、てんかん[※2]

※1　生前診断が難しい。
※2　早期の治療で回復するので、真の認知症（6か月以上継続）ではないことが多い。

（出所）『九訂 介護支援専門員基本テキスト 下巻』p.210（長寿社会開発センター）

● 若年性認知症

　65歳未満の認知症を若年性認知症といい、認知症全体の1％を占めるといわれています。若年性認知症は、他の精神疾患と思われて診断が遅れる傾向があるため、早期に発見して適切な治療に結びつけることが大切です。若年性認知症は、自立支援医療の対象となります。

　若年性認知症には、①進行が比較的速い、②前頭側頭型の割合が高い、③配偶者・子の扶養などの経済的問題を抱えている、④初期には残存能力が高いが就業先が確保しにくい、などの特徴があります。

コレも出た！
都道府県は、若年性認知症の人の状態に合わせた適切な支援ができるように、専門職の連携ネットワークを構築するための会議を設置する。（17回41改）

2 認知症と区別すべき状態

● 正常老化、軽度認知障害と認知症

　認知症は、正常、MCI（Mild Cognitive Impairment：軽度認知障害）、認知症と段階的に進むわけではなく、健常から境目なく認知症へと進行します。MCIとは、認知症とはいえない状態、つまり正常と認知症の中間の状態で、MCIから認知症へは、年間約1割が移行するため、MCIは認知症予備軍ととらえられています。

● せん妄

重要ポイント 意識障害であるせん妄は、時の経過とともに変動することが第一の特徴です。せん妄には、意識障害を引き起こす原因・誘因があるので、それを取り除いた上での薬物治療が有効です。

表2-6-2　せん妄の原因の分類

原因	具体例
薬剤	胃薬（制酸薬）、総合感冒薬、頻尿治療薬、抗アレルギー薬、抗不安薬など
脳疾患	脳梗塞や脳出血の併発、慢性硬膜下血腫（頭部外傷）など
全身疾患	肺炎、う歯（むし歯）や歯髄炎、膀胱炎など
全身状態	脱水、便秘、食事摂取不良、不眠
環境	身体拘束具、ベッド柵、照明や騒音など

（出所）『九訂 介護支援専門員基本テキスト 下巻』p.217（長寿社会開発センター）を一部抜粋

● うつとアパシー（意欲や自発性の低下）

　うつとアパシーは、意欲や自発性が低下することは似ています。うつは、生きているのがつらく悲観的になりますが、アパシーの場合は、家族は困っていても本人は平然としているのが特徴です。

コレも出た！
若年性認知症支援コーディネーターは、すべての都道府県に配置されている。（22回30改）

2
保健医療サービスの知識等

コレも出た！
抗精神病薬が過量だと、意欲や自発性などの低下（アパシー）をきたす場合がある。（22回36）

3 認知症の臨床診断手順

● 診断のステップ

認知症の臨床診断は、次の3ステップの手順があります。

表2-6-3　認知症の臨床診断手順

第1ステップ	認知機能が正常、MCI、認知症のどのレベルかを生活状況や認知テスト結果から判断する。
第2ステップ	認知機能低下の原因が他の疾患ではないことを見極めることで、認知症が確定する。
第3ステップ	認知症の原因疾患を明らかにする。

● 認知症の鑑別

📖📖 用語解説

1 SPECT
単一フォトン放射断層撮影のこと。

鑑別は症状に基づいて行い、MRI（磁気共鳴断層撮影）やCT（コンピュータ断層撮影）などの形態画像、脳血流SPECT**1**やMIBG心筋シンチグラフィのような機能画像の結果から臨床診断を裏づけます。甲状腺機能低下症やビタミンB_{12}欠乏などは、血液検査で判別します。

4 認知症の評価

認知症の評価には、改訂長谷川式認知症審査スケール（HDS-R）とミニメンタルステート検査（MMSE）がよく使われます。いずれも30点満点で、HDS-Rでは20点以下、MMSEでは23点以下で認知症を疑います。

5 タイプ別認知症の特徴

● アルツハイマー型認知症

健忘が初期症状であり主症状です。エピソード記憶の障害が中心で、近時記憶（数分から数か月）の障害が著しくなります。進行するとともに、近い記憶から失われ、過去の時代に生きるようになります。

● 血管性認知症

脳梗塞や脳出血が原因で引き起こされる認知症です。

認知スピードが遅くなり、反応が鈍くなります。アパシーやうつ状態が引き起こされることもあります。

● **レビー小体型認知症**

　認知障害だけでなく、パーキンソン症状などの運動障害、症状の変動（覚醒レベルの変動）、便秘や立ちくらみなどの自律神経症状と多彩な症状がみられることが特徴です。

コレも出た！
レビー小体型認知症では、幻視がみられる。（22回30改）

● **前頭側頭型認知症**

　独特の行動障害（脱抑制、易怒性など）を示し主に前頭葉が萎縮するタイプと、意味記憶障害（品物の名前が出てこないなど）を示し側頭葉が萎縮するタイプに分かれます。

● **治療可能な認知症（治る認知症）**

　正常圧水頭症、慢性硬膜下血腫、甲状腺機能低下症、アルコールの長期摂取、ビタミンB_{12}欠乏などがあります。

コレも出た！
正常圧水頭症にみられる認知機能障害は、脳の周囲や脳室内に脳脊髄液が貯留することで起こる。（19回43改）

6 認知症の進行ステージ

　認知症は、MMSEの点数による分類では、大まかに①初期／軽度（19点以上）、②中期／中等度（11〜18点）、③進行期／重度（1〜10点）、④終末期（0点）、の4つのステージに分けられます。

コレも出た！
慢性硬膜下血腫は、血腫除去手術を行うと、元の認知機能レベルに戻ることが多い。（18回36改）

7 認知症の中核症状と行動・心理症状（BPSD）

● **中核症状の理解**

　中核症状とは、脳がダメージを受けたことに直接起因する症状で、生活障害を引き起こします。

● **行動・心理症状（BPSD）**

重要ポイント BPSDは、脳のダメージだけでなく、生い立ちや職歴などの個人因子、住環境やケアの状況などの環境因子に強く影響される症状です。

コレも出た！
BPSDの治療としては、非薬物療法を優先し、薬物療法は最小限に留めるべきである。（16回41改）

図2-6-1 認知症の症状と生活障害

たんぱくの異常蓄積や血流低下などの脳のダメージ

認知症状(中核症状)

認知機能障害	初期の生活障害	中期の生活障害	進行期の生活障害
注意障害	→ 運転が危険	→ ボーッとしている	寝たきり
記憶障害	→ 約束を忘れる	→ 数分で忘れる	尿便失禁
言語障害	→ あれ・それが増える	→ 理解困難	嚥下困難
視覚認知障害	→ 身振りのまね困難	→ 見間違え、着衣困難	発語なし
実行機能障害	→ 献立どおりの調理困難	→ トンチンカンな料理	
社会脳障害	→ 周囲の人との摩擦	→ すぐ怒る	

環境因子
住居、介護者など

個人因子
生い立ち、職歴など

行動・心理症状(BPSD)

行動症状:観察で見つかる	**心理症状:本人の訴えで見つかる**
暴言・暴力などの攻撃性、喚声(叫び声)、不穏、焦燥、徘徊、収集、性的脱抑制、つきまとい、社会的に不適切な行動など	不安、抑うつ、幻覚、誤認、妄想など

(出所)大誠会認知症サポートチーム『楽になる認知症ケアのコツ』技術評論社、2015

(注)この分類はアルツハイマー型認知症には当てはまります。しかし、レビー小体型認知症の幻視や前頭側頭型認知症の易怒性は、BPSDというよりも、認知症状そのものです。

8 認知症の治療

● 認知症疾患治療ガイドライン

認知症疾患治療ガイドラインは、日本における標準的な認知症治療法といえますが、薬の効き方には個人差があるため、一人ひとりの状況を見ながら調整する必要があります。

● 薬物療法

代表的な薬剤として、①アセチルコリンを増やす薬剤(ドネペジル、ガランタミン、リバスチグミン)、②グルタミン酸受容体に働く薬剤(メマンチン)、③抑肝散などがあり、医師はその人に合った薬剤を選択します。

● 非薬物療法

非薬物療法の基本は、精神の安定を図ることです。

コレも出た!
認知症治療薬には、錠剤以外にも経皮吸収型などがあり、経口内服が困難な高齢者でも使用が可能である。(22回再33)

コレも出た!
BPSDについては、利用者に合う漢方薬の使用も可能である。(18回29改)

表2-6-4　非薬物療法に使われる技法と適用となるステージ

技法		現実見当識訓練、認知刺激療法、認知練習、園芸療法	回想法[※]、絵画療法	音楽療法、運動療法、アロマセラピー	タッチケア、マッサージ
適用ステージ	軽度	○	○	○	―
	中度	―	○	○	○
	重度	―	―	○	○

※回想法は、高齢者の思い出話を意味のあるものととらえて活用する援助法である。

認知症高齢者・家族への援助と介護支援サービス

1 パーソン・センタード・ケア（PCC）

　パーソン・センタード・ケアでは、従来の介護者本位の効率優先ケアをするのではなく、認知症の人の尊厳が守られ、残された能力を生かして穏やかに生活できるよう支援します。

2 家族への支援

● 認知機能の理解とBPSD予防のための家族教育と家族支援

　①認知症を受け入れる、②BPSDは改善する、③介護者が変わると介護も変わる、という考え方を家族に理解してもらうことが大事です。

　また、介護支援専門員は、家族会、認知症カフェ、認知症初期集中支援チームといった社会資源を活用し、家族介護者を精神的・肉体的に支援する必要があります。

3 認知症の発症・進行の遅延

　認知症の予防とは、発症を遅らせることです。併せて、発症後も進行を遅らせることが重要です。

コレも出た！
パーソン・センタード・ケアは、認知症を持つ人を一人の「人」として尊重し、その人の立場に立って考え、ケアを行おうとする認知症ケアの一つの考え方である。（23回34）

認知症の人と家族を地域で支える

1 地域包括ケアの中での認知症ケア

認知症の人が地域で穏やかに暮らし続けることへの、多職種協働支援が求められています。

表2-6-5　認知症の各ステージと支援機関

認知症のステージ	中心となり役割を担う機関
MCI（軽度認知障害）期での発症予防	地域包括支援センター
認知症の早期診断と対応	認知症疾患医療センター、認知症初期集中支援チーム、地域包括支援センター
中等度～重度認知症	介護支援専門員、適切なケアサービスと医療支援の連携

2 認知症施策推進総合戦略（新オレンジプラン）

● 新オレンジプランの目指すもの

認知症の人の意思が尊重され、できる限り住み慣れた地域のよい環境で自分らしく暮らし続けることができる社会の実現を目指す「新オレンジプラン」は、以下の7つの柱から成り立っています。

①認知症への理解を深めるための普及・啓発の推進
②認知症の容態に応じた適時・適切な医療・介護等の提供
③若年性認知症施策の強化
④認知症の人の介護者への支援
⑤認知症の人を含む高齢者にやさしい地域づくりの推進
⑥認知症の予防法、診断法、治療法、リハビリテーションモデル、介護モデル等の研究開発およびそ

　の成果の普及の推進

⑦認知症の人やその家族の視点の重視

(出所)厚生労働省資料

● **認知症ケアパス**

　新オレンジプランでは、認知症になっても住み慣れた地域で在宅生活を継続できるよう「認知症ケアパス❷」の作成普及を市町村に求めています。

● **認知症初期集中支援チーム**

　🐄**重要ポイント** 認知症初期集中支援チームとは、**家族などの要請により、複数の専門職が認知症の疑いのある人や認知症の人・家族を訪問し、アセスメント、家族支援などの**初期支援**を**包括的・集中的**に行うチームのことです。**

● **認知症疾患医療センター**

　都道府県と政令指定都市に設置されている認知症疾患医療センターは、保健医療・介護機関等と連携を図りながら、予防から地域生活の維持まで必要となる医療を提供できる機能体制を構築することを目的としています。

● **認知症カフェ（オレンジカフェ）**

　認知症カフェは、認知症の人と家族、地域住民、専門職等の誰もが参加でき、集う場です。本人が認められる場、家族が介護経験者の話を聞いたり悩みを打ち明けたりできる場でもあります。

3 認知症施策推進大綱

　2019(令和元)年6月に、次の表のとおり「認知症施策推進大綱」が策定されました。

表2-6-6　認知症施策推進大綱

基本的な考え方	認知症の発症を遅らせ、認知症になっても希望をもって日常生活を過ごせる社会を目指し、認知症の人や家族の視点を重視ししながら、「共生」と「予防」を車の両輪として施策を推進していくこと。

(つづく)

📖**用語解説**

❷ **認知症ケアパス**

認知症の人の在宅生活を支えるために医療・介護をどのように提供していくかの道筋のこと。

🐥**コレも出た！**

認知症初期集中支援チームは、市町村が配置する。(23回34改)

表2-6-6 認知症施策推進大綱(つづき)

5つの柱	①普及啓発・本人発信支援　②予防　③医療・ケア・介護サービス・介護者への支援　④認知症バリアフリーの推進・若年性認知症の人への支援・社会参加支援　⑤研究開発・産業促進・国際展開
対象期間	2025(令和7)年まで(策定後3年を目途に施策の進捗を確認する)

 用語解説

❸ 生活関連団体等
バス会社やタクシー会社、宅配事業者、ガソリンスタンド、コンビニエンスストア、住民団体など地域の民間企業・団体のこと。

❹ SOSネットワーク

　認知症の人が行方不明になったときに、警察だけではなく地域の生活関連団体等❸が捜索に協力し、速やかに行方不明者を見つけ出す仕組みで、名称は地域により異なります。

理解度チェック 1問1答

全問クリア　　月　　日

問題

□ ❶ BPSD(認知症の行動・心理症状)は、住環境などの環境因子の影響は受けない。 25回32

□ ❷ 若年性認知症は、うつ病など、他の精神疾患と疑われることがある。 25回32

□ ❸ 認知症施策推進大綱では、認知症の人本人からの発信支援を推進するよう明記されている。 23回34

□ ❹ 認知症初期集中支援チームの対象者は、原則として、40歳以上で、在宅で生活し得ており、かつ認知症が疑われる人または認知症の人である。 23回34

□ ❺ 認知症の行動・心理症状(BPSD)の悪化要因として最も多いのは、家族の不適切な対応である。 22回再28

□ ❻ ロコモティブシンドロームとは、認知機能の低下によって起こるフレイルである。 26回26

□ ❼ 前頭側頭型認知症では、リアルな幻視やパーキンソニズムが特徴である。 25回32

解答解説　❶✕住環境などの環境因子の影響を受ける。❷○　❸○　❹○　❺✕悪化要因として最も多いのは、認知症の進行や悪化である。❻✕運動機能の低下によって起こるフレイルである。❼✕リアルな幻視やパーキンソニズムはレビー小体型認知症の特徴である。

7 高齢者の精神障害とその介護

「ここを押さえよう！」

頻出度　★★

高齢者の精神障害の特徴、多い精神障害（特に、老年期うつ病、アルコール依存症、妄想性障害）、精神障害のある高齢者の介護のポイントを押さえておきましょう。

精神障害者のサポート

どよーん

少しらく

高齢者の精神障害

1 高齢者の精神障害の特徴

　高齢者の精神障害には、老年期に初発する精神障害と、若年期に発症したまま高齢に達した精神障害があります。いずれも加齢に伴う変化が深く関与していて、精神症状が定型的でなく、訴えが多彩でかつ曖昧であることが特徴です。

コレも出た！
老年発症型のアルコール依存症では、家族歴や遺伝的要因を有することは少ない。(22回再30)

2 高齢者に多い精神障害

● 老年期うつ病の症状

老年期うつ病は、配偶者・近親者や親しい友人との死別、仕事からの引退、疾病などをきっかけに発症します。憂うつ感や悲哀感が生じ、全身の倦怠感・違和感を伴い、自発性が低下します。

症状は非定型的で、不安・イライラ感(自殺の危険が高い)、心気的傾向(身体症状の訴えが多い)がみられます。

治療は、抗うつ薬や抗不安薬による薬物療法が中心となりますが、最近は薬を使わない認知行動療法も行われるようになっています。

● 統合失調症の症状

思春期に発病した統合失調症は、寛解[1]と再発を繰り返し、老年期には症状が緩和し、無関心、感情鈍麻、自閉的態度がみられるようになります。老年期の再発要因は、配偶者や近親者の死、生活環境の変化などです。

● 妄想性障害の症状

高齢者の妄想性障害の主な特徴は、以下の5つです。

①妄想テーマに現実の生活が反映されていることが多い。
②妄想対象が特定の身近な人の場合が多い。
③妄想対象に対して強い攻撃性を示すことが多いが、実際に攻撃することは少ない。
④妄想テーマは限定的で拡大することは少ない。
⑤妄想は持続的だが日常生活を営むことは可能。

● アルコール関連障害の症状

アルコール関連障害とは、健康問題のみならず、事故や家族・職業問題などを含む広い概念です。一般に、老年期になると飲酒機会と飲酒量が減少します。しかし、「体内

の水分量の低下」「アルコール代謝酵素の活性低下」「中枢神経系のアルコール感受性の亢進_{こうしん}」などのために、若年に比してアルコール依存症になりやすいといわれています。

重要ポイント 高齢者のアルコール依存症には、次の3つの特徴があります。

① 離脱症状が長引きやすい。

② 身体合併症が高い率で出現する。

③ 認知症やうつ病を合併する割合が高い。

コレも出た！
アルコール依存症のケアでは、断酒会などを早期から活用したほうがよい。（18回35改）

精神に障害のある高齢者の介護

1 必要とされる支援の姿勢

介護を必要とする精神に障害のある高齢者は、援助職の「先入観」に敏感です。介護者の行為が押しつけになっていないか、本人にとってどのような体験になっているのかを検討しながら、自己を発揮する場を保証するとともに、生活の質を高められるよう支援する必要があります。

2 疾患に特徴的な障害がある人と関わる上での留意点

● **統合失調症への対応**

周囲への不信感や恐怖心により生じる幻視妄想体験からつくられる内的世界を理解する必要があります。

● **双極性障害（気分障害）への対応**

身体症状や被害念慮を繰り返し訴える場合は、親身になって聞く必要があります。また、自殺への注意も大切です。

● **アルコール依存症への対応**

若年期に発症する場合と、高齢者になって、体力低下、孤独感、生きがいの喪失、親しい人との死別などをきっかけに発症する場合があります。酒を飲まない環境を整備し、酒を飲んでいないときに話し合って、生活を全う

できるよう支援します。

● 神経症（ノイローゼ）への対応

　不眠、頭痛、身体の違和感を訴える不定愁訴や強い不安感、チックや奇異な行動が認められます。本人の話に耳を傾け、つらさを受け止めることが必要です。

● 知的障害への対応

　理解力は一人ひとり違いますが、自分の人格が尊重されていると患者に感じさせるような関わり方をすることが大切です。

　ただし、人に暴力をふるうような行為があった場合には、他者に暴力をふるうことは絶対に許されないことを、毅然とした態度で示す必要があります。

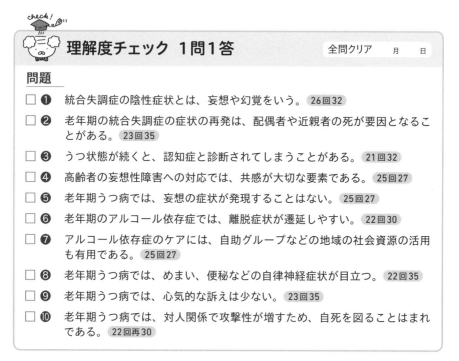

理解度チェック　1問1答

全問クリア　　月　　日

問題

- [ ] ❶ 統合失調症の陰性症状とは、妄想や幻覚をいう。 26回32
- [ ] ❷ 老年期の統合失調症の症状の再発は、配偶者や近親者の死が要因となることがある。 23回35
- [ ] ❸ うつ状態が続くと、認知症と診断されてしまうことがある。 21回32
- [ ] ❹ 高齢者の妄想性障害への対応では、共感が大切な要素である。 25回27
- [ ] ❺ 老年期うつ病では、妄想の症状が発現することはない。 25回27
- [ ] ❻ 老年期のアルコール依存症では、離脱症状が遷延しやすい。 22回30
- [ ] ❼ アルコール依存症のケアには、自助グループなどの地域の社会資源の活用も有用である。 25回27
- [ ] ❽ 老年期うつ病では、めまい、便秘などの自律神経症状が目立つ。 22回35
- [ ] ❾ 老年期うつ病では、心気的な訴えは少ない。 23回35
- [ ] ❿ 老年期うつ病では、対人関係で攻撃性が増すため、自死を図ることはまれである。 22回再30

解答解説　❶✕ 妄想や幻覚は陽性症状。 感情鈍麻や意欲の欠如、自閉などが陰性症状。❷○ ❸○ ❹○ ❺✕ 妄想の症状が発現することが多い。 ❻○ ❼○ ❽○ ❾✕ 心気的な訴えが多い。 ❿✕ 自死を図ることもある。

8 予後の理解と医学的問題のとらえ方

 「ここを押さえよう！」 頻出度 ★

医学的診断と予後（病気がたどる経過）の理解、介護職と医療職の連携、起こり得る合併症（転倒・転落、低栄養、誤嚥性肺炎、褥瘡など）のポイントを把握しておきましょう。

診断を理解　　病気の見通しを理解

治療方法を選択

医学的診断と予後の理解

● 医学的診断の理解

重要ポイント 医師は、患者から病歴を聞き、血液検査や画像診断の結果に基づいて診断します。患者は、医師から十分な説明を受け、自分で意思決定します。これをインフォームド・コンセントといいます。

● EBM、NBM

EBM（Evidence Based Medicine：エビデンス・ベースド・メディスン）とは、論文やデータなどの科学的根拠に基づいて治療方針を説明・決定する方法のことです。

コレも出た！
介護支援専門員は、患者自身が治療法を選択する際に、第三者的な立場から助言する。(25回35)

243

NBM（Narrative Based Medicine：ナラティブ・ベースド・メディスン）とは、患者の主訴（思いや希望、語る内容）を中心に、自己決定を支援する形で治療方針を決定する方法です。

EBMとNBMの両方の視点から、患者の自己決定を支え、患者中心の医療を実現することが求められています。

● **クリニカルパス**

時間軸に沿って治療内容や方法などが記載されている治療スケジュール表のことです。病院内での治療のスケジュールだけではなく、転院等の時期の目安になったり、その際の連携に使われたりします。

● **予後の理解**

重要ポイント 予後とは、病気がたどる経過のことです。予後を理解することで、患者自らが自身の病気を知り、自分に合った治療法を選択することができます。

コレも出た！
患者は、自分の傷病の内容を知り、どのような治療を受けるか、自己決定する権利を有している。（26回33）

コレも出た！
疾患の予後に関する情報は、高齢者本人だけではなく、家族にも説明する必要がある。（23回36改）

🐝 起こり得る合併症について

要介護状態で起こり得る合併症には、転倒、骨折、誤嚥性肺炎、低栄養、褥瘡などがあります。

● **転倒、転落**

重要ポイント 次のような転倒の原因となる環境因子を取り除くことが大切です。

- ライティング（暗さ、明暗差）
- 床（段差やカーペットの端のめくれ、電気コードなど）
- 薬剤（精神安定剤や睡眠薬、また風邪薬中の抗ヒスタミン剤などによって起こるふらつき、眠気などの副作用）

● **低栄養**

本章第1節「高齢者の特徴と起こりやすい症状・よくみられる疾患」の「老年症候群」を参照。

● 誤嚥性肺炎

咳き込みや高熱がある場合は、嚥下障害やさらには誤嚥性肺炎を疑う必要があります。また、活気がないか食事をとらないとき、肺炎が隠れているかもしれません。このような場合、主治医の診断を仰ぎます。

誤嚥性肺炎防止においては、口腔ケアが効果を発揮します。

● 褥瘡

栄養状態の管理のみならず、好発部位を確認し、長時間同じ姿勢をとらないようにします。圧迫部位によっては短時間で起こることもあります。

また、座位を長時間続けることで褥瘡が発生するおそれもあるので、注意が必要です。

 知っトク！

褥瘡の防止では、2時間ごとの体位変換を基本とする。ただし、夜間や睡眠時には3時間ごとにするなど調整が必要である。

> **2** 保健医療サービスの知識等

理解度チェック 1問1答

全問クリア　　月　　日

問題

- □ ❶ 予後に関する説明では、患者の理解力なども考慮し、必要に応じて家族の立ちあいを求める。 `26回33`
- □ ❷ 転倒による頭部打撲後、すぐに意識障害が起こらなければ問題はない。 `25回38`
- □ ❸ 医学的観点だけに基づく診療方針の決定では、本人の意向に反する結果となる恐れがある。 `23回41`
- □ ❹ インフォームド・コンセントは、治療に関わるものなので、検査には必要とされない。 `22回38`
- □ ❺ 個々の人間の感じ方や考えに耳を傾けて自己決定を促す医療をエビデンス・ベースド・メディスン（EBM）という。 `23回36`
- □ ❻ 避難所では、体を動かす機会が減り、筋力が低下することによって、生活不活発病となることがある。 `21回27`

解答解説　❶○　❷✕ 時間が経ってから症状が出ることもあるので原則として医療機関を受診する。 ❸○　❹✕ インフォームド・コンセントは、検査に関しても必要である。 ❺✕ ナラティブ・ベースド・メディスン（NBM）という。 ❻○

9 栄養管理と食生活

「ここを押さえよう!」 頻出度 ★★

身体状況と栄養状態の課題と食事、食事バランスガイド、介護保険制度における栄養ケアマネジメントの要点を把握しておきましょう。

こんな食生活を!

1 低栄養に注意　2 多様な食事　3 副食から食べる

4 規則正しい食生活　5 運動　7 楽しく食事する

6 食生活の知恵

栄養と食生活

　高齢者にとって口から食べることは、楽しみや生きがいであり、社会参加への意欲を高める手段でもあります。この取組みは、2014(平成26)年の介護保険法改正において、いっそう推進されることになりました。

　食べることを支援する栄養ケアマネジメントは、生活全般を改善することや、回復に対する高齢者の意欲を引き出して高齢者のQOL(生活の質)を維持・向上させることを目指しています。

コレも出た!
高齢者の栄養と食生活においては、食べることを通じて尊厳ある自己実現を目指す。(25回36)

身体状況・栄養状態の課題と食事

重要ポイント 高齢者の栄養状態は、摂取栄養量と必要栄養量を比較して評価します。タンパク質・エネルギー欠乏状態（PEM）とは、タンパク質、糖質、脂質などにより供給されるエネルギーが不足した低栄養状態を指します。

PEMのリスクの有無は、BMIや体重の減少、血清アルブミン値等によって評価・判定します。要介護者の低栄養状態の把握には、BMIを用いるのが一般的です。BMIは体重（kg）÷身長（m）÷身長（m）で計算します。

コレも出た！
男性では、加齢とともに低栄養傾向の者の割合が増加する。（26回35改）

表2-9-1 施設における栄養スクリーニング指標

リスク分類	低リスク	中リスク	高リスク
BMI	18.5〜29.9	18.5未満	
体重減少率	変化なし（減少3％未満）	1か月に3〜5％未満 3か月に3〜7.5%未満 6か月に3〜10%未満	1か月に5％以上 3か月に7.5%以上 6か月に10%以上
血清アルブミン値	3.6g/dl以上	3.0〜3.5g/dl	3.0g/dl未満
食事摂取量	76〜100%	75%以下	
栄養補給法			経腸栄養法 静脈栄養法
褥瘡			褥瘡

〈低栄養状態のリスクの判断〉
すべての項目が低リスクに該当する場合には、「低リスク」と判断する。高リスクに一つでも該当する項目があれば「高リスク」と判断する。それ以外の場合は「中リスク」と判断する。

望ましい栄養・食生活を目指すためには

1 食事バランスガイド

健康寿命[1]の延伸や、QOLの向上を目指す食生活指針や食事バランスガイドが示されています。食事バランスガイドとは、食事摂取基準に基づき、実際の食事の際に、

用語解説
[1] 健康寿命
疾病などによる障害期間を除いた平均寿命のこと。

何をどのくらい摂取したらよいかを示したものです。

食生活指針は、疾病や介護の一次予防を目的に作成され、栄養改善のための健康教育にも活用できます。

2 介護保険制度における栄養ケアマネジメント

栄養ケアマネジメントの理念には、エネルギー、タンパク質が主体である食事を十分に「食べること」を通じて、単に栄養指標の改善にとどまることなく、高齢者の尊厳である自己実現を支援することが掲げられました。

栄養ケアマネジメントは、Plan（計画）→Do（実行）→Check（評価）→Action（処置改善）のPDCAサイクルが導入されるとともに、アウトカム評価に基づいたサービスの品質改善に取り組むマネジメント手法を組み込んでいることが特徴となっています。

コレも出た！
摂食・嚥下のリハビリテーションは、医師も含めた多職種で行う。
（23回33改）

理解度チェック 1問1答

全問クリア　　月　　日

問題

□ ❶ 栄養素の摂取不足によって、メタボリックシンドロームが引き起こされる。
23回38

□ ❷ 血清グロブリンは、栄養状態をみる指標として最も有用である。 22回37

□ ❸ 高齢者の低栄養状態を改善するには、水分を多く摂取することである。
21回36

□ ❹ 認知症の高齢者への食事摂取の促しとしては、声かけ、見守りなども重要
である。 21回36

□ ❺ 低栄養状態では、筋力の低下により転倒しやすい。 26回35

□ ❻ 高齢者は、咀嚼能力や唾液分泌の低下などから、摂食・嚥下障害を起こし
やすい。 25回36

解答解説　❶✕主に栄養の摂取過多によって引き起こされる。❷✕栄養状態をみる指標として最も有用なのは、血清アルブミンである。❸✕タンパク質と摂取エネルギーを増やすことが重要。❹○　❺○　❻○

10 薬剤管理

高齢者における薬剤動態（吸収、分布、代謝、排せつ）、薬剤服用時の注意点、薬剤管理指導の方法（薬剤管理表作成、副作用・相互作用の確認）のポイントを押さえておきましょう。

高齢者の身体の生理的変化と薬の作用

1 薬物の動態

● 薬剤の吸収

　口から服用した薬剤は、主に十二指腸や小腸から吸収されます。

　高齢者では、胃潰瘍の原因となるヘリコバクターピロリ菌陽性者が多く、この菌の影響により腸内で溶けるように皮膜を施した薬剤が、胃の中で溶解してしまい、吸収される薬剤の量が減少してしまう可能性があります。ま

コレも出た！
口腔内で溶けるOD錠は、唾液と一緒に飲み込み胃腸で吸収される。
（22回再32改）

2 保健医療サービスの知識等

た逆に、消化管の運動が鈍くなっているために、薬剤を吸収する部位に長い時間停滞してしまい、吸収量が増加してしまうこともあります。

● 薬剤の分布

血管内を運搬されている薬剤はタンパク質と結合したものと、結合していないものがあり、効き目が現れるのはタンパク質と結合していない状態のものです。

栄養状態がよくない場合などで、血液中のタンパク質の量が減少していると、タンパク質と結合していない薬剤が多くなり、作用が強く現れることがあります。

● 薬剤の代謝

重要ポイント 肝臓に入った薬は肝臓内の酵素で代謝を受け、体外に排せつされやすい形に変えられます。高齢者では、肝臓への血流量の減少や肝機能低下により薬剤が代謝されにくくなって濃度が高く保たれることで、作用が強く現れることがあるので、注意が必要です。

● 薬剤の排せつ

薬剤の主な排せつ経路は腎臓から尿中へとなりますが、便・汗・涙・唾液等へ排せつされる場合もあります。

腎機能が低下している場合、排せつされる薬剤量が少なくなるため、作用が強く現れることがあります。

2 薬剤服用時の注意点

● 感覚機能低下への対応

高齢者では、視覚・聴覚といった感覚機能が低下しているケースが多くみられ、誤った服用方法がとられてしまう可能性があります。服用時ごとに薬を一包化（ワンドーズパッケージ）して、朝・昼・夕の服用時を薬包に記したり、色別の服用シールを貼付したりすることで、利用者が自立して薬を管理できるように手助けします。また、服用管理用の薬剤収納ケースやお薬カレンダーの使用も効果的です。

コレも出た！
高齢者は、加齢により生体機能が低下しているため、薬剤の副作用が出やすい。(22回32)

● 服用方法の留意点

薬剤が食道にとどまると、食道潰瘍を引き起こす可能性があります。そのため薬剤は、上半身を起こした状態で、多めの水で服用する必要があります。

嚥下障害がある場合、嚥下補助ゼリーの利用が効果的で、錠剤や散剤をゼリーの間にはさんで服用すると、飲み込みやすくなり、苦味やにおいも軽減することができます。

嚥下困難な場合、錠剤を粉砕して服用させることがありますが、薬剤の中には、製剤学的に工夫を施したものもあります。錠剤の粉砕については、専門的な判断が必要です。

薬剤管理指導の方法

● 薬剤管理表の作成

薬剤師は、薬剤管理指導を行うに当たり、薬剤管理表を作成します。薬剤管理表は、服用薬剤・アレルギー歴・副作用歴・合併症・併用薬等を記入し、利用者に関係するすべての人と情報を共有するために使用します。

● 薬剤の副作用の確認

副作用の一つである口渇の症状は、唾液の分泌減少から味覚の変化まで様々です。また口渇の症状から、食欲減退が起こることもあり、利用者の身体変化から早期に副作用を発見することが大切です。

副作用による頻尿、尿量減少、膀胱炎の症状などは、紙おむつを使用していると見過ごすおそれがあります。

認知症の利用者は、副作用の症状を適切に伝えられないこともあるため、利用者・家族と十分なコミュニケーションをとることが大切です。

薬剤師は積極的に副作用情報を収集し、副作用防止・早期発見のため、関係者で情報共有する必要があります。

コレも出た！
内服薬は、通常、水又はぬるま湯で飲む。(25回34)

コレも出た！
ジェネリック医薬品も、医薬品副作用被害救済制度の対象となる。(19回33改)

麻薬は口渇の原因になり得る。(19回37改)

高齢者が服用することが多い薬には、次のような副作用がある。
●鉄剤 ⇒ 消化器症状
●降圧薬 ⇒ 起立性低血圧
●利尿薬 ⇒ 唾液分泌減少
●抗不安薬 ⇒ 便秘
●非ステロイド性消炎鎮痛薬 ⇒ 消化器潰瘍・腎機能障害
(15回29改)

● 薬剤の相互作用の確認

重要ポイント 薬剤を併用すると、それぞれの作用を強めたり、減弱させたりする場合があります。これを相互作用といいます。高齢者では、複数の疾病が合併しているケースが多く併用薬も多くなり相互作用が問題となります。

また薬剤との併用では、一般用医薬品(ドラッグストア等で販売)、漢方薬、栄養剤(サプリメント等)、健康食品、一般食品等も影響する可能性があります。中でも特定保健用食品については、医療用医薬品と作用機序が同じものもあるため、必ず確認する必要があります。

コレも出た！
服用する薬剤数が多いと、副作用のリスクも増大する。(22回再26)

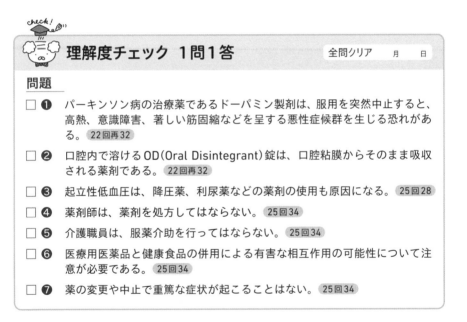

理解度チェック 1問1答　　全問クリア　月　日

問題

□ ❶ パーキンソン病の治療薬であるドーパミン製剤は、服用を突然中止すると、高熱、意識障害、著しい筋固縮などを呈する悪性症候群を生じる恐れがある。 22回再32

□ ❷ 口腔内で溶けるOD(Oral Disintegrant)錠は、口腔粘膜からそのまま吸収される薬剤である。 22回再32

□ ❸ 起立性低血圧は、降圧薬、利尿薬などの薬剤の使用も原因になる。 25回28

□ ❹ 薬剤師は、薬剤を処方してはならない。 25回34

□ ❺ 介護職員は、服薬介助を行ってはならない。 25回34

□ ❻ 医療用医薬品と健康食品の併用による有害な相互作用の可能性について注意が必要である。 25回34

□ ❼ 薬の変更や中止で重篤な症状が起こることはない。 25回34

解答解説 ❶○ ❷✕ 口腔内で溶けるOD錠は、唾液と一緒に飲みこみ胃腸で消化吸収される薬剤である。 ❸○ ❹○ ❺✕ 本人に必要な服薬介助を行う。 ❻○ ❼✕ 重篤な症状が起こることがある。

11 在宅での医療管理

頻出度 ★ ★ ★

「ここを押さえよう！」

在宅での医療管理の概要・体制と、在宅自己注射、悪性腫瘍疼痛管理、人工透析、在宅中心静脈栄養法、在宅酸素療法、ストーマ、吸引、などのポイントを把握しておきましょう。

在宅自己注射　　在宅酸素療法

在宅人工呼吸療法

在宅自己導尿

操作上の注意が必要！

2 保健医療サービスの知識等

在宅医療管理とは

1 在宅医療管理の概要

在宅医療管理のポイントは、次の4つです。

- 生命を維持し暮らしを支える医療
- 介護者・家族の意思決定の支援
- 介護者・家族の支援
- 医療職と他の専門職との情報共有

コレも出た！
居宅介護支援事業所から病院への情報提供のため、入院時情報提供書が使われることがある。（25回35）

2 在宅医療管理の体制

在宅医療は、訪問診療によって実施します。制度上の定義は、次のとおりです。

- 往診：患者の病状に変化があったときに、対象者または介護者などの求めに応じて医師が患者の家に行って診療を行うこと。
- 訪問診療：医師が計画的な医学管理の下に定期的に訪問して診療を行うこと。

技術の進歩により、前は入院でしか対応できなかった検査、処置、管理の多くが在宅でできるようになりました。

在宅医療管理の実際

1 在宅自己注射

コレも出た！
インスリン注射は、医師の指導を受けた本人・家族、または看護師等が行う。（17回33改）

在宅での自己注射で最も多いのが、糖尿病患者のインスリン製剤の自己注射です。インスリン注射の効果を理解し、医師の指示どおりに適切な量・時間・方法で実施することが必要です。食事療法・運動療法も併せて、適切な血糖コントロールを継続的に行い、命に関わる低血糖や高血糖を起こさないようにします。

2 悪性腫瘍疼痛管理

コレも出た！
悪性腫瘍の疼痛管理で麻薬を使用すると便秘になる可能性がある。（19回32改）

末期の悪性腫瘍の患者で持続性疼痛があり、鎮静剤の内服では疼痛がコントロールできない場合に、輸液ポンプや携帯用持続注入ポンプを用いて鎮痛剤投与をする方法です。世界保健機関（WHO）は、在宅ホスピス緩和ケアのためのWHO方式がん疼痛管理療法を提唱しています。

3 人工透析

 重要ポイント 人工透析とは、腎不全のため体の中に

たまってゆく老廃物や余分な水分を定期的に排せつする方法です。血液透析と腹膜透析があります。

　導入に当たっては、医師から十分な指導を受け、適切な水分量や栄養バランスがとれているか、重大な合併症である腹膜炎などが起こっていないか、熱や体調の変化に細かく注意しなければなりません。緊急時の連絡先の確認も必要です。

🐭✏️コレも出た！
毎日水分と老廃物を取り出す腹膜透析は、血液透析に比べて食事制限は比較的緩やかである。（22回34改）

4 在宅中心静脈栄養法

　在宅中心静脈栄養法は、経口摂取や経管栄養が不可能である場合、または消化機能に問題がある場合に用いられます。

　必要な水分や栄養素のすべてを含む高カロリー液を、主に右鎖骨下静脈からカテーテルを入れて輸液します。体外式とポート型の完全皮下埋込み式があります。携帯用自動輸液ポンプにより、職場復帰や小旅行も可能になりました。栄養剤のバッグやルートの交換は毎日、ポート針の交換は週に１〜２回行います。在宅での管理では、全身状態およびルート刺入部位の感染（発赤・腫脹）の観察、点滴の滴下状況の確認、清潔操作が重要となります。

🐭✏️コレも出た！
中心静脈栄養法を行っていても、患部を適切に保護すれば、入浴できる。（19回33改）

🐭✏️コレも出た！
中心静脈栄養法では、静脈炎にならないように上大静脈（中心静脈）を用いる。（25回37改）

5 在宅経管栄養法

　経管栄養法は経路により、経鼻・胃ろう・腸ろうに分かれます。嚥下障害や経口摂取が困難な場合でも、腸からの栄養の消化吸収ができます。口からの食事と同様に、排尿・排便はみられます。

　経管栄養法を行う際の注意点は、下記の５つです。

図2-11-1　経管栄養法
（経鼻栄養と胃ろう）

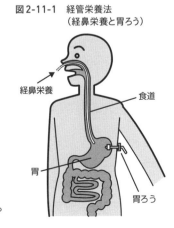

経鼻栄養

食道

胃

胃ろう

2

保健医療サービスの知識等

①注入時は上体を座位か、30度以上起こして逆流による誤嚥性肺炎を防ぐ。

②経鼻栄養の場合、注入するたびにチューブが胃に入っているか確認する。

③注入速度はゆっくり、下痢や嘔吐をしないように注意する。

④終了後も逆流防止のため30分は上体を高いままにする。

⑤終了後は、細菌感染を防ぐため使用器具をすぐに洗浄し、乾燥させる。

コレも出た！
胃ろうを造設しても、誤嚥性肺炎のリスクがなくなるわけではない。
（17回33）

コレも出た！
胃ろうで半固形栄養剤を使用することで、胃食道逆流や下痢を防止できる可能性がある。（18回31改）

● 胃ろう

チューブ挿入部の皮膚に発赤・ただれ・漏れがないか観察し、全身状態としては体重の増加、脱水、発熱、下痢、嘔吐に注意します。経口摂取に移行する場合は、関連する専門職が協力して経口移行計画を作成する必要があります。

表2-11-1　胃ろうの種類とその特徴

種類	メリット	デメリット	交換の目安	その他
バルーン型	入れ替えがしやすい	カテーテルが抜けやすい	1か月ごと	バルーンに関する日常的なチェックが必要
バンパー型	自然脱落のおそれがほとんどない	交換時にろう孔の損傷を起こす可能性がバルーン型より高い	6か月ごと	ストッパーと皮膚の間に1〜2cmの「あそび」を設け、確認する

6 在宅人工呼吸療法

長期にわたり持続的に人工呼吸を使用せざるを得ない患者に対し、在宅で実施する療法のことです。

● 在宅人工呼吸療法の種類

在宅人工呼吸療法には、気管切開・人工呼吸法と非侵

コレも出た！
在宅人工呼吸療法を導入する場合には、家族がアンビューバッグの使い方を習得する必要がある。（17回30）

襲的陽圧喚気法（口や鼻から専用のマスクを用いて行う）の2種類があります。気管切開・人工呼吸法では、気管切開部周囲の皮膚の観察と清潔が重要であり、介護者が清潔に痰を吸引する方法を習得することが必要です。

人工呼吸器は生命維持装置であり、少しのトラブルであっても命に関わるため、その管理は十分に注意して行われなければなりません。退院時には介護者への十分な教育、緊急時の連絡先の確認が必要です。

7 在宅酸素療法

在宅酸素療法（HOT）は、心疾患や高度慢性呼吸不全などで、低酸素血症をきたしている患者に、在宅で酸素投与を行う治療です。

● 在宅酸素療法の注意点

導入に当たっては、入院して病状を評価し、酸素の吸入量を決め、医師や看護師が器具操作などを指導するのが基本ですが、訪問診療等の際に医師が導入を判断することもあります。CO_2ナルコーシス❶を生じる危険のある患者には特に注意が必要です。

使用に際し、上気道感染などの合併症に注意し、器具や病状の異常の早期発見と緊急時の連絡方法を確認しておくことが重要です。

● 在宅酸素療法の器具

重要ポイント 酸素供給器には、酸素用ボンベ、酸素濃縮器❷、液化酸素濃縮装置があります。酸素は可燃性であり、周囲2メートル以内は火気厳禁なので、禁煙も指導します。

吸入器具には、経鼻カニューレ、酸素マスクなどがあります。洗浄と乾燥をこまめに行い、ルートの詰まりや穴がないか点検します。

コレも出た！
人工呼吸器を装着している場合は、停電に備え、バッテリー内蔵の吸引器または手動／足踏み式の吸引器を備えておく。（17回30改）

2 保健医療サービスの知識等

用語解説
❶ CO_2ナルコーシス
呼吸不全が進行し、動脈血中のCO_2が上昇しやすい状態をいう。

用語解説
❷ 酸素濃縮器
空気を取り込み、酸素の濃度を高めて供給する装置。

コレも出た！
在宅酸素療法で使用するボンベには、航空機に持ち込むことができるものもある。（17回30改）

8 ストーマ（人工肛門・人工膀胱）

消化管ストーマは、大腸がんなどで腸管が閉塞して肛門から排せつできない場合や、潰瘍性大腸炎やがんなどの治療で肛門近くの小腸を切除した場合などに造られます。

尿路ストーマは、膀胱がんや前立腺がんなどの腫瘍性疾患で尿路の変更が必要となった場合や、脊髄損傷などによる神経因性膀胱機能不全などの場合に造られます。

9 吸引

コレも出た！
喀痰の吸引に必要な吸引器は、医療保険により給付される。（18回38改）

吸引は、痰や垂れ込んだ唾液などを吸引器で除去し、肺炎や窒息等を予防するために行います。吸引の方法には、口腔内吸引、鼻腔内吸引、気管吸引があります。

加齢、体力低下、疾患の影響による嚥下機能の低下があり、自力で痰の喀出が困難な場合や、気管切開、人工呼吸器を装着している場合などが吸引の対象となります。

吸引の必要な高齢者の生活を支えるため、手技等を家族が習得しているかどうかの確認が必要になります。

10 ネブライザー（吸入）

ネブライザーは霧状にした薬を気管や肺に吸い込むことで呼吸器疾患の患者の症状を抑えたり、気道を加湿して痰を出しやすくしたりする機器です。在宅では、コンプレッサー（ジェット）式と超音波式が主に使われます。

11 パルスオキシメーター

コレも出た！
在宅酸素療法や人工呼吸療法を実施している場合は、パルスオキシメーターの購入費用が補助されることがある。（19回32改）

パルスオキシメーターは、手足の指先に光センサー（プローブ）をつけて、血液中にどの程度の酸素が含まれているか（SpO_2：酸素飽和度）を測定する機器です。

気管切開等をしている患者は、呼吸の苦しさを言葉で訴えることができないこともあるため、値の変化や患者の酸素飽和度を主治医に確認し、吸引の要否や緊急連絡

の要否の目安とすることが必要です。

⑫ バルーンカテーテル（膀胱留置カテーテル）

尿道口から膀胱にカテーテルを挿入し、そこから排尿させます。このようなカテーテルを留置する方法では、膀胱炎などの感染症にかかりやすくなるので、清潔操作をきちんと行い、尿の性状に注意します。

> 🐟✏️コレも出た！
> 膀胱留置カテーテルの使用時に尿漏れがある場合は、カテーテルの閉塞を疑う。（19回33改）

⑬ 在宅自己導尿

導尿とは、尿道に挿入したカテーテルから尿を排出させる方法です。在宅自己導尿である間欠自己導尿法は、実際には介護者が行うことが多く、排尿後にカテーテルを抜き取ります。持続的におむつを使用したり、カテーテルを留置したりするより望ましいといえます。

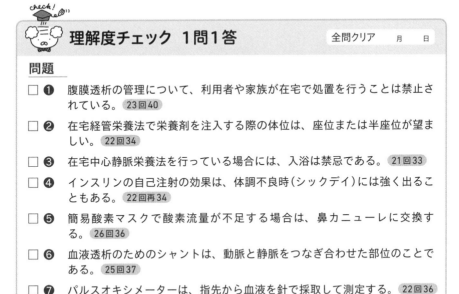

check!

理解度チェック 1問1答

全問クリア 　月　　日

問題

- ☐ ❶ 腹膜透析の管理について、利用者や家族が在宅で処置を行うことは禁止されている。 23回40
- ☐ ❷ 在宅経管栄養法で栄養剤を注入する際の体位は、座位または半座位が望ましい。 22回34
- ☐ ❸ 在宅中心静脈栄養法を行っている場合には、入浴は禁忌である。 21回33
- ☐ ❹ インスリンの自己注射の効果は、体調不良時（シックデイ）には強く出ることもある。 22回再34
- ☐ ❺ 簡易酸素マスクで酸素流量が不足する場合は、鼻カニューレに交換する。 26回36
- ☐ ❻ 血液透析のためのシャントは、動脈と静脈をつなぎ合わせた部位のことである。 25回37
- ☐ ❼ パルスオキシメーターは、指先から血液を針で採取して測定する。 22回36

解答解説　❶✕ 主に利用者や家族が在宅で処置を行う。　❷〇　❸✕ 感染予防に努めながら入浴する。　❹〇　❺✕ リザーバーマスクなどへの交換を検討する。　❻〇　❼✕ 皮膚表面から動脈血酸素飽和度を測定するため、血液を採取する必要はない。

12 感染症の予防と対応

「ここを押さえよう！」 頻出度 ★★

高齢者に多い呼吸器感染症、尿路感染症、褥瘡（じょくそう）感染症、敗血症の特徴を理解し、感染症の予防と介護・看護ケアにおける感染症対策のポイントを把握しておきましょう。

高齢者に多い感染症

重要ポイント 高齢者の感染症には次のような特徴があります。

- 主な症状は、咳、発熱、腹痛、呼吸困難、頻脈などである。
- 症状が明確に現れない場合もある。
- 食欲不振、意識障害、脱水、せん妄などの症状もしばしば現れる。
- 抗生物質による治療を繰り返すことにより、緑膿菌が出現しやすく、抗生剤に耐性を持つ感染症を

引き起こすことがある。

1 呼吸器感染症

高齢者に多い呼吸器感染症は、肺炎、気管支炎、膿胸、肺結核などです。主な症状は咳、痰、呼吸困難、チアノーゼ、発熱、頻脈などで、時に食欲不振、せん妄などが現れることもあります。介護する上でのポイントは、痰を出やすくして咳の苦痛を取り除くとともに、呼吸困難に適切に対処することです。

2 尿路感染症

膀胱炎などの尿路感染症の主な症状は、頻尿、排尿時痛、発熱、尿閉です。重症の場合、腎不全、敗血症、ショックを起こします。治療では、原因菌に合う抗生物質を投与します。予防するには、手・指と陰部を清潔に保ち水分を多く摂り、排尿を我慢しないようにします。

3 褥瘡感染症

褥瘡は感染を伴うことが多く、敗血症の原因となることもあります。特に仙骨部、大転子部、踵部(かかと)は重症化しやすく、注意が必要です。

褥瘡の発生を促す因子は、局所性と全身性のものがあるので、局所因子だけにとらわれず、全身状態を改善することが重要です。感染が生じた場合は、抗生物質の全身投与や切開排膿を行います。

4 敗血症

敗血症は、体内の感染病巣から血液とリンパ管中に細菌が侵入し、細菌から出る毒素により、ショック、呼吸困難、乏尿、高熱、悪寒などの全身症状が急激に現れ、死に至ることもある重い疾患です。高齢者では発熱をみな

コレも出た！
社会福祉施設では、65歳以上の入所者に対し、毎年1回の定期結核検診を実施している。(17回42改)

コレも出た！
褥瘡は、細菌感染の原因となる。(26回29)

2 保健医療サービスの知識等

いこともあります。

血液培養により確定診断を行い、原因菌に合った抗生物質を使用し治療します。

起こりやすい感染症の予防と看護・介護

⓵ 標準予防策（スタンダードプリコーション）

重要ポイント 標準予防策（スタンダードプリコーション）は、「あらゆる人の血液、すべての体液、分泌物、排せつ物、創傷のある皮膚、粘膜には感染性があると考えて取り扱う」が基本となる考え方です。

● 手指衛生

流水と石けんによる手洗いとアルコールなどの速乾性擦式手指消毒薬による手指消毒のことをいいます。ケア前後の手洗いは基本です。

● 個人防護具

コレも出た！
手洗いでは、指先、指の間、親指、手首を洗い忘れないようにする。（18回39改）

表2-12-1　個人防護具の使用目的

個人防護具の種類	使用目的
手袋	接触による微生物の伝播を防ぐ。
マスク	血液、体液、分泌物や排せつ物などの飛散が予測されるケアで、鼻と口の粘膜を防護する。
ガウン・エプロン（撥水性で使い捨てのもの）	血液、体液、分泌物や排せつ物などの飛散が予測されるケアで、皮膚を防護し、ユニホームの汚染を防ぐ。
ゴーグル	血液、体液、分泌物や排せつ物などの飛散が予測されるケアで、目の粘膜を保護する。

⓶ 感染経路別予防策

感染経路には、接触感染、飛沫感染、空気感染などがあります。感染症を持つ利用者には、標準予防策に加えて該当する感染経路別予防策を実施します。

コレも出た！
ノロウイルス感染者の嘔吐物の処理では、汚染した場所を次亜塩素酸ナトリウムで消毒する。（18回39改）

表2-12-2　感染経路別の主な感染症

感染経路	主な感染症
接触感染	ノロウイルス感染症(ただし、吐物などの処理時は飛沫感染)、腸管出血性大腸菌感染症、疥癬、多剤耐性菌感染症など
飛沫感染	新型コロナウイルス感染症、インフルエンザ、流行性耳下腺炎、風疹など
空気感染	結核、麻疹、水痘(帯状疱疹)など

(出所)『九訂 介護支援専門員基本テキスト 下巻』p.191(長寿社会開発センター)

3 高齢者の予防接種

　高齢者は感染症に対する抵抗力が弱くなっているので、インフルエンザワクチンと肺炎球菌ワクチンの予防接種が推奨されています。

コレも出た！
高齢者への肺炎球菌ワクチンは、接種後5年たたないと再接種できない。(22回39改)

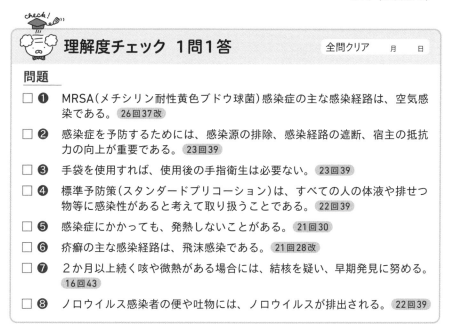

理解度チェック　1問1答

全問クリア　　月　　日

問題

- ☐ ❶ MRSA(メチシリン耐性黄色ブドウ球菌)感染症の主な感染経路は、空気感染である。 26回37改
- ☐ ❷ 感染症を予防するためには、感染源の排除、感染経路の遮断、宿主の抵抗力の向上が重要である。 23回39
- ☐ ❸ 手袋を使用すれば、使用後の手指衛生は必要ない。 23回39
- ☐ ❹ 標準予防策(スタンダードプリコーション)は、すべての人の体液や排せつ物等に感染性があると考えて取り扱うことである。 22回39
- ☐ ❺ 感染症にかかっても、発熱しないことがある。 21回30
- ☐ ❻ 疥癬の主な感染経路は、飛沫感染である。 21回28改
- ☐ ❼ 2か月以上続く咳や微熱がある場合には、結核を疑い、早期発見に努める。 16回43
- ☐ ❽ ノロウイルス感染者の便や吐物には、ノロウイルスが排出される。 22回39

解答解説 ❶✕飛沫感染もしくは接触感染。 ❷○ ❸✕手袋の使用前後の手指衛生が必要である。 ❹○ ❺○ ❻✕接触感染である。 ❼✕2か月以上ではなく、2週間以上続いた場合。 ❽○

2　保健医療サービスの知識等

13 急変時の対応

「ここを押さえよう！」

病気（意識障害、呼吸困難、吐血・下血・喀血など）が原因の急変への対応、事故（窒息、誤嚥、転倒など）が原因の急変への対応、心肺蘇生の要点を把握しておきましょう。

気道確保

人工呼吸

体外心マッサージ

ふー

病気が原因の急変への対応

1 意識障害

コレも出た！
急変時の対応や緊急受診先などの情報を、あらかじめ主治医や家族と共有しておくことが望ましい。（19回35改）

　急変時にはまず、全身状態やバイタルサイン（脈拍、体温、血圧、呼吸）を把握し、意識レベルを確認します（本章第2節「バイタルサインと検査・検査値」を参照）。

2 呼吸困難

　呼吸困難・息切れは、呼吸器や循環器の疾患など多くの疾患でみられます。呼吸困難をきたす疾患は、呼吸器

264

疾患、心疾患、脳神経疾患、貧血、発熱、甲状腺機能亢
進症、過換気症候群、アナフィラキシーショックなどが
あります。

3 痛み

● 頭痛

突然の頭痛にはくも膜下出血や脳出血などがあり、
徐々に痛みが強くなる場合には、外傷性頭蓋内出血、髄膜
炎、脳炎、脳腫瘍、脳膿瘍、慢性硬膜下血腫などが考え
られます。細菌やウイルスの感染症で頭痛を起こすこと
もあります。

● 胸痛

原因は、虚血性心疾患（狭心症、心筋梗塞）、解離性大
動脈瘤**1**、肺梗塞、心膜炎**2**、心臓神経症、頸部脊椎症、
胆のう炎、胃潰瘍穿孔、食道裂孔ヘルニア、などが考え
られます。

痛みの部位、強さ、性質（鈍い、刺すような、など）、持
続時間を確認し、速やかに医療機関へ連絡し、搬送します。

● 背部痛

重要ポイント 背部痛は、背中そのものに痛みがある
場合と、離れたところからの痛みが背中に伝わる放散痛
の場合があります。神経疾患、循環器疾患、呼吸器疾患、
消化器疾患、泌尿器疾患、骨関節筋肉疾患、皮膚疾患な
どでも、背部痛がみられます。

● 腹痛

原因として、急性腹症、心血管系、呼吸器系などがあり、
致命的疾患から可能性を検討し判断していきます。心筋
梗塞や肺塞栓**3**により腹痛を起こすこともあります。緊
急性のあるケースもあるため、しっかり観察して早めに
医療機関を受診させるようにします。

コレも出た！

高齢者の場合、急変時
にみられる痛みや呼吸
困難などの訴えがない
ことも多い。（19回35）

2 保健医療サービスの知識等

用語解説

1 解離性大動脈瘤
大動脈壁の内膜の一部
が裂け、動脈壁が剥が
れた状態。非常に強い
痛みを伴う。

2 心膜炎
心臓腔の炎症のこと。
呼吸、咳、体の動きに
連れて痛みが増す。

用語解説

3 肺塞栓
下肢などに生じた血栓
により肺の血管が詰ま
った状態。

4 吐血・下血・喀血

● 吐血

　原因として、胃潰瘍、十二指腸潰瘍、胃がんなどの上部消化器系の疾患で緊急的治療の必要な場合が疑われます。安静にし、バイタルにも注意しながら速やかに医療機関を受診させます。必要に応じて緊急内視鏡検査が行われます。

● 下血

重要ポイント 痔核、大腸憩室炎[4]、大腸がんなどが原因で起こります。便が黒い場合は、上部消化管出血が疑われるため、速やかな受診が必要です。

● 喀血

　喀血とは、喉頭・気管・気管支・肺胞などの気道系からの出血が経気道的に口腔から喀出（かくしゅつ）されることをいいます。喀血は救急受診の対象ですが、喀痰（かくたん）に少し血液が混じっている程度であれば、医師に相談しましょう。

5 嘔吐

　急性胃潰瘍、胃炎、胃がん等の消化器疾患の異常で発症します。嘔吐の回数や嘔吐物の性状（色や内容物）をよく観察し、脱水症や電解質異常などに注意する必要があります。対応としては、嘔吐の後に口腔内の吐物を除去し口腔内を清潔にし、嘔吐により失われた水分を補給して脱水を予防します。

6 麻痺

　脳卒中などの重大な神経系の疾患が疑われます。脳卒中の症状としては、麻痺のほか失語や失行、構語障害なども起こります。症状が一時的であっても、早めに頭部CT検査および治療を行う必要があります。

用語解説

[4] 大腸憩室炎
大腸の一部が外側に膨らんで憩室が生じ、炎症が起きた状態。

コレも出た！
嘔吐した場合には、側臥位にして口腔内に吐物が残っていないか確認する。（19回35）

⑦ 発熱

　原因は、細菌による感染症、膠原病、腫瘍熱、内分泌疾患などです。高齢者の場合、中枢性発熱、自律神経異常、脱水などによる体温異常も考えられます。発熱とともに現れる症状に注意して鑑別します。

⑧ 脱水

　本章第1節「高齢者の特徴と起こりやすい症状・よくみられる疾患」を参照。

事故が原因の急変への対応

① 窒息

　窒息は高齢者や小児に多く、食物（もち、パン、肉など）をうまく飲み込めず（誤嚥）、上気道が閉塞されて起こります。また、嘔吐したものを気管に詰まらせてしまうこともあります。窒息のため声が出なくなり、高齢者では急に黙り込み意識を失うことも多くみられます。

　窒息では数分以内に心肺停止に陥ってしまうケースもあるため、介護者が直ちに異物の除去を試みる必要があります。

② 誤嚥

　高齢者は、嚥下能力の低下により固形のものやとろみのあるものより、さらっとした水が飲み込みにくくなります。誤嚥には、食べ物の誤嚥、のどにある唾液や喀痰の誤嚥、胃内容物の逆流性誤嚥などがあります。

　慢性誤嚥者の30％に不顕性誤嚥（むせのない誤嚥）がみられます。

コレも出た！
高齢者は感染症に罹患しても発熱しないことがあるため、注意が必要である。（19回35改）

コレも出た！
洗剤や漂白剤を飲みこんだ場合には、無理に吐かせない。（23回27改）

2 保健医療サービスの知識等

267

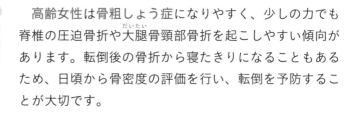

3 転倒・骨折

　高齢女性は骨粗しょう症になりやすく、少しの力でも脊椎の圧迫骨折や大腿骨頸部骨折を起こしやすい傾向があります。転倒後の骨折から寝たきりになることもあるため、日頃から骨密度の評価を行い、転倒を予防することが大切です。

4 入浴中の事故

　入浴の事故は高齢者の急死例の25%を占めています。入浴死の原因は、心疾患、脳血管障害、溺水と考えられています。

　冬場の事故が多いため、入浴介助時には脱衣場と浴室を暖め、脱衣場と浴室の温度差を少なくするようにします。高齢者の入浴は、微温浴（37〜39度）で10分以内が適当です。異常を発見したら、直ちに浴槽から救出して心肺蘇生等の処置を行います。

🐝 心肺蘇生

　意識のない人を見つけたときや、目の前で倒れたときの一次救命処置の手順は、以下のとおりです。

> ① 肩をたたきながら声をかける。
> ② 反応がなかったら、大声で助けを求め、119番通報とAED（自動体外除細動器）を持ってくることを依頼する。
> ③ 胸と腹部の動きを見て、普段どおりの呼吸をしているかを10秒以内で確認する。
> ④ 普段どおりの呼吸がなかったら、すぐに胸骨圧迫を1分間当たり少なくとも100回の速さで30回行う（胸の真ん中を圧迫する）。

コレも出た！
高齢者は、夜間の排尿行動や不穏状態で転倒することが多い。（22回再36改）

コレも出た！
心肺蘇生時の胸骨圧迫は、仰臥位で行う。（22回33）

⑤胸骨圧迫の後、人工呼吸を2回行う。口対口の人工呼吸がためらわれる場合、一方向弁付き人工呼吸用具がない場合、血液や嘔吐物などにより感染危険がある場合は、人工呼吸を行わずに胸骨圧迫を続ける。

⑥AEDが到着したら、スイッチを入れ、音声の指示に従う。

⑦AEDの指示どおり、電極パッドを胸に貼る。

⑧電気ショックの必要性は、AEDが判断する。

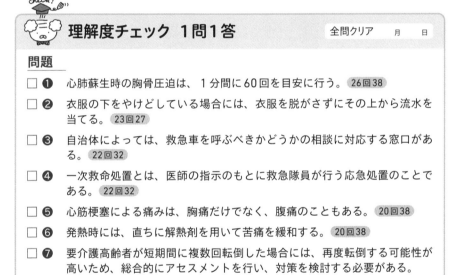

check!

理解度チェック 1問1答

全問クリア　　月　　日

問題

□ ❶ 心肺蘇生時の胸骨圧迫は、1分間に60回を目安に行う。 `26回38`

□ ❷ 衣服の下をやけどしている場合には、衣服を脱がさずにその上から流水を当てる。 `23回27`

□ ❸ 自治体によっては、救急車を呼ぶべきかどうかの相談に対応する窓口がある。 `22回32`

□ ❹ 一次救命処置とは、医師の指示のもとに救急隊員が行う応急処置のことである。 `22回32`

□ ❺ 心筋梗塞による痛みは、胸痛だけでなく、腹痛のこともある。 `20回38`

□ ❻ 発熱時には、直ちに解熱剤を用いて苦痛を緩和する。 `20回38`

□ ❼ 要介護高齢者が短期間に複数回転倒した場合には、再度転倒する可能性が高いため、総合的にアセスメントを行い、対策を検討する必要がある。 `22回再36`

□ ❽ 言葉が出てこない、又はろれつが回らないという症状が突然生じた場合は、脳卒中の可能性がある。 `25回38`

解答解説 ❶✕ 1分間に100〜120回が目安。 ❷〇 ❸〇 ❹✕ 現場に居合わせた人が、特殊な器具や医薬品を用いずに行う救命処置のことである。 ❺〇 ❻✕ 主治医に報告し指示を受ける。 ❼〇 ❽〇

14 健康増進と疾病障害の予防

「ここを押さえよう！」

頻出度 ★

生活習慣病（がん、循環器疾患、糖尿病、骨粗しょう症）の予防の要点を押さえておきましょう。

21世紀における国民健康づくり運動（健康日本21）

　わが国では健康増進にかかる取組みとして、「国民健康づくり対策」が1978（昭和53）年から展開されてきました。2024年度からは、第三次の「21世紀における国民健康づくり運動（健康日本21）」が開始します（～2035年度）。

　健康日本21（第三次）を推進するため、4つの基本的な方向性が示され、それぞれに具体的な目標が設定されています。

①健康寿命の延伸と健康格差の縮小
②個人の行動と健康状態の改善

③社会環境の質の向上

④ライフコースアプローチを踏まえた健康づくり

2
保健医療サービスの知識等

健康増進と生活習慣病

重要ポイント わが国は、平均寿命（0歳平均余命）、健康寿命とも世界最高水準を維持しています。疾病予防は、一次予防（生活習慣の改善、予防接種など）、二次予防（健康診断等による疾病の早期発見・早期治療）、三次予防（急性期から回復期を経て、社会復帰の過程におけるリハビリテーション等）の3つの段階に大別されています。

生活習慣病の予防

わが国においては、生活習慣に起因する疾病（生活習慣病）が増加しており、死因別死亡率では、悪性腫瘍（がん）、心疾患、肺炎が上位を占めています。

1 がん

● わが国のがんの状況

男女とも肺がん・結腸がんによる死亡・罹患率の増加が著しく、女性の乳がんの増加も目立っています。

● がんと生活習慣

がんの発症に関連する要因は、喫煙 ⇒ 肝臓・肺・胃、飲酒 ⇒ 肝臓・口腔・咽頭、感染症 ⇒ 肝臓・胃・子宮頸部、過体重・肥満 ⇒ 食道・結腸・直腸・乳房のように様々です。外的要因のほか、個人の遺伝子的素因も加わり、複合的な要因によってがんが発症すると考えられます。

● がん検診

がん検診（二次予防）は、高い効果を上げています。

コレも出た！
喫煙は、脂質異常症、高血圧症とともに虚血性心疾患のリスクファクターである。（22回再30）

② 循環器疾患・糖尿病・骨粗しょう症

　循環器疾患・糖尿病・骨粗しょう症の予防のポイントは、次表のとおりです。

表2-14-1　循環器疾患・糖尿病・骨粗しょう症の予防のポイント

疾病名	予防のポイント
循環器疾患	食生活を改善するとともに適度な運動を取り入れる。禁煙と適正飲酒も予防効果が高い。
糖尿病	栄養バランスのとれた適正なエネルギー量の食事、適度な運動、禁煙。
骨粗しょう症	若年期からの十分なカルシウムとビタミンDの摂取と積極的な運動により、骨量を高め、中高年期以降の骨量低下を防ぐ。転倒時の大腿骨頸部骨折を予防するため、股関節を保護するヒップ・プロテクター等を有効に活用する。

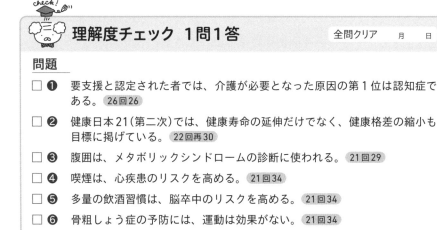

理解度チェック　1問1答

全問クリア　　月　　日

問題

□ ❶　要支援と認定された者では、介護が必要となった原因の第1位は認知症である。　26回26

□ ❷　健康日本21（第二次）では、健康寿命の延伸だけでなく、健康格差の縮小も目標に掲げている。　22回再30

□ ❸　腹囲は、メタボリックシンドロームの診断に使われる。　21回29

□ ❹　喫煙は、心疾患のリスクを高める。　21回34

□ ❺　多量の飲酒習慣は、脳卒中のリスクを高める。　21回34

□ ❻　骨粗しょう症の予防には、運動は効果がない。　21回34

□ ❼　大腿骨頸部骨折の予防には、ヒップ・プロテクターも効果がある。　21回34

□ ❽　疾病予防は、早期発見・対処を中心とする一次予防とリハビリテーションを中心とする二次予防に分けられる。　予想問

解答解説　❶✕ 関節疾患が第1位。（要介護者は認知症が第1位）。❷○　❸○　❹○　❺○　❻✕ 運動は、骨粗しょう症の予防効果がある。❼○　❽✕ 一次予防、二次予防、三次予防に分かれる。

15 ターミナルケア（終末期介護）

 「ここを押さえよう！」　　　　　頻出度 ★★★

ターミナルケアのポイントを理解し、医療と介護の統合、尊厳の重視と意思決定の支援、臨終が近づいたときの症状や兆候とケア、グリーフケアの要点を把握しておきましょう。

老いと衰えの理解と医療との関わり方

1 ターミナルケアの定義とポイント

　終末期（ターミナル期）とは、死が間際に迫った時期のことです。この時期に提供されるケアをターミナルケアといいます。また、老いの衰えが進みつつある時期のケアのことを、エンド・オブ・ライフケアと呼ぶようになりました。

重要ポイント 介護と医療の双方のニーズを有する要介護者には、食事、排せつ、睡眠、移動、清潔、喜びという6つの視点から生活を支えることが求められます。

コレも出た！
ターミナルケアでの食事については、摂取量や栄養バランスだけでなく、楽しみや満足感も重視する必要がある。（18回34改）

2 医療と介護の統合

コレも出た！
リビングウィルとは、本人の意思が明確なうちに、医療やケアに関する選択を本人が表明しておくことをいう。(23回41)

　ターミナルケアでは、急病時、急変時、入院時、退院・退所時、家族の休息(レスパイト)、看取りなど、場面に合わせて、医療と介護の専門職が情報を共有し、連携・協力して要介護者のケアに当たる必要があります。

ターミナルケアの実際

1 衰えが進みつつある時期のケア

　介護支援専門員は、衰えが進行する経過(①食欲が落ち体重が減る、②口腔や嚥下の機能が落ちる、③便秘になりやすい、④食欲や活動が減る、⑤体調を崩すことが増える、⑥褥瘡ができやすい)を整理し、利用者の尊厳を重視して意思決定を支援していくことが求められます。
　このほか、平穏な暮らしを維持するために、次表に示すようなケアの工夫が必要です。

表2-15-1　平穏な暮らしを維持するためのケアの工夫

食事の工夫	・これまでの食事量を維持できるように工夫する。 ・食事量の維持が難しい場合には、楽しみや満足感を重視していく。
便秘への対応	・自覚症状を確認しながら、3日に1回程度は排便があるよう工夫する。
事故予防や 活動量の調整	・疲労感が残らない程度の活動やケアの継続と休息時間を確保する。 ・無理のない範囲で活動を推進する。 ・利用者の状態の確認と環境整備により事故を予防する。 ・その人の状態に合わせた清潔ケアを提供する。
誤嚥性肺炎の 予防	・嚥下状態や口腔内の定期的な観察、食事のたびの口腔ケアの習慣化、摂食嚥下機能の活性化を目指した取組み、食形態の工夫など。
褥瘡の予防	・皮膚の状態をよく観察し、褥瘡予防に努める。

2 尊厳の重視と意思決定の支援

　終末期の要介護者がどのような医療や介護を望むのかについて、本人、家族、医療・介護専門職が集まって話し合いを行い、関係者の総意に基づいて方針をまとめます。

3 臨終が近づいたときの症状や兆候とケア

● 食事、意識、呼吸、循環の変化

　亡くなる数週間前から看取りに至るまでの時期にみられる症状・兆候とその変化を次図に示します。

図2-15-1　看取りに至るまでにみられる症状・兆候とその変化

看取りまでの変化

	数週間〜1週間前	数日前	48時間前〜直前
食事	飲食がかなり減少 錠剤が飲めない	1回にごく少量の食べ物や水のみ	口を湿らす程度
意識	1日中うとうと寝ている時間が多くなる	意識がもうろうわからないことを言う、混乱する	反応がほぼない（顔色が土気色に変わっていく）
呼吸	息切れや息苦しさを感じることがある	リズムが変化する喉がゴロゴロいう	肩や顎だけを動かす呼吸
循環	徐々に血圧低下脈は速くなる	尿量が減る尿は濃くなる	手足が紫色、冷たい脈が触れにくい

（出所）『九訂　介護支援専門員基本テキスト　下巻』p.329（長寿社会開発センター）

● 臨死期に当たっての心構え

　人が死に至るまでの自然経過を理解し、その経過で生じ得る変化や苦痛に対してどのような介護が提供できるか、また医療とどのように連携するかの手順を確認しておきます。

　家族が不安や悲しみを抱くのは当然のことなので、介護を提供する家族への声掛けや傾聴は、極めて重要です。

　また、この時期には病状が急変することもあるため、急

💬✏コレも出た！
人生の最終段階において自らが望む医療・ケアについて、医療・ケアチーム等と話し合い、共有するための取組みをアドバンス・ケア・プランニング（ACP）という。（22回41改）

💬✏コレも出た！
家族が予期悲嘆を表現できるよう支援することは、家族の看取りへの心の準備を促すことにつながる。（19回42改）

2 保健医療サービスの知識等

変時の対応についてあらかじめ検討し連絡体制や対処方法について統一を図っておく必要があります。

臨死期のケアの注意点を、次表に示します。

表2-15-2　臨死期のケアの注意点

意識の障害	・意識の状態は変化する。利用者が安心できるような会話を心掛ける。 ・混乱がひどく興奮が激しい場合は医師・看護師に相談する。 ・反応がなくなった場合にも、耳は最期まで聞こえるといわれている。いつもどおりの声かけをすることが大切である。
呼吸器症状や呼吸の変化	・息切れや息苦しさが、呼吸不全や心不全の進行、感染症の併発などで起こる。 ・痰が絡みやすい状態や唾液が飲み込めずに喉元でゴロゴロと音がする状態（死前喘鳴）になることがある。 ・呼吸のリズムが乱れ、小さな呼吸→無呼吸→大きな呼吸を繰り返す（チェーンストークス呼吸）こともある。 ・顎を動かす呼吸（下顎呼吸）は、死が近いことのサインのため、家族にはそばで一緒に見守ってもらう。
口の渇き	この時期は、口唇や口腔内が乾燥しやすいので、のどの渇きの訴えや口臭に適切に対応する。
発熱	発熱への対応をする。解熱剤の使用については、医師の指示が必要である。
チアノーゼ	血液循環が悪くなり、手足の先端が紫色になって冷たくなり、脈が触れにくくなる。自然な変化なのであわてずに見守る。

4 エンゼルケアとグリーフケア

● エンゼルケア

エンゼルケアとは死後のケアのことです。自宅では、家族が十分お別れをした後に死後のケアを行い、施設では、家族が穏やかに対面できる環境を整えます。

● グリーフケア

遺族の悲嘆への配慮や対応はグリーフケアと呼ばれます。身内の死につらさを感じる遺族の悲しみをいやすことも大切です。

コレも出た！
チェーンストークス呼吸では、小さい呼吸から徐々に大きい呼吸となり、その後徐々に小さい呼吸となって、一時的な呼吸停止を伴う呼吸状態を繰り返す。(22回26)

● 介護職や入居者へのケア

看取りケアに関わった介護職が悲しみやつらさを抱え込まないよう、ともに看取ったチームの一員として振り返るようにすることが大切です。

また、入居者の死は他の入居者にも影響を及ぼす可能性があります。死を隠すのではなく、他の入居者がお別れの声をかける機会を設けるなどの配慮も必要です。

コレも出た!
介護保険の特定施設は、看取りの場となり得る。
(26回40)

理解度チェック 1問1答

全問クリア　　月　　日

問題

- □ ❶ 介護保険の特定施設では、ターミナルケアの提供はできない。 23回41
- □ ❷ 本人の人生観や生命観などの情報は、関係者で共有すべきではない。 23回41
- □ ❸ 在宅における家族に対する看取りの支援は、医師、看護師、介護支援専門員などが行う。 22回42
- □ ❹ 死亡診断書に記載される死亡時刻は、生物学的な死亡時刻ではなく、医師が到着後に死亡を確認した時刻でなければならない。 22回42
- □ ❺ 条件が整えられている場合に限り、看護師も死亡診断書を交付することができるようになった。 21回39改
- □ ❻ 痛みの訴えは、身体的な要因によるものであるため、医療処置で対応できる。 26回40
- □ ❼ 死後のケアであるエンゼルケアは、遺族のグリーフケアとしても意味がある。 20回42
- □ ❽ 臨終が近づき、応答がなくなった場合には、本人への語りかけをやめる。 25回40
- □ ❾ 臨死期においては、呼吸をするたびに、喉元でゴロゴロと音がする状態(死前喘鳴)になることがある。 25回40

解答解説　❶✕ ターミナルケアの提供は、可能である。 ❷✕ 関係者で共有すべきである。 ❸○ ❹✕ 死亡診断書には、生物学的な死亡時刻を記載する。 ❺✕ 死亡診断書を交付することができるのは、医師、歯科医師のみである。 ❻✕ 身体的な要因だけでなく、精神的、社会的、宗教的な要因などもあり、それぞれに合った対策が必要。 ❼○ ❽✕ 応答がなくなった場合にも聴力と意識は残っているといわれているため、語りかけを続ける。 ❾○

16 訪問看護・介護予防訪問看護

「ここを押さえよう！」　　　　　頻出度 ★★★

訪問看護の概要、訪問看護サービスの実施、および訪問看護の介護報酬（基本単位・加算・減算）の要点を把握し、介護予防訪問看護の特徴を理解しておきましょう。

訪問

病状の観察

床ずれの予防と処置

訪問看護の定義・基本方針

　　訪問看護サービスとは、主治医が必要と認めた場合に、病院・診療所・訪問看護ステーションに勤める看護師等❶が要介護者の自宅を訪問し、療養上の世話や診療の補助などを行うサービスです。

📖用語解説

❶ 看護師等
看護師、保健師、准看護師、理学療法士、作業療法士、言語聴覚士を指す。

訪問看護の内容等

● 訪問看護の利用者

　　訪問看護サービスは、対象者の疾病等によって、介護保険から提供される場合と、医療保険から提供される場

278

合に分かれます（次表を参照）。介護保険と医療保険の両
方から給付が可能な場合には、介護保険が優先されます
（同時に算定することはできません）。

表2-16-1　訪問看護が提供される保険種別

介護保険からの給付	医療保険からの給付
要介護者 （医療保険から給付される者を除く）	● 要介護者のうち、以下に該当する者 ①急性増悪時（特別指示書が出されて2週間以内） ②厚生労働大臣が定める疾病等※ ● 精神科訪問看護

※厚生労働大臣が定める疾病等（医療保険）：末期の悪性腫瘍、多発性硬化症、重症筋無力症、スモン、筋萎縮性側索硬化症、脊髄小脳変性症、ハンチントン病、進行性筋ジストロフィー症、進行性核上性麻痺、大脳皮質基底核変性症、パーキンソン病（ホーエン・ヤールの重症度分類がStage Ⅲ以上等）、多系統萎縮症、プリオン病、亜急性硬化性全脳炎、ライソゾーム病、副腎白質ジストロフィー、脊髄性筋萎縮症、球脊髄性筋萎縮症、慢性炎症性脱髄性多発神経炎、後天性免疫不全症候群、頸髄損傷、および人工呼吸器を使用している状態

2　保健医療サービスの知識等

● 訪問看護の内容

訪問看護の基本的な項目と具体的な内容を、次表に示します。

表2-16-2　訪問看護の具体的な内容

項目	内容
①病状の観察と情報収集	利用者の疾病や生活障害に関する情報を収集し、アセスメントを行う。この結果に基づいて訪問看護計画を立案する。
②療養上の世話	食事・排せつ・清潔・移動等の療養上の世話を通し、疾病や障害、老化によって介護（支援）を必要とする状態になった方々が気持ちよく暮らせるよう、支援する。
③診療の補助	医師の指示に基づき、在宅で医療管理を行っている利用者の管理、医療処置、薬剤管理、身体状況の把握、検査補助などを行う。
④リハビリテーション	看護師等が目標に沿ったリハビリテーションを行う。在宅の場合は、日常生活を送ることそのものがリハビリテーションとなっていることも多い。

（つづく）

表2-16-2 訪問看護の具体的な内容(つづき)

項目	内容
⑤精神的支援	利用者の気持ちを受け止めながら、問題解決に結びつける支援を心掛ける。
⑥家族支援	家族の介護負担の軽減や家族関係の調整等の人的環境の整備も担当する。
⑦療養指導	適宜、介護や医療処置の方法などを本人や家族に指導する。併せて、適切に実行できているか否かの評価も行う。
⑧在宅での看取り支援	在宅での死を望む本人と家族を、死までの過程において症状緩和に努めながら支援する。

コレも出た!
保険医療機関の指定を受けている病院は、介護保険の指定訪問看護事業者とみなされる。
(25回41)

● 訪問看護の事業者

都道府県知事の指定を受けた病院・診療所・法人が、指定訪問看護事業者として訪問看護サービスを提供します。

また、病院・診療所が健康保険法に基づき、保険医療機関の指定を受けた場合には、指定の特例が適用され、指定申請をせずとも指定があったとみなされます。

● 訪問看護の人員基準

開設者が訪問看護ステーションの場合と病院・診療所(指定訪問看護事業所)の場合で異なります。

訪問看護ステーションは、次のように規定されています。

- 看護職員❷は常勤換算❸で2.5人以上(うち1人は常勤)。
- 理学療法士・作業療法士・言語聴覚士(以下、理学療法士等)は適当数配置。
- 管理者は、原則として保健師か看護師とする。

病院・診療所の場合には、適当数の看護職員を置く。

用語解説
❷ 看護職員
看護師、保健師、准看護師を指す。

❸ 常勤換算
常勤・非常勤の従業者数を「常勤」に置き換えた場合の人数とその換算方法。

訪問看護サービスの実施

● 医師の指示

重要ポイント 訪問看護を開始する際には、医師の指示書(訪問看護指示書)が必要です。訪問看護指示書の有

効期限は6か月以内です。病状悪化などの急性増悪時には特別訪問看護指示書が交付されます。特別指示書が交付されてから14日以内は、医療保険から毎日訪問看護が利用できます。

● **訪問看護計画書の作成**

准看護師を除く看護師等は、利用者ごとに訪問看護計画書を作成し、それにのっとって看護を提供します。居宅サービス計画等が作成されている場合には、それに沿って訪問看護計画を立案します。

訪問看護計画書の主要事項を利用者または家族に説明し利用者の同意を得ること、作成した訪問看護計画書は利用者に文書で交付することが義務づけられています。

また、訪問看護計画書は、後述する訪問看護報告書と同様に、主治医への定期的な提出が義務づけられています。

● **サービスの記録**

訪問看護サービスの内容を記録・保存することが必要です。

● **訪問看護報告書の作成**

准看護師を除く看護師等は、訪問日、提供した看護の内容、サービス提供結果などを記録した訪問看護報告書を作成し、主治医に定期的に提出します。

訪問看護の介護報酬

● **基本単位**

訪問看護の介護報酬は、20分未満、30分未満、30分以上60分未満、60分以上90分未満の4段階のサービス提供時間により、訪問看護ステーションと病院・診療所それぞれの単位が設定されています。

理学療法士等が訪問看護を提供する場合は、1週6回を限度としています。また、1日に2回を超えて実施する場合は、100分の90を乗じます。

定期巡回・随時対応型訪問介護看護事業所と連携をする場合は、1か月ごとの包括報酬となります。この際、准看護師による訪問看護が1回でもある場合は、100分の98を乗じて減算します。また、医療保険の訪問看護の指示書を主治医が発行した場合は、1日につき97単位が減算されます。

● 主な加算

訪問看護の主な加算の種類は、次のとおりです。

①夜間・早朝・深夜加算　　②複数名訪問加算（Ⅰ、Ⅱ）
③長時間訪問看護加算　　④特別地域訪問看護加算
⑤中山間地域等における小規模事業所加算
⑥中山間地域等に居住する者へのサービス提供加算
⑦緊急時訪問看護加算　　⑧特別管理加算（Ⅰ、Ⅱ）
⑨ターミナルケア加算　　⑩初回加算
⑪退院時共同指導加算　　⑫看護・介護職員連携強化加算
⑬看護体制強化加算（Ⅰ、Ⅱ）　　⑭サービス提供体制強化加算

● 主な減算

准看護師がサービスを提供した場合や同一建物減算として、有料老人ホーム等に居住する利用者に訪問看護を行った場合は、減算が適用されます。

● 同居家族へのサービス提供の禁止

看護師等が自分の同居家族に対して訪問看護サービスを提供することは禁止されています。

コレも出た！
緊急時訪問看護加算は、利用者または家族から電話等で看護に関する意見を求められた場合に常時連絡できる体制にあり、かつ、計画にない緊急時の訪問を必要に応じて行う体制にある場合に算定できる。
（22回再41）

🐝 介護予防訪問看護のポイント

● 介護予防訪問看護とは

介護予防訪問看護は、要支援者を対象とするサービスです。要支援者が要介護状態となることを予防し、居宅で自立した日常生活を営むことができるよう、主治医と

連携をとりながら支援します。

● サービス利用者の特性

　日常生活は自立しているが、①医療処置が必要な人、②服薬管理が必要な人、③老化に伴う症状がある人、④リハビリにより機能が維持・改善できる人、⑤病状の観察が必要な人、⑥療養上の世話が必要な人を対象としています。

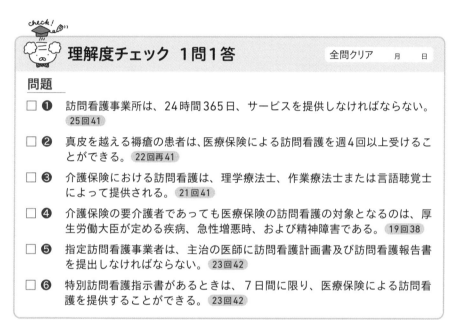

check!

理解度チェック　1問1答

全問クリア　　月　　日

2 保健医療サービスの知識等

問題

□ ❶ 訪問看護事業所は、24時間365日、サービスを提供しなければならない。 `25回41`

□ ❷ 真皮を越える褥瘡の患者は、医療保険による訪問看護を週4回以上受けることができる。 `22回再41`

□ ❸ 介護保険における訪問看護は、理学療法士、作業療法士または言語聴覚士によって提供される。 `21回41`

□ ❹ 介護保険の要介護者であっても医療保険の訪問看護の対象となるのは、厚生労働大臣が定める疾病、急性増悪時、および精神障害である。 `19回38`

□ ❺ 指定訪問看護事業者は、主治の医師に訪問看護計画書及び訪問看護報告書を提出しなければならない。 `23回42`

□ ❻ 特別訪問看護指示書があるときは、7日間に限り、医療保険による訪問看護を提供することができる。 `23回42`

解答解説　❶✕緊急時訪問看護加算を算定する場合以外には、24時間365日、サービスを提供しなくてもよい。❷○　❸○　❹○　❺○　❻✕14日間に限り医療保険の訪問看護を提供できる。

訪問看護指示書ってなんですか?

主治医が訪問看護ステーションに出す指示書で、訪問看護の具体的な内容、期間、留意点などを記載したものだよ。

17 訪問リハビリテーション・介護予防訪問リハビリテーション

「ここを押さえよう！」

頻出度　★

訪問リハビリテーションの定義・区分・内容・事業者の概要と実施の要点を把握し、介護予防訪問リハビリテーションの特徴を理解しておきましょう。

訪問リハビリテーションの定義・基準等

　介護保険における訪問リハビリテーションとは、医師の指示の下に、病院・診療所・介護老人保健施設・介護医療院から、理学療法士、作業療法士、言語聴覚士が、要介護者の居宅を訪問して行うサービスを指します。

1 リハビリテーションと介護支援サービス

　リハビリテーションは、急性期、回復期、生活期（維持期）の3つに分けられます。

コレも出た！
回復期リハビリテーション病棟では、多職種による集中的なリハビリテーションが提供される。（25回33）

284

表2-17-1　リハビリテーションの区分

区分	内容	発症からの平均期間	主な提供場所	適用される社会保険
急性期リハビリテーション	疾患およびリスク管理に重点を置き、廃用症候群の予防を中心に行う。	～1か月	急性期病院	医療保険
回復期リハビリテーション	多彩な訓練を集中的に提供し、ADLの改善に向けた内容が中心となる。	おおむね6か月まで	回復期リハビリテーション病棟	医療保険
生活期(維持期)リハビリテーション※	生活機能の維持・向上を中心的な目標として実施される。	上記以降	在宅施設等	主に介護保険

※訪問リハビリテーションは生活期(維持期)リハビリテーションに当たる。

2 訪問リハビリテーションの内容

　訪問リハビリテーションでは、病状が安定期にある利用者に対し、以下のことを行います。

① 廃用症候群の予防と改善
② 基本動作能力の維持・回復
③ ADLの維持・回復
④ IADLの維持・回復
⑤ 対人・社会性交流の維持・拡大
⑥ 介護負担の軽減
⑦ 訪問看護事業所への自立支援技術の助言・指導
⑧ 福祉用具の利用・住宅改修に関する助言

訪問リハビリテーションの事業者

重要ポイント 病院・診療所・介護老人保健施設・介護医療院が都道府県知事の指定を受けると、指定訪問リ

用語解説

❶ みなし指定
保険医療機関の指定を受けた病院や診療所は、訪問リハビリテーションについても指定があったものとみなされる。

● **人員に関する基準**

　事業者は、理学療法士等(理学療法士、作業療法士、言語聴覚士)を配置する必要があります。

● **運営に関する基準**

　事業所ごとに運営規程を定めることが義務づけられています。

訪問リハビリテーションの実施

● **障害の評価**

　利用者の病状、心身の状況、希望、および環境を把握して障害の評価を行い、訪問リハビリテーションの内容を検討します。

● **訪問リハビリテーション計画の作成**

　医師および理学療法士等は、医師の診療に基づき、サービスの目標等を記載した訪問リハビリテーション計画を作成します。訪問リハビリテーション計画は、利用者または家族に説明して利用者の同意を得ること、利用者に文書で交付することが義務づけられています。

● **サービスの実施と記録**

　訪問リハビリテーション計画に従って提供し、その状況と評価について診療記録に記載し、医師に報告します。

● **再評価と計画の見直し**

　サービス提供の開始後も、効果について再評価を行い、必要に応じて計画を見直します。

訪問リハビリテーションの介護報酬

● **基本単位**

　訪問リハビリテーション費は、1回20分以上、307単

位。1週に6回を限度としています。急性増悪等により、医師から特別訪問リハビリテーション指示書が交付されたときには、14日間に限り、医療保険から訪問リハビリテーション費が給付されます。

● **主な加算**

訪問リハビリテーションの主な加算の種類を次表に示します。

①短期集中リハビリテーション実施加算
②リハビリテーションマネジメント加算(A、B)
③移行支援加算
④サービス提供体制強化加算

● **主な減算**

同一建物減算や、事業所の医師がリハビリテーション計画の作成に関し未診療の場合の減算があります。

介護予防訪問リハビリテーション

介護予防訪問リハビリテーションの目的は、要支援者の心身の維持・回復と生活機能の維持・向上にあります。

利用者の状態を把握し、日常生活に対する希望を踏まえて、医師をはじめとするリハビリテーションチームのメンバーとともにサービスを提供します。

また、モニタリングを実施した際には、特に問題がない場合でも、介護予防サービス計画を作成した事業者等に報告することで、連携を図る必要があります。

コレも出た！
リハビリテーション会議は、利用者およびその家族の参加が基本とされている。(23回37)

2
保健医療サービスの知識等

理解度チェック 1問1答

全問クリア　　月　　日

問題

- □ ❶ 要介護認定を受けた若年性認知症患者は、訪問リハビリテーションを利用できる。 26回41改

- □ ❷ 介護職員は、リハビリテーション会議の構成員になれない。 26回41改

- □ ❸ 訪問リハビリテーションは、バス等の公共交通機関への乗降の支援を対象としない。 25回33

- □ ❹ 看護小規模多機能型居宅介護を受けている間についても、訪問リハビリテーション費、居宅療養管理指導費及び福祉用具貸与費は算定できる。 22回43

- □ ❺ 主治の医師が必要と認めた居宅要介護者に、理学療法、作業療法その他必要なリハビリテーションを提供する。 21回43

- □ ❻ 指定訪問リハビリテーションの提供は、研修を受けた看護師が行うことができる。 19回44

- □ ❼ 指定訪問リハビリテーションとは、病院、診療所、介護老人保健施設又は介護医療院から理学療法士、作業療法士または言語聴覚士が居宅を訪問して行うリハビリテーションをいう。 22回再37

- □ ❽ 特別訪問リハビリテーション指示書が交付されたときには、10日間に限り、医療保険から訪問リハビリテーション費が給付される。 予想問

- □ ❾ 急性期リハビリテーションは、一般に、廃用症候群の予防と早期からのセルフケアの自立を目標とする。 25回33

解答解説　❶○　❷✕ 介護職も参加する。（構成員になる）。❸✕ バス等の公共交通機関への乗降の支援についても対象とする。❹○　❺○　❻✕ 理学療法士、作業療法士、言語聴覚士しか行うことができない。❼○　❽✕ 14日間。❾○

18 居宅療養管理指導・介護予防居宅療養管理指導

「ここを押さえよう！」 頻出度 ★★

居宅療養管理指導の定義・内容・事業者の概要と介護報酬（基本単位・加算）の要点を把握し、介護予防居宅療養管理指導のポイントを理解しておきましょう。

居宅療養管理指導

1 居宅療養管理指導とは

　指定居宅療養管理指導事業所の該当職種が、通院・通所が困難な利用者の居宅を訪問し、療養上の管理・指導を行うサービスです。サービス内容は、医師・歯科医師による医学的管理、薬剤師による薬学管理、管理栄養士による栄養管理、歯科衛生士等による口腔衛生指導となっています。

2 居宅療養管理指導の内容

重要ポイント 居宅療養管理指導のサービスを提供する職種とサービス内容を、次表に示します。

表2-18-1　居宅療養管理指導のサービス内容

職種	内容
医師・歯科医師 1か月につき2回まで	計画的かつ継続的な医学的管理または歯科医学的管理に基づき、①介護支援専門員に対する居宅サービス計画の策定等に必要な情報提供（利用者の同意を得て行うものに限る）、②利用者またはその家族等に対する居宅サービスを利用する上での留意点、介護方法等についての指導・助言を行う。 助言はサービス担当者会議※1に出席して行うことを原則とするが、出席できない場合には、助言内容を記した文書等を交付する。
病院・診療所の薬剤師 1か月につき2回まで 薬局の薬剤師 1か月につき4回まで※2	医師・歯科医師の指示（薬局の薬剤師にあっては、医師・歯科医師の指示に基づき、策定した薬学的管理指導計画）に基づき、薬学的な管理指導を行う。
管理栄養士 1か月につき2回まで	計画的な医学的管理を行っている医師の指示に基づき、栄養管理に関わる情報提供・指導または助言を行う。
歯科衛生士等 1か月につき4回まで※3	訪問歯科診療を行った歯科医師の指示に基づき、口腔衛生指導を行う。

※1 利用者の自宅、サービス事業者の会議室、外来受診中の医療機関の診察室、居宅療養管理指導中の自宅等で開催可能。
※2 がん末期の患者と中心静脈栄養患者については、週2回かつ月8回まで算定できる。
※3 看護職員が歯科医師の指示に基づき口腔衛生指導を行う場合も算定可能。

　　2018（平成30）年の報酬改定で、医師、歯科医師、薬剤師は、介護支援専門員への情報提供が義務づけられ、介護支援専門員への情報提供がない場合には、報酬算定ができなくなりました。

3 居宅療養管理指導の事業者

　　病院・診療所・薬局が都道府県知事の指定を受け、指定

居宅療養管理指導事業者として居宅療養管理指導のサービスを提供します。ただし、病院・診療所・薬局は法人格がなくても事業者となることができます。

　また、健康保険法に基づき、病院・診療所が保険医療機関になった場合や、薬局が保険薬局になった場合には、指定の特例が適用され、指定があったものとみなされます。

4 居宅療養管理指導の介護報酬

● **基本単位**

　基本単位は、担当職種および単一建物居住者の利用人数に応じ、設定されています。

> **コレも出た！**
> 居宅療養管理指導は、区分支給限度基準額の対象にならない。(18回45)

表2-18-2　基本単位

		単一建物居住者が1人	単一建物居住者が2人～9人	単一建物居住者が10人以上
医師	I	514単位	486単位	445単位
	II	298単位	286単位	259単位
歯科医師		516単位	486単位	440単位
薬剤師	病院・診療所	565単位	416単位	379単位
	薬局※	517単位	378単位	341単位
管理栄養士	当該指定居宅療養管理指導事業所の管理栄養士が行った場合	544単位	486単位	443単位
	当該指定居宅療養管理指導事業所以外の管理栄養士が行った場合	524単位	466単位	423単位
歯科衛生士等		361単位	325単位	294単位

※薬局薬剤師が情報通信機器を用いて行う場合は、月1回を限度として45単位を算定する。

● **主な加算**

　薬剤師が、疼痛緩和のための麻薬の投与が行われてい

る利用者に対して薬学的管理指導を行った場合などに加算されます。

5 介護予防居宅療養管理指導のポイント

介護予防居宅療養管理指導は、要支援者を対象とするサービスです。提供内容や実施状況等は、要介護者への居宅療養管理指導と同様です。

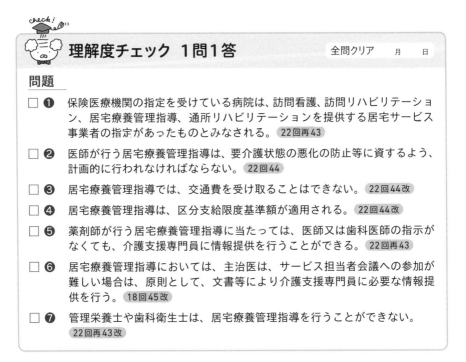

理解度チェック 1問1答

全問クリア　月　　日

問題

□ ❶ 保険医療機関の指定を受けている病院は、訪問看護、訪問リハビリテーション、居宅療養管理指導、通所リハビリテーションを提供する居宅サービス事業者の指定があったものとみなされる。 22回再43

□ ❷ 医師が行う居宅療養管理指導は、要介護状態の悪化の防止等に資するよう、計画的に行われなければならない。 22回44

□ ❸ 居宅療養管理指導では、交通費を受け取ることはできない。 22回44改

□ ❹ 居宅療養管理指導は、区分支給限度基準額が適用される。 22回44改

□ ❺ 薬剤師が行う居宅療養管理指導に当たっては、医師又は歯科医師の指示がなくても、介護支援専門員に情報提供を行うことができる。 22回再43

□ ❻ 居宅療養管理指導においては、主治医は、サービス担当者会議への参加が難しい場合は、原則として、文書等により介護支援専門員に必要な情報提供を行う。 18回45改

□ ❼ 管理栄養士や歯科衛生士は、居宅療養管理指導を行うことができない。 22回再43改

解答解説　❶○　❷○　❸✕ 交通費を受け取ることができる。　❹✕ 区分支給限度基準額は適用されないサービスである。　❺✕ 医師又は歯科医師の指示を受けて実施する。　❻○　❼✕ 居宅療養管理指導を行える。

19 通所リハビリテーション・介護予防通所リハビリテーション

 「ここを押さえよう！」　　　　　　　　　頻出度　★★

通所リハビリテーションの目的、内容、実施の要点と介護報酬の概要（基本単位、主な加算、減算）を把握し、介護予防通所リハビリテーションの特徴を理解しておきましょう。

通所リハビリテーションの定義・基準等

　通所リハビリテーションとは、要介護者が可能な限り居宅において、有する能力に応じ自立した日常生活を営むことができるよう、必要なリハビリテーションを行うことにより、心身の機能の維持・回復を図るものです。

　通所リハビリテーションは、通所介護と比べて、医療的なケアとリハビリテーションの機能が充実しています。

🐝 通所リハビリテーションの目的・内容

● **通所リハビリテーションの利用者**

　維持期リハビリテーションを必要とする要介護者が利用します。

● **通所リハビリテーションの目的**

　通所リハビリテーションの主な目的は、以下に示す5つです。

> ① 身体機能の維持・回復
> ② 認知症状の軽減と落ちつきある日常生活の回復
> ③ ADL・IADLの維持・回復
> ④ コミュニケーション能力・社会関係能力の維持・回復
> ⑤ 社会交流の機会の増加

● **通所リハビリテーションの内容**

　① 個別リハビリテーション

　　理学療法士・作業療法士・言語聴覚士(理学療法士等)が利用者の状態を評価し、個別に機能の改善を図るリハビリテーションを行います。

　② 集団リハビリテーション

　　体操などを通しての活動性の改善、レクリエーション活動、創作活動などが行われます。機能の改善に加え、社会関係をつくる場となります。

　③ 居宅生活への支援

　　居宅での介護方法や過ごし方、住宅改修や福祉用具等の環境整備に対する助言を行います。

● **事業者**

　事業者は、病院・診療所・介護老人保健施設・介護医療院に限られ、都道府県知事の指定を受ける必要があります。

✍️ **コレも出た!**
事業所の屋外でのサービスは、通所リハビリテーション計画に位置づけられていない場合には提供できない。(23回37改)

● **人員基準**

医師、理学療法士等、看護職員、または介護職員が、利用定員などに応じて、専従するか一定の条件で勤務することとされています。

● **運営基準**

事業者は、事業所ごとに運営規程を定める必要があります。

コレも出た！
通所リハビリテーション事業所への、生活相談員の配置義務はない。（25回42）

通所リハビリテーションの実施

サービスの提供は、①計画の作成、②実施、③記録、④評価というプロセスで行われます。

● **通所リハビリテーション計画の作成**

重要ポイント 従業者は、医師の指示の下で各職種が共同し、利用者の心身の状況、希望、環境を踏まえ、リハビリテーションの目標やサービス内容などを記載した通所リハビリテーション計画を作成します。そして、計画内容を利用者・家族に説明し、利用者の同意を得、書面で交付します。

● **サービスの実施・記録・再評価**

サービスの実施状況と評価を診療記録に記して効果を再評価し、必要があれば計画を見直します。

コレも出た！
事業所の屋外で指定通所リハビリテーションを提供するためには、通所リハビリテーション計画に位置づけが必要となる。（23回37改）

通所リハビリテーションの介護報酬

● **基本単位**

事業所の規模による区分は、前年度の1か月当たりの平均延人員数により、通常規模、大規模（Ⅰ）、大規模（Ⅱ）に分けられます。また、要介護度、利用する時間数によって単位が定められています。

● **主な加算**

通所リハビリテーションの主な加算は、次のとおりです。

①リハビリテーション提供体制加算

②入浴介助加算（Ⅰ、Ⅱ）

③リハビリテーションマネジメント加算（A、B）

④短期集中個別リハビリテーション実施加算

⑤認知症短期集中リハビリテーション実施加算（Ⅰ、Ⅱ）

⑥生活行為向上リハビリテーション実施加算

⑦若年性認知症利用者受入加算

⑧栄養アセスメント加算

⑨栄養改善加算

⑩口腔・栄養スクリーニング加算（Ⅰ、Ⅱ）

⑪口腔機能向上加算（Ⅰ、Ⅱ）

⑫重度療養管理加算

⑬中重度者ケア体制加算

⑭科学的介護推進体制加算

⑮移行支援加算

⑯介護職員処遇改善加算

⑰介護職員等特定処遇改善加算

⑱介護職員等ベースアップ等支援加算

● **減算**

①定員を超過している、②人員基準を満たしていない、③事業者が送迎を行わない、④事業所と同一の建物に居住または同一の建物から通所している、などの場合に、減算されます。

介護予防通所リハビリテーション

介護予防通所リハビリテーションは、要支援者を対象としたサービスです。要介護状態になることを未然に防ぎ（介護予防）、自立状態に回復することを目的として行われます。

通所リハビリテーションのサービスに加え、①運動器の機能向上、②口腔機能の向上、③栄養改善を単独または複数利用できます。

理解度チェック 1問1答

全問クリア　月　日

2
保健医療サービスの知識等

問題

- ☐ ❶ 通所リハビリテーション計画は、介護支援専門員が作成しなければならない。 `26回41`

- ☐ ❷ 通所リハビリテーションに関する単位数は、事業所の規模とは無関係に設定されている。 `23回37`

- ☐ ❸ 介護予防通所リハビリテーションにおいて、利用者の居宅と指定介護予防通所リハビリテーション事業所との間の送迎を実施しない場合であっても、利用者の同意があれば、基本報酬が算定できる。 `23回37`

- ☐ ❹ 通所リハビリテーション計画の進捗状況を定期的に評価し、必要に応じて当該計画を見直す。 `25回42`

- ☐ ❺ 若年性認知症患者は、通所リハビリテーションの対象とならない。 `21回43`

- ☐ ❻ IADLの維持・回復は通所リハビリテーションの目的に含まれない。 `21回43`

- ☐ ❼ リハビリテーションマネジメント加算は、SPDCA※サイクルの構築を通じて、多職種協働によりリハビリテーションの質の管理を行うことを目的としている。 `21回43`

- ☐ ❽ 通所リハビリテーション計画は、医師及び理学療法士、作業療法士等の従業者が、共同して作成する。 `25回42`

- ☐ ❾ 通所リハビリテーション計画は、かかりつけ医の指示により作成しなければならない。 `19回44`

※SPDCAとは、調査(Survey)、計画(Plan)、実行(Do)、評価(Check)および改善(Action)をいう。

解答解説　❶✕医師の指示の下、通所リハビリテーション事業所の職員が共同で作成する。❷✕通所リハビリテーションに係る単位数は、利用者の要介護度、所要時間、事業所の規模に合わせて設定される。❸○　❹○　❺✕若年性認知症患者も対象となる。❻✕IADLの維持・回復は、通所リハビリテーションの目的に含まれる。❼○　❽○　❾✕かかりつけ医ではなく主治医の指示が必要。

20 短期入所療養介護・介護予防短期入所療養介護

「ここを押さえよう!」 頻出度 ★★
短期入所療養介護の定義、目的、内容、実施の要点を把握し、介護予防短期入所療養介護の特徴を理解しておきましょう。

短期間入所

HOME

介護 & 機能訓練

短期入所療養介護の定義・基準等

　短期入所療養介護とは、在宅の要介護者が、指定の施設に短期間入所し、看護、医学的管理の下における介護、機能訓練その他必要な医療、日常生活上の世話を受けるサービスです。利用者のQOLの向上や利用者家族の心身の負担軽減を図ります。

コレも出た!
特定短期入所療養介護は、難病やがん末期の要介護者などが、一定の基準を満たした短期入所療養介護事業所において日帰り利用を行うサービスである。(26回42改)

短期入所療養介護の利用者と目的

● **短期入所療養介護の利用者**
　①医療的なニーズを有する人、②リハビリテーション

に対するニーズを有する人、③介護者の介護負担の軽減
（レスパイトケア）のニーズのある人などです。

● **短期入所療養介護の目的**

目的は、①介護者の負担軽減、②疾病に対する医学的
管理（診療・治療を含む）、③装着された医療器具の調
整・交換、④リハビリテーション、⑤認知症患者への対
応、⑥ターミナルケア、⑦緊急時の受入れです。

コレも出た！
短期入所療養介護は、ターミナルケアも提供可能である。（25回43）

短期入所療養介護の事業者

介護老人保健施設、介護療養型医療施設、療養病床を有
する病院、老人性認知症疾患療養病棟を有する病院、診
療所、介護医療院が、都道府県知事の指定を受け、指定
短期入所療養介護事業者としてサービスを提供します。

介護老人保健施設の許可を受けた場合と、介護療養型
医療施設の指定を受けた場合には、短期入所療養介護の
指定があったとみなされます。

また、短期入所療養介護に必要な人員基準は、原則と
して、介護老人保健施設や介護療養型医療施設等の提供
施設の基準を満たしていることとされています。

短期入所療養介護サービスの実施

● **短期入所療養介護計画の作成**

重要ポイント 相当期間（おおむね4日）以上連続して
入所する場合は、介護目標や具体的なサービスの提供方
法等を定めた短期入所療養介護計画を作成することが義
務づけられています。

短期入所療養介護計画は、事業所の管理者が作成し、利
用者に交付します。居宅サービス計画等が作成されてい
る場合には、それに沿って短期入所療養介護計画を立案
します。

コレも出た！
短期入所療養介護は、居宅サービス計画にあらかじめ位置付けられていない場合でも、利用することができる。（25回43改）

2
保健医療サービスの知識等

● その他の特徴

　短期入所療養介護では緊急時ややむを得ない場合を除き、身体拘束や行動の制限をすることは禁止されています。

短期入所療養介護の介護報酬

コレも出た！
短期入所療養介護利用中のおむつ代は、保険給付の対象となる。(26回42改)

● 基本単位

　要介護状態区分と日数、施設等の種類、ユニットか否か、人員配置等によって、報酬の単位が設定されています。

● 算定のルール

重要ポイント 介護報酬は、次のようなルールで算定されます。

・連続利用：連続利用の場合、算定は30日までとされています。30日を超えて利用する場合は、超えた分は全額自己負担になります。

コレも出た！
短期入所療養介護では、栄養マネジメント加算は算定できない。(23回38改)

・利用者負担：事業者は、①食費、②滞在費、③利用者が望んだ特別な部屋の室料、④特別な料理、⑤理美容代、⑥その他の日常生活費については、利用者から別途受け取ることができます。

● 主な加算

　短期入所療養介護の主な加算の種類は次のとおりです。

①夜勤職員配置加算　　②個別リハビリテーション実施加算
③認知症ケア加算　　④認知症行動・心理症状緊急対応加算
⑤緊急短期入所受入加算　　⑥若年性認知症利用者受入加算
⑦重度療養管理加算　　⑧在宅復帰・在宅療養支援加算（Ⅰ、Ⅱ）
⑨送迎加算　　⑩特別療養費　　⑪療養体制維持特別加算（Ⅰ、Ⅱ）
⑫総合医学管理加算　　⑬療養食加算
⑭認知症専門ケア加算（Ⅰ、Ⅱ）　　⑮緊急時施設療養費
⑯サービス提供体制強化加算　　⑰介護職員処遇改善加算
⑱介護職員等特定処遇改善加算　　⑲介護職員等ベースアップ等支援加算

● **減算**

　夜勤職員の勤務基準を満たしていない場合、職員数が基準を満たしていない場合、入所定員を超過している場合、ユニットケアの施設基準を満たしていない場合に、減算されます。

介護予防短期入所療養介護

● **介護予防短期入所療養介護のポイント**

　介護予防短期入所療養介護は、要支援者を対象とするサービスです。要支援者が要介護状態となることを予防し、居宅で自立した日常生活を営めるよう、主治医等と連携を取りながら支援します。4日間以上連続して利用する場合には、介護予防短期入所療養介護計画の作成が必要です。

2 保健医療サービスの知識等

理解度チェック　1問1答

全問クリア　　月　　日

問題

- □ ❶　短期入所療養介護は、家族の疾病、冠婚葬祭、出張等の理由では、利用できない。 22回42

- □ ❷　短期入所療養介護は、喀痰吸引や酸素療法など医療ニーズが高い要介護者も利用できる。 22回42

- □ ❸　短期入所療養介護は、看護、医学的管理の下における介護及び機能訓練その他必要な医療並びに日常生活上の世話を行う。 25回43

- □ ❹　短期入所療養介護では、あらかじめ、短期入所療養介護用のベッドを用意しておかなければならない。 18回40改

- □ ❺　短期入所療養介護計画は、おおむね4日以上連続して利用する場合に作成する必要がある。 25回43

- □ ❻　短期入所療養介護は、検査、投薬、注射、処置等を利用者の病状に照らして妥当適切に行う。 26回42

解答解説　❶✕ 家族の事情でも利用が可能である。　❷○　❸○　❹✕ 用意しておく必要はない。　❺○　❻○

21 定期巡回・随時対応型 訪問介護看護

「ここを押さえよう！」 　　　　　頻出度 ★★

定期巡回・随時対応型訪問介護看護の基本方針、サービスの具体的取扱方針、
人員・設備・運営に関する基準、介護報酬の概要を把握しておきましょう。

24時間 365日体制

① 定期巡回　　　② 随時対応

③ 随時訪問　　　④ 訪問看護

基本方針

重要ポイント 定期巡回・随時対応型訪問介護看護と
は、要介護高齢者の在宅生活を支えるサービスです。特
徴は、①地域密着型サービス、②対象者は要介護者のみ、
③身体介護サービスを中心とした1日複数回サービス
（看護や生活援助サービスも一体的に提供）の3点です。

● **2種類の事業所類型**

　事業所の類型は、1つの事業所で訪問介護と訪問看護
のサービスを一体的に提供する介護・看護一体型と訪問
介護を行う事業所が地域の訪問看護事業所と連携して

サービスを提供する介護・看護連携型の２つです。

🐝 サービスの種類

🐝 **重要ポイント** 一体型の事業所は次表の４つのサービ
スを提供し、連携型の事業所は訪問看護を除くサービス
を提供します。

表2-21-1 サービスの種類と特徴

種類	特徴
定期巡回サービス	訪問介護員等が利用者の居宅を定期巡回して行う日常生活の世話
随時対応サービス	随時、本人または家族などからの通報を受け、相談援助または訪問の要否を判断するサービス
随時訪問サービス	上記の判断に基づき、訪問介護員等が、おおむね30分以内に利用者の居宅を訪問して行う日常生活上の世話
訪問看護サービス	看護師等が医師の指示の下、定期または随時に利用者の居宅を訪問して行う療養上の世話または診断の補助

🐝 人員に関する基準

表2-21-2 必要な職種・員数

職種	必要な員数
オペレーター※	看護師、介護福祉士、医師、保健師、准看護師、社会福祉士、または介護支援専門員（看護師・介護福祉士等）を必要数配置
訪問介護員等	①定期巡回を行う者：必要数 ②随時訪問を行う者：サービス提供時間帯を通じ1人以上
看護師等（介護・看護一体型のみ）	保健師、看護師、准看護師が常勤換算で2.5人以上。うち1人以上は常勤の保健師または看護師。理学療法士、作業療法士、言語聴覚士は実績に応じ配置
計画作成責任者	従業者である看護師・介護福祉士等から1人以上
管理者	専従かつ常勤で必要（支障がなければ兼務可）

※利用者・家族からの通報に対応する人員を指す。

運営に関する基準

● 具体的な取扱方針

① サービスの提供に際し、利用者またはその家族に懇切ていねいに説明した上で、適切に相談・助言を行う。

② 利用者等からの随時の連絡に迅速に対応し、必要な援助を行う。

③ 主治医との密接な連携を心掛ける。

④ 訪問看護サービスの提供に当たっては、利用者の心身の状況、環境の適切な把握に努め、利用者または家族への適切な指導を行う。

⑤ 適切な介護・看護技術をもってサービスを提供する。

● 主治の医師との関係

事業所の常勤看護師等は、主治医の指示に基づき適切な訪問看護サービスが行われるよう必要な管理をします。

● 定期巡回・随時対応型訪問介護看護計画の作成

計画作成責任者は、利用者の状況等を総合的にアセスメントし、定期巡回サービスおよび随時訪問サービスの目標、目標を達成するための具体的なサービスの内容等を記載した計画を作成しなければなりません。

● 地域との連携

介護・医療連携推進会議■を設置し、おおむね6か月に1回以上、サービスの状況を報告し、評価を受けるとともに、要望や助言を聴く機会を設けなければなりません。

介護報酬

● 基本単位

事業所（一体型・連携型）の別、訪問看護サービス提供の有無、要介護状態区分に応じ、1か月につき算定します。

コレも出た!
定期巡回・随時対応型訪問介護看護は、利用者が尊厳を保持し、可能な限りその居宅において、その有する能力に応じ自立した日常生活を営むことができるよう援助を行う。(25回44)

用語解説
■ 介護・医療連携推進会議
利用者・家族、地域住民の代表者、地域の医療関係者、事業所所在地の市町村の職員または地域包括支援センターの職員、有識者により構成される会議。

● 主な加算

主な加算の種類は、次のとおりです。

①緊急時訪問看護加算　　②特別管理加算　　③ターミナルケア加算
④初期加算　　⑤退院時共同指導加算
⑥総合マネジメント体制強化加算　　⑦生活機能向上連携加算
⑧認知症専門ケア加算（Ⅰ、Ⅱ）
⑨サービス提供体制強化加算（Ⅰ、Ⅱ、Ⅲ）
⑩介護職員処遇改善加算　　⑪介護職員等特定処遇改善加算

● 主な減算

准看護師がサービスを提供した場合、通所介護を利用
した場合などに減算が適用されます。

理解度チェック　1問1答

全問クリア　　月　　日

問題

□ ❶ 定期巡回・随時対応型訪問介護看護のサービスは、要支援者も利用できる。 25回44

□ ❷ 定期巡回・随時対応型訪問介護看護の苦情処理では、苦情の内容を記録しなければならない。 21回40

□ ❸ 連携型定期巡回・随時対応型訪問介護看護事業所は、定期巡回サービス、随時対応サービス、随時訪問サービスを提供する。 19回44

□ ❹ 利用者の心身の状況にかかわらず、毎日、訪問しなければならない。 25回44

□ ❺ 随時対応サービスについては、利用者のみならずその家族等からの在宅介護における相談等にも適切に対応する。 25回44

□ ❻ 介護・医療連携推進会議は、おおむね6月に1回以上、開催しなければならない。 25回44

解答解説　❶✕ 要介護者のみ利用できる。 ❷○　❸○　❹✕ 訪問回数は利用者の心身の状況に合わせて決定する。 ❺○　❻○

2
保健医療サービスの知識等

22 看護小規模多機能型居宅介護（複合型サービス）

「ここを押さえよう！」　　　　　頻出度　★★

看護小規模多機能型居宅介護の定義、人員に関する基準、運営に関する基準、介護報酬の要点を把握しておきましょう。

看護小規模多機能型居宅介護とは

コレも出た！
看護小規模多機能型居宅介護を受けている間についても、訪問リハビリテーション費、居宅療養管理指導費及び福祉用具貸与費は算定できる。（22回43）

　看護小規模多機能型居宅介護とは、小規模多機能型居宅介護と訪問看護の基本方針を踏まえ、医療ニーズの高い要介護者への支援を充実させることを目指しています。また、１つの事業所からサービスが組み合わされるため、サービス間の調整が行いやすく、柔軟なサービス提供が可能という特徴があります。

　地域密着型サービスのため、市町村長が指定をします。

人員に関する基準

　看護小規模多機能型居宅介護の職員数に関する基準を、

次表に示します。

表2-22-1　必要な職種等・員数

職種等	必要な員数
日中の通いサービス	常勤換算方法で利用者3人に1人以上（1人以上は看護職員）
日中の訪問サービス	常勤換算方法で2人以上（1人以上は看護職員）
夜勤職員	夜間および深夜の時間帯を通じて1人以上
宿直職員	必要数
看護職員[※1]	常勤換算方法で2.5人以上（常勤の保健師か看護師を1人以上配置）
介護支援専門員	配置が必要だが、処遇に支障がない場合は兼務も可能
管理者[※2]	専従かつ常勤で必要

※1 保健師、看護師、准看護師のこと。
※2 認知症の人の介護に従事した経験を有し所定の研修を修了している者か、保健師または看護師。

設備に関する基準

　設備や登録定員に関する主な基準は次の表のとおりです。

表2-22-2　設備等に関する基準

設備	設備基準等
登録定員および利用定員	● 登録定員29人（サテライトは18人）以下。 ● 通いサービスは登録定員の2分の1から15人（サテライトは12人）まで。ただし、一定要件を満たす場合は18人とできる。 ● 宿泊サービスは通いサービスの利用定員の3分の1から9人（サテライトは6人）まで。
居室および食堂	機能を十分に発揮し得る適当な広さ。
宿泊室	定員1人。ただし、利用者の処遇上必要な場合は、2人とすることも可。診療所の場合は、診療所の病床にて宿泊室を兼用することができる。

2 保健医療サービスの知識等

運営に関する基準

● 具体的な取扱方針

利用者が住み慣れた地域での生活を継続できるよう、以下の点に留意しながらサービスを提供します。

> ①利用者が家庭的な雰囲気の下で日常生活を送れるよう配慮する。
> ②サービスの提供に際し、ていねいに説明する。
> ③緊急やむを得ない場合を除き、身体拘束をしてはならない。
> ④通いサービスの利用者が登録定員に比べて著しく少ない状態が続いてはならない。
> ⑤通いサービスを利用していない場合は、訪問サービスや電話での見守りなどで居宅生活を支える。
> ⑥特殊な看護等を提供してはならない。

● 主治の医師との関係

コレも出た！
看護サービスを提供する場合には、利用者の主治の医師から指示を受けなければならない。
（23回43改）

訪問看護サービスの提供開始に際し、主治医による指示を文書で受け、看護小規模多機能型居宅介護計画および看護小規模多機能型居宅介護報告書の提出など、主治医との密接な連携を図ります。

重要ポイント ● 介護計画と介護報告書の作成

①**看護小規模多機能型居宅介護計画の作成**：利用者の心身の状況や希望などを踏まえ、介護支援専門員が援助目標や具体的なサービスを記載します。

②**看護小規模多機能型居宅介護報告書の作成**：准看護師を除く看護師等が訪問日や看護内容を記載したもので、主治医に定期的に提出・報告します。

● 運営推進会議

知っトク！
一定の条件を満たせば、複数の事業所による運営推進会議の合同開催が可能。

おおむね2か月に1回以上の開催が義務づけられています。

介護報酬

● 基本単位
要介護状態区分ごとに月別定額報酬制となっています。

● 主な加算
看護小規模多機能型居宅介護の主な加算は、次のとおりです。

① 初期加算　　② 認知症加算（Ⅰ、Ⅱ）

③ 認知症行動・心理症状緊急対応加算

④ 若年性認知症利用者受入加算　　⑤ 栄養アセスメント加算

⑥ 栄養改善加算　　⑦ 口腔・栄養スクリーニング加算

⑧ 口腔機能向上加算　　⑨ 退院時共同指導加算

⑩ 緊急時訪問看護加算　　⑪ 特別管理加算（Ⅰ、Ⅱ）

⑫ ターミナルケア加算　　⑬ 看護体制強化加算（Ⅰ、Ⅱ）

⑭ 訪問体制強化加算　　⑮ 総合マネジメント体制強化加算

⑯ 褥瘡マネジメント加算（Ⅰ、Ⅱ）　　⑰ 排せつ支援加算（Ⅰ、Ⅱ、Ⅲ）

⑱ 科学的介護推進体制加算

⑲ サービス提供体制強化加算（Ⅰ、Ⅱ、Ⅲ）

⑳ 介護職員処遇改善加算　　㉑ 介護職員等特定処遇改善加算

㉒ 介護職員等ベースアップ等支援加算

● 主な減算
登録者数が定員を超過している場合、職員数が基準に満たない場合、サービス提供が過小な場合、医療保険の訪問看護が提供されている場合などは、減算されます。

2

保健医療サービスの知識等

理解度チェック　1問1答

問題

- ☐ ❶ 居宅で生活している要支援者も看護小規模多機能型居宅介護を利用できる。 26回43改

- ☐ ❷ サテライト型指定看護小規模多機能型居宅介護事業所の登録定員は、18人以下である。 26回43

- ☐ ❸ 看護小規模多機能型居宅介護計画の作成に当たっては、利用者の多様な活動が確保されるものとなるように努めなければならない。 26回43

- ☐ ❹ 看護小規模多機能型居宅介護事業所の管理者は、必ずしも保健師又は看護師でなくてもよい。 23回43改

- ☐ ❺ 看護小規模多機能型居宅介護事業者は、看護サービスの提供の開始に際し、主治の医師の指示を文書で受ける必要はない。 22回43

- ☐ ❻ 看護小規模多機能型居宅介護は、訪問介護や訪問看護などの訪問サービスと、通いサービスを一体的に提供するもので、宿泊サービスは含まない。 22回43

- ☐ ❼ 看護小規模多機能型居宅介護とは、居宅要介護者に訪問看護と小規模多機能型居宅介護を組み合わせて提供するサービスのことをいう。 21回42

- ☐ ❽ 看護小規模多機能型居宅介護の開設に当たっては、都道府県に対して事業所の指定申請を行う。 21回42

- ☐ ❾ 介護保険の訪問看護費は、看護小規模多機能型居宅介護と併用して算定できる。 20回44

- ☐ ❿ 看護小規模多機能型居宅介護の運営推進会議は、利用者の家族や地域住民の代表者も構成員となる。 20回45

解答解説　❶✕ 利用できるのは要介護者のみ。 ❷○ ❸○ ❹○ ❺✕ 主治の医師の指示を文書で受けなければならない。 ❻✕ 宿泊サービスも含まれる。 ❼○ ❽✕ 市町村長に指定申請を行う。 ❾✕ 併用して算定はできない。 ❿○

複合型サービスって何ですか？

居宅サービスと地域密着型サービスを2種類以上組み合わせたサービスのことだよ。

23 介護老人保健施設

 「ここを押さえよう!」 　　　　　　　　　　頻出度 ★★★

介護老人保健施設の定義、基本方針、施設サービスの内容、介護報酬(基本単位、加算、減算)のポイントを把握しましょう。特に、加算の内容を押さえておきましょう。

介護老人保健施設の定義・基本方針等

1 介護老人保健施設とは

介護老人保健施設とは、施設サービス計画に基づき、①看護、②医学的管理の下における介護、③機能訓練その他必要な医療、④日常生活上の世話を行う施設です。

● 介護老人保健施設を開設できる者

重要ポイント 地方公共団体、医療法人、社会福祉法人、その他の厚生労働大臣が定める者(国、日本赤十字社、健康保険組合、共済組合など)が、都道府県知事等の開設

コレも出た!
分館型介護老人保健施設とは、介護老人保健施設の開設者がその施設と一体として運営する分館のことである。(16回44改)

許可を受けた場合に事業者となります。

営利を目的とする場合や人員・設備基準を満たしていない場合は、開設が許可されないことがあります。

また、介護老人保健施設特有の規定として、次の4つが定められています。

> ① 広告の制限
> ② 設備の使用制限
> ③ 不適任な管理者の変更命令
> ④ 指導・監督等

● 人員基準

介護老人保健施設の主な人員基準は、次表に示すとおりです。

表2-23-1　必要な職種・員数

職種	必要な員数
医師	入所者100人につき1人以上
薬剤師	実情に応じた適当数
介護職員・看護職員	入所者3人につき1人以上(看護職員が全体の7分の2程度となること)
支援相談員	1人以上
理学療法士等	入所者数を100で除して得た数以上
栄養士	入所者100人以上の施設では1人以上
介護支援専門員	入所者100人につき原則1人以上

(注)表中における職員数はすべて常勤換算による。

● 設備基準

コレも出た！
診察室は必要だが、処置室を設ける義務はない。(25回45)

療養室は定員4人以下、1人当たりの床面積8 m^{2}以上とされ、診察室、機能訓練室、談話室、食堂、浴室、洗面所、便所等、必要な広さの部屋等を有することとされています。

2 介護老人保健施設の目的と機能

● 介護老人保健施設の機能

介護老人保健施設には、次表に示すような5つの機能があります。

表2-23-2　介護老人保健施設の機能

機能	内容
①包括的ケアサービス	医療と福祉のサービスを統合して提供する。
②リハビリテーション	生活機能の向上を目的に、集中的な維持期リハビリテーションを行う。
③在宅復帰（通過）	早期の在宅復帰を目指し、チームケアを提供する。
④在宅生活支援	家庭生活や家庭でのケアの継続ができるよう、本人と家族を支える。
⑤地域に根ざした活動	家族介護者や地域のボランティア等がケア技術を習得する。

2
保健医療サービスの知識等

🐝 介護老人保健施設サービスの内容（運営基準）

● サービス提供拒否の禁止

サービス提供を拒否できる正当な理由は、入院治療の必要がある場合と適切なサービスの提供が困難な場合です。

また、病状が不安定等の理由により、介護老人保健施設での対応が困難な場合は、他の医療機関等を紹介します。

● 入退所に際しての役割

重要ポイント 入退所に際しては次のような役割があります。

- 入所者を総合的にアセスメントし、サービスを受ける必要性の高い入所者を優先的に入所させるよう努める。

- 入所者が自宅での生活が可能かどうかを定期的（少なくとも3か月ごと）に検討し、計画を担当する介護

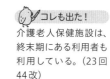

コレも出た！
介護老人保健施設は、終末期にある利用者も利用している。（23回44改）

支援専門員がこの内容を記録しなければならない。

- 在宅復帰が可能と考えられる入所者に対しては、退所のための必要な支援を行う。
- 入所者が退所するときには、居宅介護支援事業者等と連携し、スムーズに在宅復帰できるよう努める。

介護老人保健施設の介護報酬

● 基本単位

コレも出た！
ユニット型の定員が10人であることが出題された。(25回45)

施設基準、職員の勤務条件、施設規模、個室か否か、ユニット型か否か、在宅復帰の現状の別などによって区分され、さらに要介護状態区分に応じて1日当たりで算定されます。

● 主な加算

介護老人保健施設の主な加算の種類は、次のとおりです。

① 夜勤職員配置加算　②短期集中リハビリテーション実施加算
③ 認知症短期集中リハビリテーション実施加算　④認知症ケア加算
⑤ 若年性認知症入所者受入加算
⑥ 在宅復帰・在宅療養支援機能加算（Ⅰ、Ⅱ）　⑦外泊時費用
⑧ 外泊時在宅サービス利用費用　⑨ターミナルケア加算
⑩ 特別療養費　⑪療養体制維持特別加算（Ⅰ、Ⅱ）　⑫初期加算
⑬ 再入院時栄養連携加算　⑭入所前後訪問指導加算（Ⅰ、Ⅱ）
⑮ 退所時等支援等加算　⑯栄養マネジメント強化加算
⑰ 経口移行加算　⑱経口維持加算（Ⅰ、Ⅱ）
⑲ 口腔衛生管理加算（Ⅰ、Ⅱ）　⑳療養食加算
㉑ 在宅復帰支援機能加算　㉒かかりつけ医連携薬剤調整加算
㉓ 緊急時施設療養費　㉔所定疾患施設療養費（Ⅰ、Ⅱ）
㉕ 認知症専門ケア加算（Ⅰ、Ⅱ）
㉖ 認知症行動・心理症状緊急対応加算　㉗認知症情報提供加算
㉘ 地域連携診療計画情報提供加算
㉙ リハビリテーションマネジメント計画書情報加算

㉚褥瘡マネジメント加算　㉛排せつ支援加算

㉜自立支援促進加算　㉝科学的介護推進体制加算

㉞安全対策体制加算　㉟サービス提供体制強化加算（Ⅰ、Ⅱ、Ⅲ）

㊱介護職員処遇改善加算　㊲介護職員等特定処遇改善加算

㊳介護職員等ベースアップ等支援加算

● **主な減算**

　夜勤職員の勤務条件が基準を満たしていない場合、職員数の基準を満たしていない場合、入所定員を超過している場合、身体拘束に関する基準を守っていない場合、安全管理体制が未実施の場合などは、減算されます。

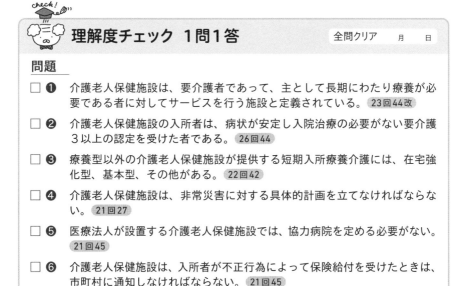

check!

理解度チェック　1問1答

全問クリア　　月　　日

問題

□ ❶ 介護老人保健施設は、要介護者であって、主として長期にわたり療養が必要である者に対してサービスを行う施設と定義されている。 `23回44改`

□ ❷ 介護老人保健施設の入所者は、病状が安定し入院治療の必要がない要介護3以上の認定を受けた者である。 `26回44`

□ ❸ 療養型以外の介護老人保健施設が提供する短期入所療養介護には、在宅強化型、基本型、その他がある。 `22回42`

□ ❹ 介護老人保健施設は、非常災害に対する具体的計画を立てなければならない。 `21回27`

□ ❺ 医療法人が設置する介護老人保健施設では、協力病院を定める必要がない。 `21回45`

□ ❻ 介護老人保健施設は、入所者が不正行為によって保険給付を受けたときは、市町村に通知しなければならない。 `21回45`

□ ❼ 介護老人保健施設は、入所定員が100人以上の場合には、栄養士又は管理栄養士を置かなければならない。 `25回45`

解答解説　❶✕ 要介護者であって、主としてその心身の機能の維持回復を図り、居宅における生活を営むことができるようにするための支援が必要な者に対してサービスを行う施設である。❷✕ 要介護1以上の認定を受けた者である。❸○　❹○　❺✕ 介護老人保健施設は協力病院を定める義務がある。❻○　❼○

24 介護医療院

「ここを押さえよう！」　　　　　　　頻出度　★★

介護医療院の定義、基本方針、施設の機能、サービスの内容、介護報酬（基本単位、加算、減算）などを把握しておきましょう。

介護医療院の定義・基本方針

1 介護医療院とは

コレも出た！

介護医療院の入所者一人当たりの療養室の床面積は、8m²以上とされている。（26回45）

重要ポイント　介護医療院とは、要介護者であって、主として長期にわたり療養が必要である者に対し、施設サービス計画に基づいて、療養上の管理、看護、医学的管理の下における介護および機能訓練その他必要な医療ならびに日常生活上の世話を行うことを目的とする施設です。

　介護医療院には、介護療養病床（療養機能強化型）相当のサービス（Ⅰ型）と、老人保健施設相当以上のサービス（Ⅱ型）の2つの類型があり、人員基準は次の表のとおりです。

表2-24-1　人員基準

	必要な員数	
	類型（Ⅰ）	類型（Ⅱ）
医師	患者48人につき1人以上 （施設で3人以上）	患者100人につき1人以上 （施設で1人以上）
薬剤師	患者150人につき1人以上	患者300人につき1人以上
看護職員	患者6人につき1人以上	患者6人につき1人以上
介護職員	患者5人につき1人以上	患者6人につき1人以上
リハビリ専門職	理学療法士、作業療法士、言語聴覚士を適当数	
栄養士	定員100人以上で1人以上	
介護支援専門員	患者100人につき1人以上	
放射線技師 他の従業者	適当数	

2 介護医療院のケアマネジメント

　重篤な医療ニーズを持つ入所者に対し、職員は次のような留意点を念頭に施設サービス計画に基づいて、自立支援に資するサービスを提供します。

①自立支援
②認知症の入所者への支援
③ターミナル期の支援
④多職種協働
⑤運営基準の理解と遵守

コレも出た！
介護医療院で必要な医療の提供が困難な場合には、他の医師の対診を求めるなど適切な措置を講じなければならない。（22回45）

介護医療院サービスの内容（運営基準）

● **サービス提供拒否の禁止**
　サービス提供を拒否できるのは、入院治療が必要ない場合と適切なサービスの提供が困難な場合です。

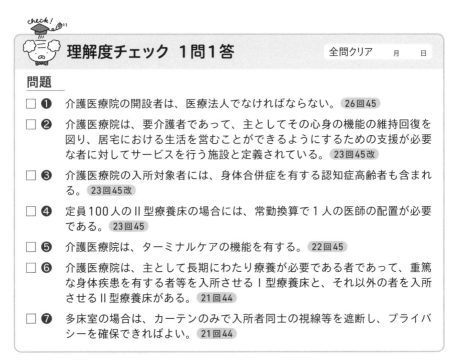

介護医療院の介護報酬

● 基本単位

施設の種類、療養室の形態、看護・介護職員の配置、入所者の態様、生活機能を維持するリハビリテーション実施の有無、地域に貢献する活動などを勘案して設定された区分に応じ、要介護度別に設定されています。

● 主な加算・減算

介護医療院の主な加算・減算については、本章第23節「介護老人保健施設」を参照してください。

理解度チェック 1問1答

全問クリア　月　日

問題

- ❶ 介護医療院の開設者は、医療法人でなければならない。 26回45

- ❷ 介護医療院は、要介護者であって、主としてその心身の機能の維持回復を図り、居宅における生活を営むことができるようにするための支援が必要な者に対してサービスを行う施設と定義されている。 23回45改

- ❸ 介護医療院の入所対象者には、身体合併症を有する認知症高齢者も含まれる。 23回45改

- ❹ 定員100人のⅡ型療養床の場合には、常勤換算で1人の医師の配置が必要である。 23回45

- ❺ 介護医療院は、ターミナルケアの機能を有する。 22回45

- ❻ 介護医療院は、主として長期にわたり療養が必要である者であって、重篤な身体疾患を有する者等を入所させるⅠ型療養床と、それ以外の者を入所させるⅡ型療養床がある。 21回44

- ❼ 多床室の場合は、カーテンのみで入所者同士の視線等を遮断し、プライバシーを確保できればよい。 21回44

解答解説 ❶✕ 国、地方公共団体、社会福祉法人、健康保険組合なども開設できる。 ❷✕ 長期にわたり療養が必要な要介護者に対し、長期療養のための医療と日常生活上の世話（介護）を一体的に提供する施設と定義されている。 ❸○ ❹○ ❺○ ❻○ ❼✕ 多床室もプライバシーの確保が必要である。

第3章

福祉サービス
の知識等

出題の傾向と対策

過去6年間の出題傾向

　「福祉サービスの知識等」の出題は15問です。出題内容は、①福祉の基礎知識、②福祉系のサービス、③地域密着型サービスに大別されます。

　福祉系のサービスとは、訪問介護、訪問入浴介護、通所介護、短期入所生活介護、特定施設入居者生活介護、福祉用具、住宅改修、介護老人福祉をいいます。訪問入浴介護、短期入所生活介護、特定施設入居者生活介護、福祉用具、住宅改修は、要支援者も利用できます。

　本章で出題される地域密着型サービスとは、夜間対応型訪問介護、認知症対応型通所介護、地域密着型通所介護、小規模多機能型居宅介護、認知症対応型共同生活介護、地域密着型特定施設入居者生活介護、地域密着型介護老人福祉施設入所者生活介護をいいます。なお、認知症対応型通所介護、小規模多機能型居宅介護、認知症対応型共同生活介護については、介護予防サービスも含まれます。

　過去6年の出題から、次のような傾向があることがわかります。

- 出題割合：福祉の基礎知識が7問、福祉系のサービスと地域密着型サービスで8問です。
- 難易度：福祉の基礎知識と福祉系のサービスについては、基礎的な内容が多くなっています。一方で、地域密着型サービスは地域包括ケアシステムとの関連性が高く、福祉サービス分野の中では難度が高くなっています。

対策

　福祉の基礎知識については、高齢者支援の担当者にとって必要な基礎知識を問う問題が多く出題されています。「介護支援専門員の役割と義務」（介護支援分野）と重なる点もありますので、ていねいに読んでしっかり把握しておきましょう。この領域では、特に、面接技術、ソーシャルワーク、成年後見制度から毎年出題されているので、内容をしっかり読み込んでおきましょう。なお、障害者や低所得者への施策は変更になることも多いため、過去の経過を確認した上で、最新の動向や情報を把握するようにしましょう。

　福祉系のサービスについては、対象となるサービスが多いため、まず全体像を把握してから、個々のサービスの特徴を確認することが大切です。その際には、頻出となっている類似の保健医療系のサービスとの相違を考えながら進めましょう（例：訪問介護と訪問看護において計画作成を担う職種、通所介護と通所リハビリテーションの基本方針の違いなど）。この領域では、特に、訪問介護、訪問入浴介護、通所介護、短期入所生活介護、地域密着型サービスから毎年出題されているので、内容をしっかり読み込んで理解しておきましょう。

　なお、**地域密着型サービス**は、2006（平成18）年度からスタートしたサービスですが、改正が重ねられているためまだ出題されていない内容もたくさんあります。地域包括ケアシステムの深化・推進が求められていることからも、過去問題だけに頼らず、基本的な説明を読み込んで要点を把握しておきましょう。

　実際の試験問題は、5つの選択肢から正しいものを選ぶ形式なので、まず問題文の「○つを選べ」の数をしっかり確認し、選ぶ選択肢の数から正解を絞り込むようにしましょう。

ソーシャルワークと ケアマネジメント

「ここを押さえよう！」　　　　　　　　頻出度 ★★★

ソーシャルワークの基本を理解するとともに、福祉関連サービスの中でどのように活用されているのかを把握しましょう。

ソーシャルワークの役割

個人・家族への
働きかけ

集団への
働きかけ

地域への
働きかけ

制度への
働きかけ

ソーシャルワークの基礎理解

● **ソーシャルワークとは**

　ソーシャルワークを代表する3つの技術として①ケースワーク、②グループワーク、③コミュニティワークがあり、ケアマネジメントもソーシャルワークの一つに位置付けられます。

　ソーシャルワークの定義は国際ソーシャルワーカー連盟および国際ソーシャルワーク学校連盟によって、直近では2014（平成26）年に採択された「ソーシャルワーク専門職のグローバル定義」があります。すなわち、社会正義、人権、集団的責任、多様性の尊重を原理として、人々や社会の様々な制度や機関に働きかけを行い、生活

課題に取り組む実践（個人のウェルビーイング■の向上を図る実践であり、同時に社会変革、社会開発、社会的結束および人々のエンパワメント■と解放の促進にもつながっていくもの）です。

● **ソーシャルワークの役割**

　ソーシャルワークは、個人や家族への働きかけ、集団への働きかけ、地域への働きかけ、制度への働きかけをしながら生活課題に直面している個人のウェルビーイングの改善を目指すものです。その役割としては次の5点が挙げられます。

　①個人の問題解決力や対処能力を強化する
　②個人を取り巻く家族や地域の環境を調整する
　③保健・医療・福祉サービスや多様な社会資源と人々をつなげる
　④社会資源やサービスを提供する制度を開発する
　⑤政策の策定や改善に貢献する

　また、これらの役割を果たすための代表的な機能としてアセスメント、問題発見・アウトリーチ■、助言・相談、権利擁護、スーパービジョン、評価、ソーシャルアクションなどがあります。

● **介護保険制度における活用**

　介護保険制度では、介護支援専門員が利用者と周辺の環境をアセスメントし、必要な介護サービスや社会資源を活用しながらウェルビーイングを高める支援を行いますが、介護支援専門員一人が担うわけではなく関係機関と連携しながら課題解決にあたります。介護支援専門員は効果的なチームを結成し、生活課題の解決に向けた連携体制を築く起点になります。

● **地域包括ケアシステムとソーシャルワーク**

　地域包括ケアシステムは、高齢者においては介護サービス、住宅、社会的交流、介護予防、生活支援、医療などを必要としている人を対象に、高齢者のニーズに応じ

用語解説

■ ウェルビーイング
ソーシャルサービスの達成目標として、権利や自己実現が保障され、身体的・精神的・社会的に良好な状態にあること。幸福度。

■ エンパワメント
自分で生活や環境をコントロールできる能力を身につけること。

3
福祉サービスの知識等

用語解説

■ アウトリーチ
「手を伸ばすこと」という意味の英語から派生した言葉で、支援の必要があるにもかかわらず申し出をしない人たちに支援機関等が積極的に関わり、支援を届けることを意味する。

て多様な支援やサービスが切れ目なく提供され地域で生活し続けられるように、それらをコーディネートすることを意味しています。

地域包括ケアシステムの構築プロセスは、①地域課題の把握と社会資源の発掘、②地域の関係者による対応策の検討、③対応策の決定と実行の3段階に分けられ、これらを実践する場として地域ケア会議があります。

● 介護支援専門員とソーシャルワーク

重要ポイント 個人や家族に対するソーシャルワークでは、生活困難を抱える高齢者の相談ニーズが増大している中で、問題の特性に応じて適切なアプローチを取捨選択し、複合的に活用する多様なアプローチが求められます。

支援者は課題の歴史性や全体関連性に十分配慮しながらアセスメントを行い、高齢者と家族を家族システムとしてとらえ、双方の生活の質を含めたシステム全体の調和と発展を図る方法を模索します。

集団に対するソーシャルワークでは、高齢者が集団とのかかわりの中で自分の存在意義や生きがいを再確認し、生活課題の解決を図り、自己実現を図ることを支援するために集団に対するソーシャルワークの支援技法が用いられます。自立期にある高齢者では老人クラブや介護予防活動の現場など人間関係や生活を豊かにするための支援が行われます。心理的ニーズの高い高齢者には治療的なアプローチやセルフヘルプグループを活用することも有効です。身体的自立度が低い高齢者には心身機能の低下を防ぐリハビリテーションを重視したアプローチが必要になります。

地域に対するソーシャルワークは、住民参加によって進められることを原則として地域社会に働きかけ、個人や集団に対する支援が有効に機能するように社会資源を調整・開発する支援方法です。地域住民や地域の社会資源

コレも出た！

自治体職員による外国人に対する入院費用等の個別相談は、個別援助技術に含まれる。(24回49)

アセスメントでは、分析技術と対人関係技術を駆使するなどして、解決する問題、クライエント、取り巻く環境やそれらの相互関係を確定することが必要である。(24回48)

介護予防活動への助言は集団援助として適切である。(21回48)

生活支援コーディネーターによる地域住民に対する支え合い活動の組織化は、地域援助技術に含まれる。(24回49)

を組織化し、地域社会を福祉コミュニティとして活性化する必要性があります。また生活支援コーディネーターが介護サービス以外の地域の多様な資源の開発とネットワーキングにも取り組んでいます。

制度に対するソーシャルワークは、制度の開発や改善を求める取組みでソーシャルアクションと呼ばれていますが、ソーシャル・プランニング（社会福祉計画）、ソーシャル・アドミニストレーション（社会福祉運営管理）、社会福祉調査**4**、コミュニティ・ソーシャルワークなどの方法もあります。

📖📖 **用語解説**

4 **社会福祉調査**
社会福祉援助を合理的・効果的に進めていくために必要となる情報を、社会経済的要因との関連を視野におきつつ、現地調査を用いて客観的に収集・分析する技術。ソーシャルワーク・リサーチと呼ばれることもある。

🐝 相談面接技術

重要ポイント 相談面接では、次のような点に留意することが大切です。

① 面接者自身の姿勢や態度、感情等も含めて相談援助に関わる多様な価値観を確認すること

② 相談面接のプロセス全体を一つの生物のような過程としてとらえること

③ 日常のコミュニケーションとは異なる点や類似する点について再確認すること

● **相談面接における価値観と倫理的配慮**

相談面接では自身の価値観を相談援助の全プロセスを率いていくエンジンととらえて自らの価値観の構造を理解することが大切です。

クライエントとワーカーの関係性については、ケースワークの基盤としてバイステック（Biestek,F.P.）の7原則（次表を参照）などを理解しておきましょう。

表3-1-1 バイステックの7原則

> ①クライエントを個人としてとらえる（個別化）
> ②クライエントの感情表現を大切にする（意図的な感情の表出）
> ③援助者は自分の感情を自覚して吟味する（統制された情緒的関与）
> ④クライエントの全人間像の受容
> ⑤時と場を超えてクライエントに対する非審判的態度
> ⑥クライエントの自己決定の最大限の尊重
> ⑦秘密保持

（出所）『九訂 介護支援専門員基本テキスト 下巻』p.427（長寿社会開発センター）

また、リーマー（Reamer,F.G.）はソーシャルワーカーの倫理上のジレンマを直接援助、間接援助に整理し（次表を参照）、解決過程も示しています。

表3-1-2 ソーシャルワーカーの倫理上のジレンマ

直接援助に関する5つのジレンマ	間接援助に関する6つのジレンマ
①守秘義務とプライバシーの侵害 ②自己決定の保障と保護的な温情の必要性 ③対象者の希望とワーカーの所属機関の要請 ④専門職の領域 ⑤専門職としての価値観と自己の個人的価値観	①制限のある資源の活用 ②公的機関と私的機関の社会福祉における義務 ③法的規制 ④労使関係 ⑤欺瞞的な対応 ⑥反倫理的行為

（出所）『九訂 介護支援専門員基本テキスト 下巻』p.428（長寿社会開発センター）

● 相談面接プロセスの全容

相談面接の過程は、①開始、②アセスメント、③契約、④援助計画、⑤実行・調整・介入、⑥援助活動の見直し・過程評価、⑦終結、⑧フォローアップ・事後評価・予後の8つに分けられます。

● 相談面接におけるコミュニケーション

相談面接におけるコミュニケーションは、クライエントとともに、クライエントのために信頼関係を形成し気持ちを通わせながら支援を行うための前提としてとらえます。学習や体験を通じて相手の世界にできるだけ近づけていくことが大切です。

コレも出た！
クライエントに対して非審判的態度で関わることは適切である。（26回48）

知っトク！
信頼関係の形成は、「ラポール」と呼ばれることもある。

二者間の伝達経路には言語・非言語があり、非言語の中にはジェスチャー、表情、姿勢、うなずきなどがあります。伝達の要素として言語は20〜30%、非言語は70%含まれているといわれています。言語は情報の内容を伝え、非言語は思い、気持ち、感情を伝えます。

コミュニケーションを阻害する要素を雑音といい、物理的雑音、身体的雑音、心理的雑音、社会的雑音があります。

● コミュニケーションの基本的技能と応用的技能

傾聴は、クライエントや家族固有の価値観に耳を傾け、その価値観に基づき全容をあるがままに受け止めることです。共感は、援助者がクライエントの世界をクライエント自身がとらえるように理解する能力です。共感には第一次共感と第二次共感があり、第一次共感は相手の話やそこに含まれている思いを理解し受け止めて、相手に自分の言葉として戻すことです。第二次共感は話としては出ていない内面や思いを深く洞察し、その思いと背景を的確に理解して相手に戻すことです。

支援困難事例への対応

● 支援困難事例とは何か

2005(平成17)年に地域包括支援センターが設置され、主任介護支援専門員らが、居宅介護支援事業所の介護支援専門員の担当する支援困難事例への対応をスーパーバイズしたり、虐待への対応も含めて多職種協働の体制で支援に取り組んだりする仕組みが構築されています。

困難事例の発見経路は居宅介護支援事業所・介護支援専門員からが84%、民生・児童委員からが70%、家族からが43%などであり、介護支援専門員の役割が極めて重要といえます。また支援困難と感じる事例の特性は家族の精神的問題、本人の精神的問題、高齢者虐待、経済

コレも出た！
初回面接では、クライエントと信頼関係を構築することが大切であり、チェックリストに従って質問していくだけでは不十分である。また、質問の内容も場面に応じて適宜柔軟に変更することが大切である。(24回46)

アドボカシーとは擁護・代弁の意味で、クライエントが自分の意思を伝えることができない場合に、本人に代わって援助者が意思や権利を伝えることである。(26回47)

共感とは、クライエントの言動に対して、援助者自身の過去の重要な人との関係を投影することではなく、クライエントの立場に立って理解することである。(25回46)

コレも出た！
支援困難事例は、行政を含めた多様な専門職・機関、地域住民などがチームを組んでアプローチする必要がある。(24回47)

介護支援専門員が地域包括支援センターのスーパービジョン機能を活用し、支援困難事例に対応することもある。(23回47)

的問題などが挙げられています。

● 支援を困難にさせる要因

　ある支援者にとっては極めて対応が困難な支援困難事例であっても、別の支援者はそうとらえない場合もあります。支援困難とは支援者側が持つ感情であり、主観的かつ個別的なものです。支援者の価値観、知識、スキル、経験、スーパーバイザーの存在の有無などによって差が生じます。

　また、支援困難を形成する要因として、下図のように本人要因、社会的要因、サービス提供者側の要因があるとされています。

図3-1-1　支援困難を形成する要因

本人要因
心理的要因/身体的・精神的要因

サービス提供者側の要因
本人との援助関係の不全/チームアプローチの機能不全/ニーズとケアプランの乖離

社会的要因
家族・親族との関係/地域との関係/社会資源の不足

（出所）『九訂 介護支援専門員基本テキスト 下巻』p.445（長寿社会開発センター）

理解度チェック 1問1答

| 全問クリア | 月 | 日 |

問題

☐ **❶** NPO法人のスタッフと地域住民による高齢者の見守り活動は、集団援助に含まれる。 23回49

☐ **❷** ソーシャルワークの役割に社会資源の開発は含まれない。 予想問

☐ **❸** 「なぜ」で始まる質問は、質問される側は必然的に自分を防衛しがちになるので注意が必要である。 24回46

☐ **❹** 生活支援コーディネーターは介護サービス以外の社会資源の開発を担う。 予想問

☐ **❺** 援助者は、クライエントの主訴の把握に当たっては、言語的な手段だけでなく非言語的な手段も用いることが望ましい。 25回46

☐ **❻** 意図的な感情表出とは、クライエントが感情を自由に表現できるように、意識してクライエントに接することである。 26回48

☐ **❼** インテーク面接の終わりには、問題解決に向けて一定の方向性を確認することが重要である。 25回47

☐ **❽** クライエントを画一的に分類して、援助計画を立てることが必要である。 26回48

☐ **❾** 「はい」か「いいえ」で答えることができる質問は、クローズドクエスチョンである。 24回46

☐ **❿** 家族や地域住民は、アウトリーチの対象に含まれない。 25回48

☐ **⓫** 困難事例の発見経路として、介護支援専門員の役割は大きい。 予想問

☐ **⓬** クライエントが経済的困窮を理由にサービスの中止を希望してきた場合でも、生活の支援に必要なサービスであれば継続できるような支援方法を検討する。 24回47

☐ **⓭** 支援困難事例は、ほかの支援者にとっても同様に支援困難といえる。 予想問

☐ **⓮** 支援困難を形成する要因として、社会的要因がある。 予想問

3

福祉サービスの知識等

解答解説 **❶**✕ 地域援助に含まれる。 **❷**✕ 含まれる。 **❸**○ **❹**○ **❺**○ **❻**○ **❼**○
❽✕ 個別的な計画を立てることが適切である。 **❾**○ **❿**✕ 含まれる。 **⓫**○ **⓬**○
⓭✕ 対応する支援者によって困難と感じる度合いは異なる。 **⓮**○

2 社会資源の活用

「ここを押さえよう！」 頻出度 ★

地域の社会資源、地域包括支援システム、ケアマネジメントにおける社会資源の活用のポイントを把握しておきましょう。

フォーマルサービス　インフォーマルサポート

公的サービス

家族やボランティア

社会資源

地域を支える社会資源と地域包括ケアシステム

地域で安心して暮らせる体制に向けた地域包括ケアシステムでは、地域の社会資源の種類や量を把握し、必要な社会資源の開発・改善・量的確保や機関相互の情報交換を進め、地域のネットワーク化を図り、共生社会を実現する必要があります。

ケアマネジメントにおける社会資源

フォーマルな分野に位置づけられる社会資源には企業・行政・社会福祉法人・医療法人・特定非営利活動

図 3-2-1 社会資源の例

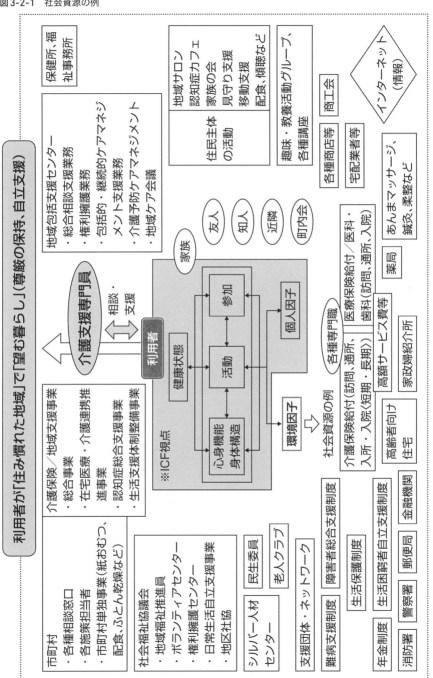

（NPO）法人などがあり、インフォーマルな分野に位置づけられる社会資源にはボランティア・友人・同僚・近隣・親戚・家族などがあります。フォーマルサービスは、専門的・安定的である一方、サービスが定型的になりがちです。インフォーマルサポートは、柔軟性がある一方、専門性・安定性に欠けるとされています。

● **フォーマル分野とインフォーマル分野の連携の必要性**

　フォーマルサービスとインフォーマルサポートは本来不連続であるため、フォーマルサービスの側で調整を図り、連続性のあるものにしていく必要があります。

● **介護支援専門員が活用する社会資源**

　介護支援専門員は、フォーマルサービス、インフォーマルサポートに加えて、要介護者自身の内的資源（能力、資産、意欲など）を活用して支援していきます。

　介護保険におけるフォーマルサービスは保険給付サービスですが、介護支援専門員は所得保障、医療保険、保健福祉（介護保険外）、権利擁護、住宅といったサービスの活用も検討する必要があります。また、必要とする社会資源が不足している場合には、地域ケア会議で事例検討を行い、それを社会資源開発へ展開していくことにも協力していきます。

理解度チェック　1問1答

問題

□ ❶ 社会資源の活用に際しては、要介護者本人および家族と協議する必要はない。 `16回58改`

□ ❷ 一般的に、インフォーマルなサポートは柔軟な対応が可能だが、安定した供給が困難な場合もある。 `15回57`

□ ❸ 介護支援専門員には、要介護者等自身の能力・資産・意欲といった内的資源を活用することも求められている。 `15回57`

解答解説　❶✕ 要介護者本人および家族との協議が必要。❷○　❸○

地域包括ケアシステムとは、どんなことですか?

住み慣れた地域の中で、可能な限り自分らしい生活を最後まで続けることができるように、医療や介護、介護予防、住宅や生活支援が一体的となった地域の実情に応じたサービスが提供され、お互いに助け合う体制のことだよ。

3 高齢者福祉の 関連諸制度【その1】

「ここを押さえよう！」

頻出度 ★★★

高齢者の福祉に関する制度や事業の概要を把握し、それぞれの仕組みや要点を理解しておきましょう。

この節で学ぶ制度や法律

- 障害者総合支援制度
- 生活保護法
- 生活困窮者自立支援法
- 後期高齢者医療制度
- 高齢者住まい法

障害者総合支援制度

コレも出た！
対象となる障害者の範囲には、難病の患者も含まれる。(22回再58)

　障害者総合支援制度は、「障害者の日常生活及び社会生活を総合的に支援するための法律」(障害者総合支援法)に基づくものです。2014(平成26)年4月には、障害者の定義に「難病の者等」が追加され、障害者総合支援法が対象とする障害者の範囲は、身体障害者、知的障害者、精神障害者(発達障害者を含む)、難病の者等となりました。

　障害のある人も障害のない人も、互いにその人らしさを認め合いながらともに生きる社会をつくることを目的として、2016(平成28)年に、「障害を理由とする差別の解消の推進に関する法律(障害者差別解消法)」が施行されました。

障害者福祉サービス

● 障害者支援の区分の認定

　障害者総合支援法に基づく障害者福祉サービスを利用する際は、市町村に支給申請を行い調査を受けて支援区分の認定を受ける必要があります。

　障害者の心身の状態を総合的に示す基準として、「障害者支援区分」(非該当、区分1〜6の6段階で数字が大きいほど重度)が導入されています。

> **コレも出た！**
> 障害者福祉サービスの利用希望時の支給申請先は市町村である。(20回59)

図3-3-1　介護給付に関わる支給決定の流れと審査会の位置づけ

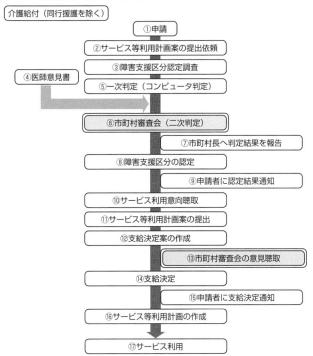

（出所）厚生労働省資料

● 障害福祉サービスの概要

　重要ポイント 障害者総合支援法に基づく支援は、自立支援給付と地域生活支援事業で構成されています。自

> **コレも出た！**
> 障害者は65歳になってからも、固有の障害福祉サービスなどを利用することができる。(18回60改)

福祉サービスの知識等

立支援給付には、以下の介護給付、訓練等給付と相談支援事業、自立支援医療、補装具等があります。

表3-3-1 障害福祉サービスと相談支援事業

サービス体系	内容
介護給付	居宅介護(ホームヘルプ)、重度訪問介護、行動援護、療養介護、生活介護、同行援護、ショートステイ、重度障害者等包括支援、施設入所支援
訓練等給付	自立訓練(機能訓練、生活訓練)、就労移行支援、就労継続支援、就労定着支援、自立生活援助、共同生活援助(グループホーム)
相談支援事業	地域相談支援(地域移行支援・地域定着支援)、計画相談支援、障害児相談支援

コレも出た！
地域生活支援事業において、成年後見制度利用支援事業は必須事業である。(20回59)

このほか、市町村が実施する地域生活支援事業においても、障害者福祉サービスが提供されます。地域生活支援事業には、地域の利用者の状況に適するサービスを効率的・効果的に提供するための必須事業と必要に応じて実施する任意事業があります。

障害者総合支援法に基づく自立支援給付は、介護保険法に基づく介護給付または地域支援事業が優先となります。

ただし介護保険サービスにはない支援等は障害者総合支援法によるサービスが受けられます。

● **自立支援医療制度**

自立支援医療制度とは、心身の障害を除去・軽減するための医療(精神通院医療、更生医療、育成医療)の自己負担を軽減する制度です。

利用者の負担額はサービス料金の1割ですが、所得に応じて1か月当たりの負担上限額が設定されています。

● **補装具制度**

コレも出た！
補装具費の支給は、障害者総合支援法に基づく自立支援給付の一つである。(25回60)

補装具制度は、義肢、装具、車いす、座位保持装置、電動車いす、めがね、補聴器、盲人安全杖、重度障害者用

意思伝達装置などを必要とする障害者、障害児、難病患者等に購入または修理費用の一部を支給する制度です。

● **利用者負担**

利用者の費用負担は、応能負担**1**が原則であり、低所得者(市町村民税非課税)の利用負担はありません。

● **障害福祉計画の策定**

地方自治体は、地域自立支援協議会等と連携しながら、3年を1期とする障害福祉計画を策定します。

📖 **用語解説**

1 応能負担
サービス利用者の支払い能力に応じて費用負担額を決める方式のこと。

生活保護制度

日本国憲法第25条の生存権の保障を具現化したものが生活保護法です。

🐱 **コレも出た！**
生活保護の実施機関は、都道府県知事、市長および福祉事務所を管理する町村長である。(26回60)

1 生活保護の基本原理・原則・種類

● **生活保護法の基本原理**

生活保護法の基本原理は、「国家責任の原理」「無差別平等の原理」「最低生活保障の原理」「補足性の原理」の4つです。基本原理の内容は次のとおりです。

- 国家責任の原理：国が生活に困窮するすべての国民に対し、その困窮の程度に応じ、必要な保護を行い、最低限度の生活を保障するとともに、その自立を助長する。
- 無差別平等の原理：要件を満たせばこの法律による保護を無差別平等に受けることができる。
- 最低生活保障の原理：健康で文化的な生活水準を維持することができる最低限度の生活を保障する。
- 補足性の原理：保護は、資産、能力その他あらゆるものを、その最低限度の生活の維持のために活用することを要件とする。

福祉サービスの知識等

● 生活保護の原則

生活保護の原則は、次の4つです。

- ● 申請保護の原則：保護は、要保護者、その扶養義務者またはその他の同居の親族の申請に基づいて開始される。
- ● 基準および程度の原則：保護は、厚生労働大臣の定める基準により測定した要保護者の需要を基とし、そのうち、その者の金銭または物品で満たすことのできない不足分を補う程度において行う。
- ● 必要即応の原則：保護は、要保護者の年齢別、性別、健康状態等その個人または世帯の実際の必要の相違を考慮して、有効かつ適切に行う。
- ● 世帯単位の原則：保護は、世帯を単位としてその要否および程度を定める。

● 生活保護の種類

生活保護の種類とそれぞれの概要は、次のとおりです。

- ● 生活扶助（原則として金銭給付）：第1類として食費や被服費等個人単位の経費、第2類として光熱水費や家具什器費等の経費、入院患者日用品費、介護施設入所者基本生活費、各種加算（母子加算・妊産婦加算・障害者加算・介護施設入所者加算・在宅患者加算・放射線障害者加算・児童養育加算・介護保険料加算）、期末一時扶助、一時扶助で構成される。
- ● 教育扶助（原則として金銭給付）：一般基準・学校給食費・通学交通費・教材代・学習支援費の合計額。
- ● 住宅扶助（原則として金銭給付）：家賃・間代・地代、住宅維持費で構成される。
- ● 医療扶助（原則として現物給付）：国民健康保険および後期高齢者医療の診療方針・診療報酬の例による。
- ● 介護扶助（原則として現物給付）：介護保険制度の報

コレも出た！
生活保護では、保護の申請がなくても要保護者が急迫した状況にあるときには、必要な保護を行うことができる。（25回58）

コレも出た！
介護施設入所者基本生活費は、生活扶助の介護保険料加算として給付される。（25回58）

知っトク！
65歳以上の生活保護受給者の介護保険料は年金から天引き（特別徴収）されるが、それ以外の場合は、生活扶助給付に保険料が加算される。

コレも出た！
住宅扶助には老朽化に伴う住宅を維持するための補修費用も含まれる。（21回59）

酬の例に準じる。給付は、介護保険法と生活保護法による指定を受けた事業者に委託して行われる。ただし、住宅改修や福祉用具など、現物給付が難しいサービスについては、金銭給付とされる。

- 出産扶助（原則として金銭給付）：分娩にかかる費用。
- 生業扶助（原則として金銭給付）：生業費・技能修得費・就職支度費で構成される。
- 葬祭扶助（基準額の範囲内で金銭給付）：葬祭のために必要なものにかかる費用。

2 医療扶助

重要ポイント 医療扶助は、入院や通院による治療が必要な場合に、生活保護の指定医療機関に委託して行う給付です。利用者は、医療機関で医療券[2]を提示して治療を受けます。

3 介護扶助

介護扶助の対象者、範囲

介護扶助の対象者と範囲は、次のとおりです。

対象者
- 65歳以上の介護保険の被保険者（第1号被保険者）
- 40歳以上65歳未満の医療保険加入者（第2号被保険者）であって介護保険の特定疾病により要介護または要支援の状態にある者
- 医療保険未加入のため介護保険の第2号被保険者になれない40歳以上65歳未満の者であって介護保険の特定疾病により要介護または要支援の状態にある者（被保険者以外の者）

範囲
- 居宅介護（居宅介護支援計画に基づき行うものに限る）

コレも出た！
介護扶助には介護予防に関する給付も含まれる。(22回59)

用語解説
[2] 医療券
要保護者が医療機関（原則として生活保護法の指定機関）を受診する際に保険証の代わりに提示する証明書。

コレも出た！
被保護者が介護保険の被保険者である場合は、介護扶助より介護保険給付が優先される。(19回58改)

3 福祉サービスの知識等

- 福祉用具（介護保険の福祉用具購入と同一）
- 住宅改修（介護保険の住宅改修と同一）
- 施設介護（特別なサービスを除き介護保険の施設介護と同様）
- 介護予防（介護予防支援計画に基づき行うものに限る）
- 介護予防福祉用具（介護保険の介護予防福祉用具購入費の支給と同一）
- 介護予防住宅改修（介護保険の介護予防住宅改修と同一）
- 介護予防・日常生活支援（介護予防支援計画または介護保険法に規定する第1号介護予防支援事業による援助に相当する援助に基づき行うものに限る）
- 移送（交通費の支弁が困難な要保護者の状況に対応）

コレも出た！
生活保護制度で独自に行う要介護認定は、すべての被保護者ではなく介護保険の被保険者以外の者である。（23回58）

知っトク！
介護保険の被保険者でない人が生活保護を受けている場合は、被保険者証に代わるものとして介護券が交付される。

介護扶助の内容、指定機関等

　介護扶助は、基本的に介護保険によるサービスと同一内容になりますが、介護保険で定める支給限度額を超える場合は、介護扶助の対象とはなりません。

　介護保険では、指定介護機関を指定し、要介護認定と居宅介護支援計画等の作成を行います。

- 指定介護機関の指定：介護扶助による介護の給付は、介護保険法と生活保護法による指定を受けた事業者（指定介護機関）に委託して行われる。介護保険の請求は国保連に対して行われる。
- 要介護認定と居宅介護支援計画等の作成：要保護者は一般の被保険者と同様に要介護認定を受け、要介護状態区分に応じて保険給付と介護扶助を受ける。介護保険の被保険者でない者の要介護認定については、介護扶助の要否判定の一環として生活保護制度

独自で行う。被保険者が居宅介護に関する介護扶助を申請する際には居宅介護支援計画等を添付する必要がある。

生活困窮者自立支援法

　生活困窮者自立支援法とは、経済的に困窮し、最低限度の生活を維持することができなくなるおそれのある者（以下、生活困窮者）に対して、生活保護に至る前の自立支援を目的として2013（平成25）年に法制化され、2015（平成27）年より施行されている制度です。

生活困窮者自立支援法の概要

重要ポイント 生活困窮者自立支援法の事業は、都道府県、市および福祉事務所を設置する町村（以下、都道府県等）が実施機関となり、必須事業と任意事業に分けられ、生活困窮者を対象に支援します。

1 必須事業

● 自立相談支援事業

　生活保護に至る前に自立支援の強化として、生活の困りごとや不安を抱えている課題の評価・分析を行い、ニーズに応じた自立支援計画を策定します。また、支援計画に基づく各種支援が包括的に行えるように関係機関と連絡調整を実施します。

　事業は都道府県等が実施しますが、事務の全部または一部を社会福祉法人、NPO法人、都道府県等が適当と認める者に委託をすることができます。

コレも出た！
生活困窮者自立支援法の対象者は、稼働年齢層に限定されない。（22回58）

> 3
> 福祉サービスの知識等

コレも出た！
生活困窮者自立相談支援事業は、親に扶養されている成人の子どもも支援の対象としている。（24回59）

図3-3-2　生活困窮者自立相談支援事業の概要

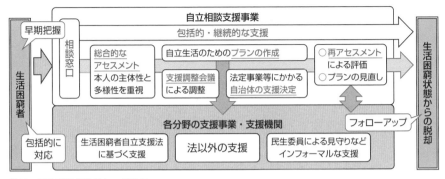

資料：厚生労働省資料を一部改変

（出所）『九訂 介護支援専門員基本テキスト 下巻』p.476（長寿社会開発センター）

● 住居確保給付金

離職などで住居場所を失った人、または失うおそれが高い人に対して、就労機会に向けた活動を条件に、一定期間、家賃相当金額（生活保護費の住宅扶助基準を上限）を支給します。安定した住居場所の確保と就労への自立の支援を行います。

② 任意事業

● 就労準備支援事業

社会とのかかわりに不安がある、他者とのコミュニケーションがうまく取れない等、直ちに就労が困難な人に対して6か月から1年の間に一般就労に向けた基礎能力を養いながら、計画的かつ一貫的な支援を行います。

● 一時生活支援事業

住居先を持たない生活困窮者に対して、一定期間（原則3か月以内）、宿泊場所や衣食の提供を行います。

● 家計改善支援事業

家計状況などの収支に関する課題の評価・分析を行い、状況に応じた支援計画を作成し、相談支援で関係機関と連携していきます。また、必要に応じて貸付などのあっせん等も行います。

● **子ども学習支援事業**

　生活保護世帯や生活困窮者世帯の子どもに対して、学習支援のほか、将来の自立に向けた生活習慣や、居場所の提供などの支援を行います。

3 就労訓練事業の認定（都道府県等の認定事務につき必須事業）

　直ちに一般就労をすることが難しい人には、就労の機会（清掃・リサイクル・農業等）を提供します。また、個別の就労支援プログラムに基づき、一般就労に向けた支援を中・長期的に実施します。就労訓練事業は、社会福祉法人、NPO法人、営利企業等が行う自主事業として、都道府県等が事業の認定を行います。

後期高齢者医療制度

　後期高齢者医療制度とは、2006（平成18）年に成立した「高齢者の医療の確保に関する法律」に基づいて創設され、75歳以上の高齢者（後期高齢者）が適切な医療が受けられるよう、2008（平成20）年より実施されている医療制度です。

後期高齢者医療制度の概要

　後期高齢者医療制度は、すべての後期高齢者を被保険者として個々から保険料を徴収し、医療給付を行う社会保険方式の仕組みとなっています。

　後期高齢者医療制度は、都道府県ごとにすべての市町村（東京23区を含む）が加入する後期高齢者医療広域連合（以下、広域連合）が運営主体となり制度の運用を行います。

　対象者や給付内容は以下のとおりになります。

● 被保険者と保険料

　被保険者は広域連合の区域内に住所を有し、次のいずれかに該当する人。なお、生活保護世帯に属する人は被保険者から除外されます。

①75歳以上の人
②65歳以上75歳未満で一定の障害がある人（広域連合の認定が必要）

　保険料は各広域連合が設定し、被保険者または世帯主等が負担します。また、年金受給者は年金から天引き（特別徴収）が行われますが、年金所得の低い人は直接金融機関などを通して納付（普通徴収）します。

コレも出た！
75歳以上であっても生活保護世帯に属する者は、後期高齢者医療制度の被保険者とはならない。（21回60）

● 一部負担金と給付内容

　重要ポイント 被保険者の一部負担金は、原則1割負担となっていますが、2022（令和4）年10月1日から、75歳以上などで一定以上の所得がある人は、医療費の窓口負担割合が2割となり、現役並み所得者は3割負担になります。

　また、以下の内容が医療対象として保険給付されます。

①療養の給付
②入院時食事療養費
③入院時生活療養費
④保険外併用療養費
⑤療養費
⑥訪問看護療養費（医療保険分）
⑦特別療養費
⑧移送費
⑨高額療養費
⑩高額介護合算療養費
⑪その他、葬祭費など条例で定める給付

● 後期高齢者医療制度の財源と費用負担

　財源となる仕組みは、次のとおりです。

図3-3-3　後期高齢者医療制度の仕組み

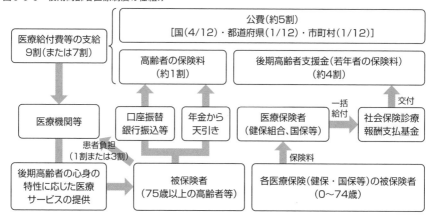

(出所)『九訂 介護支援専門員基本テキスト 下巻』p.481(長寿社会開発センター)

高齢者の居住の確保に関する法律(高齢者住まい法)

　高齢者が日常生活を送る上で、福祉サービスが受けやすい居住環境を整えた高齢者住宅には登録制度を設け、高齢者住宅の供給を促進するための措置や、高齢者の居住の安定の確保を図ることを目的として制定されたのが、高齢者の居住の確保に関する法律(高齢者住まい法)です。

高齢者住まい法の概要

　高齢者住まい法は、厚生労働省と国土交通省の共管となり、各省の大臣により、高齢者の居住の安定の確保に関する基本方針(以下、基本方針)が定められます。
　また、都道府県・市町村は基本方針に基づき、高齢者住宅の供給の促進・管理の適正化、良好な居住環境を有する住宅の整備の促進、高齢者居宅生活支援事業のための施設整備の促進や支援体制の確保などに関する事項を定める高齢者居住安定確保計画を定めます。

● サービス付き高齢者向け住宅の登録

　事業者は、一定要件を満たす賃貸住宅等を都道府県・

政令指定都市・中核市へサービス付き高齢者向け住宅(以下、サ高住)としての申請・登録ができます。

事業者は、登録により国から建設費(改修費を含む)の補助を受けることができます。また、税制の優遇措置、住宅金融支援機構からの融資を受けることもできます。

● サ高住の登録基準

サ高住は、2011(平成23)年の高齢者住まい法の改正により、新たに制度化されたバリアフリーの高齢者向け賃貸住宅であり、状況把握サービス(安否確認)と生活相談サービスを受けることができます。登録基準には、以下の基準が設けられています。

表3-3-2　サービス付き高齢者向け住宅の登録基準

入居者	・単身高齢者または高齢者とその同居者(配偶者等) 高齢者とは、60歳以上の者、または要介護・要支援認定を受けている40歳以上60歳未満の者
規模・設備	・各居室の床面積は、原則25m²以上(ただし、居間、食堂、台所その他の住宅の部分が高齢者が共同して利用するために十分な面積を有する場合は18m²以上) ・各居室は、台所、水洗便所、収納設備、洗面設備、浴室を備えたものであること(ただし、共用部分に共同利用できる適切な台所、収納設備または浴室を備える場合は、各居室にこれらは要しない) ・バリアフリー構造であること
サービス	・少なくとも状況把握(安否確認)サービスおよび生活相談サービスを提供すること
契約関係	・書面による契約であること ・居住部分が明示された契約であること ・権利金その他の金銭を受領しない契約であること(敷金、家賃、前払金を除く) ・家賃またはサービスの対価の前払金を受領する場合は、その算定の基礎、返還債務の金額の算定方法が明示されていること ・入居後3か月以内に、契約を解除、または入居者が死亡したことにより契約が終了した場合、契約解除の日までの日割り家賃等を除き、家賃等の前払金を返還すること ・返還債務を負うことになる場合に備えて、家賃等の前払金に対し、必要な保全措置が講じられていること

(つづく)

表3-3-2　サービス付き高齢者向け住宅の登録基準（つづき）

その他	・基本方針および高齢者居住安定確保計画に照らして適切なものであること

（出所）『九訂 介護支援専門員基本テキスト 下巻』p.484（長寿社会開発センター）

● サ高住の指導監督

　都道府県知事・政令指定都市と中核市の長（以下、都道府県等知事）は、指導監督権限として、必要に応じて登録事業者または登録事業者からの登録住宅の管理もしくは、状況把握サービス、生活相談サービス等の委託を受けた者に対して、必要な報告を求めることや登録機関の事務所への立入検査を行うことができます。

　また、都道府県等知事は、事業が登録基準に適合していない場合は、改善指示をしたり、指示に反した場合に登録を取り消すことができます。

● 地域包括ケアシステムとサ高住

　サ高住は、地域包括ケアシステムにおける、医療・介護・福祉・予防・生活支援・住まいを支える仕組みとして、地域でいつまでも暮らし続けることができるように高齢者の住まいの類型の一つとして位置づけられています。

　また、有料老人ホームに該当するサ高住は、介護保険法に基づく住所地特例施設の対象となります。

福祉サービスの知識等

住所地特例とは何ですか？

特別養護老人ホームや有料老人ホーム、サービス付き高齢者向け住宅などの住所地特例対象施設に入所又は入居して、施設の所在地に住所を移した場合に、特例措置として施設入所（居）前の住所地の区市町村（保険者）が介護保険の被保険者になる特例制度だよ。

問題

- □ ❶ 障害者総合支援法に規定されている障害者の範囲に難病は含まれない。18回60改

- □ ❷ 障害者総合支援法のサービスの利用を希望する者は、都道府県に対して支給申請を行う。25回60

- □ ❸ 障害福祉サービスの利用を希望する障害者は、市町村に対して申請給付を行う。20回59

- □ ❹ 医療扶助による医療の給付は、入院または通院により治療を必要とする場合に、生活保護の指定医療機関に委託して行われる。19回58

- □ ❺ 生活保護制度の教育扶助は、原則として現物給付によって行われる。25回58

- □ ❻ 生活保護制度は、世帯を単位として、その要否と程度が決められる。22回再69

- □ ❼ 生活に困窮する外国人は、生活保護の取扱いに準じて必要な保護をしたり、受けられる。23回58

- □ ❽ 生活困窮者自立相談支援事業は、社会福祉法人等に委託することはできない。24回59

- □ ❾ 後期高齢者医療制度の保険料は、原則として年金より天引きされる特別徴収となる。予想問

- □ ❿ 75歳以上の者であって、生活保護世帯に属する者も、後期高齢者医療制度の被保険者となる。21回60

- □ ⓫ 高齢者住まい法は、厚生労働省の管轄となり都道府県等に登録申請を行う。予想問

- □ ⓬ サービス付き高齢者向け住宅へ入居することができるのは、60歳以上であるか、要支援・要介護認定を受けている40歳以上60歳未満の人である。予想問

解答解説 ❶✕ 2014年の改正で、難病も含まれるようになった。❷✕ 市町村長に対して支給申請を行う。❸○　❹○　❺✕ 原則として金銭給付によって行われる。❻○　❼○　❽✕ 社会福祉法人、NPO法人等に委託することができる。❾○　❿✕ 被保険者から除外される。⓫✕ 厚生労働省と国土交通省の共管になっている。⓬○

4 高齢者福祉の 関連諸制度【その2】

高齢者福祉に関する制度はたくさんあります。混乱しないよう、それぞれの対象者や特性、支援内容などを区別して覚えるようにしましょう。

この節で学ぶ制度や法律

- 老人福祉法
- 個人情報保護法
- 育児・介護休業法
- 高齢者虐待の防止
- 成年後見制度
- 日常生活自立支援事業

老人福祉法

● 目的

　老人の福祉に関する原理を明らかにするとともに、老人に対し、その心身の健康の保持および生活の安定のために必要な措置❶を講じ、老人の福祉を図ることを目的としています。

● 福祉の措置の実施者

　65歳以上の人または養護者に対する福祉の措置は、市町村が行います。

● 事業および施設と介護保険サービスとの関係

　居宅における介護等として老人居宅介護等事業、老人デイサービス事業、老人短期入所事業、小規模多機能型居宅介護事業、認知症対応型老人共同生活援助事業、複

📖 用語解説

❶ 措置
市町村が職権をもって必要なサービスを提供すること。

合型サービス福祉事業があります。この中には介護保険
制度の介護給付に位置付けられているものもあります。
また、老人福祉法によって施設に位置付けているものは、
次の表のとおりです。

表3-4-1　老人福祉法による施設の定義

施設名	概　要	施設の性格
養護老人ホーム	65歳以上の者で、環境上の理由および経済的理由により居宅において養護を受けることが困難な者を入所させ、養護するとともに、その者が自立した日常生活を営み、社会活動に参加するために必要な指導および訓練等を行うことを目的とする施設。	措置施設
特別養護老人ホーム	65歳以上の者で、身体上または精神上著しい障害があるために常時の介護を必要とし、かつ、居宅においてこれを受けることが困難な者を入所させ、または介護保険法の規定による地域密着型介護老人福祉施設入所者生活介護、介護福祉施設サービスを利用する者を入所させ、養護することを目的とする施設。	措置施設
軽費老人ホーム	無料または低額な料金で、老人を入所させ、食事の提供その他日常生活上必要な便宜を供与することを目的とする施設。	契約施設
老人福祉センター	無料または低額な料金で、老人に関する各種の相談に応ずるとともに、老人に対して、健康の増進、教養の向上およびレクリエーションのための便宜を総合的に供与することを目的とする施設。	利用施設
老人介護支援センター	地域の老人の福祉に関する各般の問題につき、老人、その者を現に養護する者、地域住民その他の者からの相談に応じ、必要な助言を行うとともに、主として居宅において介護を受ける老人またはその者を現に養護する者と市町村、老人居宅生活支援事業を行う者、老人福祉施設、医療施設、老人クラブその他老人の福祉を増進することを目的とする事業を行う者等との連絡調整その他の援助を総合的に行うことを目的とする施設。	利用施設
有料老人ホーム	老人を入居させ、入浴、排せつもしくは食事の介護、食事の提供またはその他の日常生活上必要な便宜の供与をする事業を行う施設であって、老人福祉施設、認知症対応型老人共同生活援助事業を行う住居等でないもの。	契約施設

（出所）『九訂 介護支援専門員基本テキスト 下巻』p.487（長寿社会開発センター）

● **老人福祉計画その他の規定**

　介護保険法にはない老人福祉法固有の規定として、①老人の日および老人週間に関する規定、②老人クラブ、③老人福祉計画があります。

 個人情報保護法

● **目的**

　個人情報の適正な取扱いに関して、基本理念や国および地方公共団体の責務等を明らかにするとともに、個人情報を取り扱う事業者の遵守すべき義務等を定めることによって、個人情報の有用性に配慮しつつ、個人の権利利益を保護することを目的としています。

● **基本理念と国および地方公共団体の責務**

　基本理念として、個人情報は、個人の人格尊重の理念の下に慎重に取り扱われるべきものであることを念頭におき、その適正な取扱いが図られなければならないとされています。

　国はこの法律の趣旨にのっとり、個人情報の適正な取扱いを確保するために必要な施策を総合的に策定し、これを実施する責務を有するとされ、地方公共団体は、その区域の特性に応じて、個人情報の適切な取扱いを確保するために必要な施策を策定し、これを実施する責務を有するとされています。

● **個人情報および個人情報取扱事業者の定義**

　個人情報とは、生存する個人に関する情報であって、氏名や生年月日等により特定の個人を識別することができるもの、または個人識別符号が含まれるものをいいます。氏名のみ、顔写真、パスポート番号、基礎年金番号、マイナンバー、DNA、指紋などが該当します。

　個人情報データベース等を事業の用に供している人を個人情報取扱事業者といいます。個人情報データベース

等とは、データベース化したり検索可能な状態にしたりしてある個人情報のことをいいます。取り扱う個人情報の数や規模に関係なく、個人情報を取り扱うすべての事業者に個人情報保護法が適用されます。

● 個人情報取扱事業者の義務

個人情報を取り扱う際は、利用目的をできる限り特定し、特定した利用目的の達成に必要な範囲を超えて取り扱う場合はあらかじめ本人の同意を得なければなりません。ただし、法令に基づく場合や生命、身体または財産の保護のために必要がある場合で本人の同意を得ることが困難な場合、公衆衛生の向上または児童の健全な育成の推進のために特に必要がある場合で本人の同意を得ることが困難な場合は適用されません。

個人情報取扱事業者は、従業者に個人情報を取り扱わせる際には、その従業者に対して必要かつ適切な監督を行わなければなりません。これは委託する場合も同様です。また、個人情報を第三者に提供する場合、原則としてあらかじめ本人の同意を得る必要があります。

● 罰則

個人情報保護委員会は、個人情報取扱事業者に対して報告を求めたり立入検査を行い、必要に応じて指導・助言・勧告・命令を行うことができます。命令に従わない場合は6か月以下の懲役または30万円以下の罰金等の罰則が適用される場合があります。

育児・介護休業法

● 目的

「育児休業及び介護休業に関する制度並びに子の看護休暇及び介護休暇に関する制度を設ける」とともに、「子の養育及び家族の介護を容易にするため所定労働時間等に関し事業主が講ずべき措置を定める」ほか、「子の養育

又は家族の介護を行う労働者等に対する支援措置を講ずること等により、子の養育又は家族の介護を行う労働者等の雇用の継続及び再就職の促進」を図り、育児および家族の介護を行う労働者の職業生活と家庭生活の両立が図られるよう支援することによって、その福祉を増進するとともに、日本の経済および社会の発展に資することを目的としています。

● 相談窓口

都道府県の労働局雇用環境・均等部が窓口となっています。

● 育児休業制度と介護休業制度の概要

育児休業とは、労働者が原則として1歳に満たない子を養育するために取得する休業です。1歳に達しても保育所に入所できない等の事情がある場合は最長2歳まで延長できます。

介護休業とは、労働者が要介護状態にある対象家族を介護するために取得する休業で、介護の対象となるのは配偶者、父母、子、配偶者の父母、祖父母、兄弟姉妹、孫です。対象家族1人につき通算93日まで、3回を上限として分割して取得することができます。

● 仕事と育児・介護の両立を支援するための支援策

他に本法で規定している主な支援策は、次の表のとおりです。

表3-4-2　主な支援策

①子の看護休暇	小学校就学前の子を養育する労働者は、病気、けがをした子の看護または子に予防接種、健康診断を受けさせるために、1年に5日（子が2人以上の場合は10日）まで、休暇の取得が可能。時間単位で取得可能。
②介護休暇	要介護状態にある対象家族の介護や通院の付き添い等の世話を行う労働者は、1年に5日（対象家族が2人以上の場合は10日）まで、休暇の取得が可能。時間単位で取得可能。

（つづく）

3
福祉サービスの知識等

表3-4-2　主な支援策（つづき）

③育児・介護のための 所定外労働の制限 （残業の免除）	3歳に満たない子を養育する労働者が子を養育するため、または要介護状態にある対象家族を介護する労働者がその家族を介護するために請求した場合には、事業主は所定労働時間を超えて労働させてはならない（1回の請求につき、1か月以上1年以内の期間）。
④育児・介護のための 時間外労働の制限	小学校就学前の子を養育する労働者がその子を養育するため、または要介護状態にある対象家族を介護する労働者がその家族を介護するために請求した場合、事業主は制限労働時間（1か月24時間、1年150時間）を超えて時間外労働させてはならない（1回の請求につき、1か月以上1年以内の期間）。
⑤育児・介護のための 深夜業の制限	小学校就学前の子を養育する労働者がその子を養育するため、または要介護状態にある対象家族を介護する労働者がその家族を介護するために請求した場合には、事業主は午後10時から午前5時において労働させてはならない（1回の請求につき、1か月以上6か月以内の期間）。
⑥育児のための所定労 働時間短縮の措置	3歳に満たない子を養育する労働者について、1日の所定労働時間を原則として6時間とする短時間勤務制度を設けなければならない。
⑦介護のための所定労 働時間短縮の措置	要介護状態にある対象家族を介護する労働者について、連続する3年間以上の期間における所定労働時間の短縮等の措置を講じなければならない。所定労働時間の短縮等の措置は、2回以上の利用ができるものとする必要がある。
⑧不利益取扱の禁止	育児休業、介護休業、子の看護休暇、介護休暇、所定外労働の制限、時間外労働の制限、深夜業の制限、所定労働時間の短縮等の措置について、その申出、取得等を理由として、労働者に対して解雇その他不利益な取り扱いをしてはならない。
⑨育児休業等に関する ハラスメントの防止	育児休業、介護休業等を理由とする、上司・同僚による就業環境を害する行為（育児休業等に関するハラスメント）を防止するため、事業主は、労働者からの相談に応じ、適切に対応するために必要な体制の整備などの必要な措置を講じなければならない。

（出所）『九訂 介護支援専門員基本テキスト 下巻』p.496（長寿社会開発センター）

🐝 高齢者虐待の防止

● 高齢者虐待防止法[2]の目的

高齢者の尊厳を守り、高齢者への虐待を防止するとともに、養護者を支援する施策を促進することで、高齢者の権利利益の擁護に資することが目的です。

● 高齢者虐待に関する定義

「高齢者虐待」とは、養護者による高齢者虐待および養介護施設従事者等による高齢者虐待をいいます。本法では高齢者を65歳以上の人としています。

養護者による高齢者虐待とは、①身体的虐待、②ネグレクト（介護放棄）、③心理的虐待、④性的虐待、⑤経済的虐待の行為です。

養介護施設従事者等による高齢者虐待とは、「養介護施設」または「養介護事業」の業務に従事する職員が行う上記同様の行為です。

📖📖 **用語解説**

2 **高齢者虐待防止法**

正しくは「高齢者虐待の防止、高齢者の養護者に対する支援等に関する法律」（平成17年成立、平成18年4月1日施行）という。

👤💬 **コレも出た！**
身体的虐待、心理的虐待、経済的虐待の例が問われた。（20回60）

表3-4-3　高齢者虐待防止法の定める「養介護施設従事者等」の範囲

	養介護施設	養介護事業	養介護施設従事者等
老人福祉法による規定	・老人福祉施設 ・有料老人ホーム	・老人居宅生活支援事業	「養介護施設」または「養介護事業」の業務に従事する者
介護保険法による規定	・介護老人福祉施設 ・介護老人保健施設 ・介護医療院 ・介護医療型医療施設 ・地域密着型介護老人福祉施設 ・地域包括支援センター	・居宅サービス事業 ・地域密着型サービス事業 ・居宅介護支援事業 ・介護予防サービス事業 ・地域密着型介護予防サービス事業 ・介護予防支援事業	

（出所）『九訂 介護支援専門員基本テキスト 下巻』p.499（長寿社会開発センター）

● 国民や福祉関係者の責務と市町村への通報義務

高齢者虐待防止法では、国民は、高齢者虐待の防止、養

護者に対する支援等の重要性に関する理解を深めるとともに、国または地方公共団体が講ずる高齢者虐待の防止、養護者に対する支援等のための施策に協力するよう努めなければならないとされています。

福祉関係者については、高齢者虐待の早期発見に努める責務があります。

養護者による高齢者虐待を受けたと思われる高齢者を発見した人は、当該高齢者の生命または身体に重大な危険が生じている場合は、速やかに市町村に通報しなければなりません。生命または身体に重大な危険が生じていない場合でも、養護者による高齢者虐待を受けたと思われる高齢者を発見した人は、速やかに市町村に通報するよう努めなければなりません（努力義務）。

コレも出た！
養介護施設には、地域包括支援センターも含まれる。（23回60）

養介護施設従事者等は、その養介護施設または養介護事業所において業務に従事する養介護施設従事者等による高齢者虐待を受けたと思われる高齢者を発見した場合は、速やかに市町村に通報しなければなりません。また、家族や外部の人など養介護施設従事者等以外の人だとしても、高齢者の生命または身体に重大な危険が生じている場合は、速やかに市町村に通報しなければなりません。

● **虐待への対応の仕組みの概要**

通報を受けた市町村は、速やかに、高齢者の安全の確保その他当該通報または届出に関する事実の確認のための措置を講ずるとともに、市町村と連携協力する人とその対応について協議を行うとされています。養介護施設従事者等からの通報である場合は、その内容を都道府県に報告することになっています。

ここでいう措置とは、一時的に保護するために老人短期入所施設等に入所させるなど老人居宅介護等事業や、養護老人ホーム入所の措置等を講じることをいいます。

また市町村長は、地域包括支援センターの職員その他の高齢者の福祉に従事する職員に、高齢者の居宅への立

ち入り、調査、質問をさせることができ、必要があると
きは警察署長に援助を求めることができます。

● **養護者への支援等**

　市町村は、養護者の負担軽減のため、養護者に対する
相談、指導および助言等の措置を講ずるとされています。

● **高齢者虐待の現状**

　養護者による虐待の相談・通報件数は漸増傾向、虐待
判断件数はほぼ横ばい状態です。養介護施設従事者等に
よる虐待の状況は、相談・通報件数ともに近年急増して
います。

　高齢者虐待の種別の割合は、養護者、養介護施設従事
者等いずれの場合も身体的虐待が最も多く、続いて心理
的虐待、介護等放棄、経済的虐待となっています。

図3-4-1　養介護施設従事者等による高齢者虐待の相談・通報件数と虐待判断件数の推移

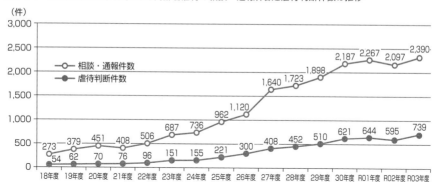

（出所）令和3年度「高齢者虐待の防止、高齢者の養護者に対する支援等に関する法律」に基づく対応状況等
に関する調査結果（厚生労働省）

成年後見制度

● **権利擁護の中核をなす制度**

　成年後見制度は、認知症・知的障害・精神障害などによ
り判断能力が不十分なために、意思決定が困難な人の判
断能力を成年後見人等が補っていく制度で、①本人の保
護、②ノーマライゼーション、③自己決定の尊重、④現

コレも出た！
成年後見制度の利用の
促進に関する法律に定
められた基本理念には、
成年被後見人等の意思
決定の支援と身上の保
護が適切に行われるこ
とが含まれる。（25回
59）

3
福祉サービスの知識等

有能力の活用、⑤本人の意思決定の支援、⑥身上保護の重視を理念としています。

後見人の職務は主に財産管理と身上監護の2つで、身上監護とは事実上の介護労働を提供することではなく、介護契約や施設入所契約・病院入院手続き等を本人に代わって行うことです。

● **法定後見制度**

🐥 重要ポイント この制度は法定後見制度と任意後見制度に大別されます。法定後見制度とは、本人または四親等内の親族等の申立に基づいて、家庭裁判所が成年後見人等を職権で選任する制度です。任意後見制度とは本人の判断能力が認知症等のために不十分になったときのために、後見人になってもらう人と後見事務の内容をあらかじめ契約で決めておく制度です。

法定後見制度は判断能力の程度に応じて①後見類型、②保佐類型、③補助類型に分かれます。

後見類型の対象者は認知症等の精神上の障害により、判断能力を欠く状況にある人、保佐類型の対象者は認知症等の精神上の障害により判断能力が著しく不十分な人、補助類型の対象者は認知症等の精神上の障害により判断能力が不十分な人です。

後見開始の申立は、住所地を管轄する家庭裁判所で行います。

この申立は、本人の福祉を図るため特に必要がある場合には、市町村長も行うことができます。家庭裁判所は申立を受けて後見開始の審判をすることができます。後見人が選任されるまで1～2か月程度を要します。

成年後見人は本人の財産に関する法律行為を本人に代わって行うことができ、本人が自ら不利益な契約などを行った場合は、原則としてこれを取り消すことができます。

保佐人は本人が行おうとしている一定の行為について同意を与える権限（同意権）を持っています。本人が保佐

🐧 コレも出た！
本人以外の者の請求により補助開始の審判をするには、本人の同意が必要である。（23回59）

🐧 コレも出た！
市町村長は、四親等内の親族がいる場合であっても、本人の福祉を図るため、特に必要がある場合には後見開始の審判の請求をすることができる。（24回60）

人の同意を得ずにした契約などで、不利益なものは原則として取り消すことができます。また保佐人には本人の同意のもと、家庭裁判所が審判を行い代理権を与えることができます。

補助人にも同意権や代理権を与えることができますが、同意権の範囲は保佐人よりも限定されています。

● 任意後見制度

任意後見制度を利用したい人と任意後見人になってくれる人とが、公正証書で任意後見契約を交わします。これ以外の方法で契約しても認められません。契約後、公証人が法務局に後見登記の申請をします。将来、本人の判断能力が不十分になったときに、家庭裁判所へ任意後見監督人の選任申立を行い、監督人が選任されることによって任意後見が開始されます。任意後見人には、契約で財産管理や身上監護に関する様々な代理権を与えることができます。

コレも出た！
任意後見人の配偶者、直系血族及び兄弟姉妹は、任意後見監督人となることができない。(23回59)

● 成年後見人等の担い手

成年後見人等の担い手は親族後見人、司法書士、弁護士、社会福祉士などです。2002（平成14）年度の制度発足当時は親族後見人が84％を占めていましたが、2022（令和4）年には19.1％まで減少しており、後見の社会化が進んでいます。

また市町村は、後見、保佐および補助の業務を適正に行うことができる人材の育成や活用を図るために、必要な研修を実施するよう努めることとされています。

知っトク！
社会福祉協議会等の法人も法人後見事業として成年後見人に選任されることが認められている。

コレも出た！
成年後見制度の利用の促進に関する法律では、国の責務が定められている。(26回58)

日常生活自立支援事業

● 日常生活自立支援事業の概要

利用者との契約に基づき、認知症や精神障害等により日常生活を営むのに支障がある人に対して、福祉サービスの利用に関する相談・助言、福祉サービスの提供を受

けるために必要な手続きや、福祉サービスの利用に要する費用の支払いに関する便宜の供与などの、福祉サービスの適切な利用のための一連の援助を一体的に行い、地域において自立した生活が送れるように支援することを目的としています。

都道府県・指定都市社会福祉協議会が実施主体となり、市区町村社会福祉協議会と協力して行います。

対象者は、①判断能力が不十分であるために、日常生活を営むのに必要なサービスを利用するための情報の入手・理解・判断・意思表示を適切に行うことが困難であること、②本事業の利用契約を締結する能力を有することの2つを満たす人です。

都道府県社会福祉協議会には第三者委員会である運営適正化委員会が設置されます。運営適正化委員会は実施主体である社会福祉協議会から事業の実施状況について報告を受ける等により本事業全般の監視を行い、必要に応じて助言・現地調査・勧告を行います。

本事業の具体的な支援の内容は、①福祉サービス利用援助(福祉サービスの利用開始・中止などの手続き、利用料を支払う手続き、苦情解決制度を利用する手続き、住宅の改造や賃借、日常の消費契約等に関する援助など)、②日常的金銭管理サービス(年金等の受領に必要な手続き、公共料金等の支払い手続き、日用品等の代金支払い手続きやそれらに必要な預金出し入れ手続き等)、③書類等の預かりサービス(各種証書、通帳、保険証書、印鑑など)です。これらの支援を相談、助言、情報提供、必要に応じて同行による支援、代行による支援等により行います。

本事業には利用料として、援助活動1回あたり1,000円から1,500円程度が生じます。生活保護受給者は無料となっています。

● 日常生活自立支援事業と成年後見制度の違い
日常生活自立支援事業は、契約時に契約内容を理解でき

るだけの判断能力があることが条件となり、その点で判
断能力の不十分な人や判断能力を喪失した人を保護する
成年後見制度と異なります。

理解度チェック 1問1答

全問クリア　月　日

問題

□ ❶ 有料老人ホームは老人福祉法により施設として定義されている。 予想問

□ ❷ 老人福祉計画は介護保険法に規定されている。 予想問

□ ❸ 個人情報取扱事業者は一定数以上の個人情報を扱う場合に対象となる。
予想問

□ ❹ 第三者への提供であっても、本人の同意があれば個人情報を提供できる。
予想問

□ ❺ 育児・介護休業法は仕事と家庭の両立を図ることも目的である。 予想問

□ ❻ 都道府県知事は、毎年度、養介護施設従事者等による高齢者虐待の状況等
について公表するものとする。 26回59

□ ❼ 高齢者虐待防止法における高齢者とは、75歳以上の者をいう。 26回59

□ ❽ セルフ・ネグレクトには、親族による介護放棄が含まれる。 23回47

□ ❾ 虐待の種類としては介護等の放棄が最も多い。 予想問

□ ❿ 成年後見人の職務には、身上保護(身上監護)と財産管理が含まれる。
26回58

□ ⓫ 都道府県知事は、65歳以上の者につき、その福祉を図るため特に必要があ
ると認めるときは、後見開始の審判の請求をすることができる。 25回59

□ ⓬ 後見開始の審判は、本人のほかに配偶者、4親等内の親族、検察官なども
請求できる。 24回60

□ ⓭ 成年被後見人の法律行為は、原則として、取り消すことができる。 25回59

□ ⓮ 日常生活自立支援事業は、身体介護や生活援助の訪問介護サービスも行う。
予想問

3
福祉サービスの知識等

解答解説　❶○　❷✕ 老人福祉法に規定されている。❸✕ 対象となるかどうかに、数や規
模は関係ない。❹○　❺○　❻○　❼✕ 65歳以上の者をいう。❽✕ セルフ・ネグレクト
は自身によるものである。❾✕ 身体的虐待が最も多い。❿○　⓫✕ 都道府県知事ではな
く市町村長である。⓬○　⓭○　⓮✕ 訪問介護サービスは行わない。

5 訪問介護

「ここを押さえよう！」 頻出度 ★★★

訪問介護の事業者、人員・設備基準、内容（身体介護・生活援助）、サービス提供責任者の責務（訪問介護計画の作成など）、介護報酬の要点を把握しておきましょう。

身体介護　生活援助

訪問介護

1 訪問介護の定義・基準等

● 訪問介護とは

　在宅で生活する要介護者が、可能な限りその能力に応じ自立した日常生活が営めるよう、入浴、食事、排せつなどの介助やその他の日常生活にわたる援助を行うサービスです。

● 事業者

　訪問介護事業を行えるのは、都道府県知事が指定した

指定訪問介護事業者と市町村が認めた基準該当訪問介護事業者です。2018（平成30）年より、地域共生社会の実現を目指し、介護保険と障害者福祉制度の両方に共生型サービスが位置づけられました。

● **人員基準**

　指定訪問介護事業者は、次表の基準を満たす人員を配置しなければなりません。

表 3-5-1　必要な職種・員数・資格

職種	必要な員数	必要な資格
管理者	指定訪問介護事業所ごとに1人。常勤、専従。	特段の専門資格は不要。
サービス提供責任者	1人以上。常勤、専ら訪問介護の職務に従事。	介護福祉士、実務者研修修了者、旧介護職員基礎研修修了者、旧1級修了者（共生型サービスでは、別に特例が定められている）。
訪問介護員等	常勤換算で2.5人以上。サービス提供責任者も含む。	サービス提供責任者と同じ。

※ 事業者は訪問介護員等に身分証を携行させなければならない。

● **設備基準**

　指定訪問介護事業者は、事業の運営に必要な広さを有する専用の相談室や事務室などを設けなければなりません。

2 訪問介護の目的・内容

　訪問介護では、高齢者のこれまでの生活習慣や文化などの価値観を尊重し、自立支援の視点を持ち、生きる喜びを感じられるように、在宅での生活を支えることを目指します。

重要ポイント ● 訪問介護サービスの種類と内容

①身体介護：利用者の身体に直接触れて行う食事、入浴、排せつ、着脱、入浴、清拭（せいしき）、移乗、移動などの生活動作に関する介助、体温・血圧測定、軽度な切り傷・やけどなどの処置、外出の介助、起床・就寝介助、服薬介助などをいいます。利用者のADLやIADL、QOL、意欲の向上のために利用者とともに行う自立支援・重度化防止の見守り的援助も含まれます。

②生活援助：調理、掃除、洗濯、買い物、衣類整理、被服補修、処方薬の受取りなどをいいます。単身世帯、同居家族に障害・疾病がある場合やその他のやむを得ない事情で家事を行うことが困難な場合に限られます。

上記①②のほかに、通院等の必要のある利用者（要介護1～5）に対して利用者宅～病院（受付を含む）までの車への乗降および移動・移乗介助を行う通院等乗降介助があります。

なお、利用者以外（家族など）への生活援助、庭の手入れ、ペットの世話など、日常的な家事の範囲を超える行為は認められません。

● 特別な医療ケア

介護福祉士と一定の研修を受けた介護職員等は、痰の吸引や経管栄養の行為を行うことができます。ただし、医療との連携や登録等を行うことが条件です。

3 訪問介護の実施

● 内容・手続きの説明と同意

事業者は、利用申込者または家族に、利用申込者のサービス選択に資すると認められる重要事項（運営規程など）

を記した文書を交付して説明し、利用申込者の同意を得る必要があります。

なお、通常の実施地域以外からの利用申込みがあった場合で提供が困難なときは、該当地域の訪問介護事業者等の紹介を行わなければなりません。

● **サービス提供責任者の責務**

サービス提供責任者には、次の責務があります。

①訪問介護計画を作成し、状況に応じて変更する。
②訪問介護計画について、利用者または家族に説明し、利用者の同意を得て交付する。
③指定訪問介護の申込みに関わる調整を行う。
④利用者の状態変化やサービスに関する意向を定期的に把握する。
⑤サービス担当者会議への出席等により居宅介護支援事業との連携を図る。
⑥訪問介護員等に援助目標と援助内容を明示し、利用者の情報を伝達する。
⑦訪問介護員等の業務状況を把握する。
⑧訪問介護員等の能力や希望を踏まえた業務管理を実施する。
⑨訪問介護員等に対する研修や技術指導を実施する。
⑩その他のサービス内容の管理に必要な業務を実施する。

4 訪問介護員の役割

訪問介護員は、訪問して日常生活上の世話を行うため、利用者の生活実態や希望をよく知っているので、①多職種と情報を共有する、②利用者の代弁者になる、③情報の連携を密に行う(緊急時の対応に関する情報連携も含む)といった役割を果たすことも期待されます。

コレも出た!
本人が薬を飲むことを手伝う服薬介助は、身体介護として算定する。(22回50)

コレも出た!
訪問介護計画は、利用回数が少ない利用者であっても作成しなければならない。(25回50)

3
福祉サービスの知識等

生活援助中心型の訪
問介護を一定回数以上、
居宅サービス計画に位
置付ける場合は市町村
に届出なければならな
い。(23回52)

⑤ 訪問介護の介護報酬

● 基本単位

訪問介護費は、実際にサービスに要した時間でなく、訪問介護計画に明示された標準的な「サービス内容」「所要時間」により算定を行います（次表を参照）。

表3-5-2　訪問介護費の算定基準

サービス内容	所要時間
身体介護が中心である場合	①所要時間20分未満[※1] ②所要時間20分以上30分未満 ③所要時間30分以上1時間未満 ④所要時間1時間以上（所要時間30分増すごとに所定単位を加算）
生活援助が中心である場合	①所要時間20分以上45分未満 ②所要時間45分以上（定額）
通院等のための乗車または降車の介助が中心である場合[※2]	

※1 「所要時間が20分未満」の算定は、前回提供した訪問介護からおおむね2時間以上の間隔を空ける（ただし、看取り期は除外）こと、また頻回（2時間以内）に訪問する場合は要介護度や障害高齢者・認知症高齢者の日常生活自立度、サービス担当者会議の定期開催等の数多くの条件が必要となる。
※2 所要時間には関係なく回数で算定する。居宅が始点又は終点となる場合の目的地間の移送も算定可能。

● 主な加算

下記の条件に適合した場合に加算できます。

表3-5-3　主な加算

種類	内容
①生活援助加算	身体介護に続き生活援助の提供を行った場合（20分未満の身体介護を除く）。
②2人体制加算	身体介護、生活援助サービスの際、厚生労働大臣が定める要件を満たし同時に2人の訪問介護員が1人の利用者に対して指定訪問介護を行った場合に加算する。
③夜間・深夜・早朝加算	利用された時間帯[※1]によって加算する。
④特定事業所加算（5区分）	厚生労働大臣が定める基準に適合して届出をした場合に加算する。

（つづく）

表3-5-3　主な加算（つづき）

種類	内容
⑤初回加算	新規の利用者に訪問介護計画を作成し、サービス提供責任者が訪問介護を行った場合または訪問介護員に同行した場合に加算する。
⑥生活機能向上連携加算（2区分）	訪問または通所リハビリテーションの利用者の居宅をサービス提供責任者と外部のリハビリテーション専門職等が一緒に訪問もしくは助言を行い訪問介護計画を作成した場合に加算する。
⑦緊急時訪問介護加算	利用者またはその家族等からの要請に基づき、サービス提供責任者が居宅介護支援事業所の介護支援専門員と連携して、訪問介護の計画にない場合に緊急に訪問介護を行ったときに加算する。
⑧認知症専門ケア加算（2区分）	算定基準として定められた認知症高齢者の日常生活自立度Ⅲ以上の者の数や認知症介護指導者養成研修を修了した者等を配置し、会議や研修計画を作成実施した場合に加算する。
⑨その他	厚生労働大臣が定めた地域※2での特別地域訪問介護加算、中山間地域等における小規模事業所加算、中山間地域等の居住者へのサービス提供加算、2人で行った場合の2人体制加算など。
⑩介護職員処遇改善加算（3区分）	厚生労働大臣が定める基準に適合し届出した場合に加算する。
⑪介護職員等特定処遇改善加算（2区分）	厚生労働大臣が定める基準に適合し届出した場合に加算する。

※1 夜間は午後6時〜午後10時、深夜は午後10時〜翌午前6時、早朝は午前6時〜午前8時を指す。
※2 厚生労働省が定める離島、山村、豪雪地帯などの地域を指す。

● 減算

　訪問介護事業所と同一の建物内に居住する利用者に対して訪問介護を行った場合や、障害福祉制度の共生型訪問介護を行った場合は、減算されます。

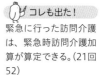

コレも出た！
緊急に行った訪問介護は、緊急時訪問介護加算が算定できる。(21回52)

右側欄外：
3
福祉サービスの知識等

理解度チェック　1問1答

問題

□ ❶ 訪問介護事業所の管理者については、特段の資格は不要である。 23回52

□ ❷ 専門的な判断や技術が必要でない場合における手足の爪切りは、身体介護である。 24回50

□ ❸ サービス提供責任者が必要と認めた場合に、緊急に訪問介護サービスを行った場合には、緊急時訪問介護加算が算定できる。 22回再52

□ ❹ 利用者が家族と同居しているときは、いかなる場合でも生活援助を利用することはできない。 17回50

□ ❺ 訪問介護事業者は、利用者が不正な行為によって保険給付を受けたときは、遅滞なく、市町村に通知しなければならない。 25回50

□ ❻ ゴミ出しのルールを理解してもらう援助は、生活援助となる。 22回50

□ ❼ 訪問介護事業者は、法定代理受領サービスに該当しないサービスの利用料の支払いを受けた場合には、サービス提供証明書を交付しなくてもよい。 25回50

□ ❽ 訪問介護において、手助け及び見守りをしながら利用者と一緒に行う被服の補修は、身体介護として算定できる。 24回50

□ ❾ 手助けや声かけ及び見守りをしながら、利用者と一緒に行うシーツ交換は、身体介護として算定できる。 26回50

解答解説　❶○　❷○　❸✕ 緊急時訪問介護加算は、サービス提供責任者と介護支援専門員が連携して、利用者の要請に基づいて必要と認めた場合に算定できる。❹✕ 同居する家族に障害や疾病がある場合は利用できる。 ❺○　❻✕ 利用者と一緒に行うゴミ出しは、自立支援・重度化防止の援助となり身体介護となる。 ❼✕ サービス提供証明書を利用者に対して交付しなければならない。❽○　❾○

訪問介護の生活援助で不適正な事例とは、どんな内容があるのですか?

例えば、利用者以外の洗濯や調理など、直接本人の援助に該当しないことや、草むしりや花木の水やり、大掃除や窓ガラス磨き、植木の剪定、家の修理やペンキ塗りなど、日常生活の援助には該当しないことだよ。

6 訪問入浴介護・介護予防訪問入浴介護

 「ここを押さえよう！」

訪問入浴介護の事業者、人員・設備基準、内容、実施手順、介護報酬（基本単位、加算、減算）の要点を把握し、介護予防訪問入浴介護の特徴を理解しておきましょう。

移動入浴車

 訪問入浴介護

1 訪問入浴介護の定義・基準

● 訪問入浴介護とは

訪問入浴介護では、居宅の要介護者の自宅を移動入浴車[1]等で訪問し、浴槽を持ち込んで入浴の介護を行います。

● 事業者

訪問入浴介護事業が行えるのは、都道府県知事が指定した指定訪問入浴介護事業者と市町村が認めた基準該当訪問入浴介護事業者です。

📖 **用語解説**

[1] 移動入浴車
湯沸し器、水タンク、ポンプ、浴槽などの入浴設備を搭載して訪問入浴サービスを提供するための専用車。

3
福祉サービスの知識等

369

● 人員基準

　指定訪問入浴介護事業者は、次表の人員を配置しなければなりません。看護職員と介護職員のうち1人以上は常勤でなければなりません。ただし、基準該当訪問入浴介護については、常勤配置条件はありません。

表3-6-1　必要な職種・員数

職種	必要な員数
管理者	・1人（常勤）。特段の資格は不要。 ・専従配置であるが同一施設内の事業所、施設等で兼務することは可能。
看護職員（看護師または准看護師）	1人以上。
介護職員	2人以上。

● 設備基準

　事務室、訪問入浴が行える浴槽、移動入浴車、および備品を備えなければなりません。また、感染症対策に十分配慮して設備を整え、衛生管理を行うことが求められます。

コレも出た！
浴槽や器具は、サービスを提供するごとに消毒しなければならない。
（18回55）

❷ 訪問入浴介護の利用者・目的・内容

● 訪問入浴介護の利用者

　介助者の有無にかかわらず、居宅の浴室や地域の入浴施設での入浴が困難な人が利用します。また、安全な入浴ができるように、病状の不安定な人や医療依存度の高い利用者については、入浴前後の医師の往診や訪問看護サービスが同時に実施できるよう調整しておくか、主治医から入浴に際しての注意を十分に受けておく必要があります。

● 訪問入浴介護の目的

　重要ポイント　居宅で通常の入浴が困難な要介護者に対し、入浴の機会を確保し身体の清潔を保持する衛生効能と全身の疾病予防的な効果により、生活機能を維持・

向上させて生活の質と精神の安寧を確保することが目的です。また、利用者の個々に合った生活スタイルを尊重しながらサービスを提供することが必要です。入浴の機会が確保されることで、褥瘡（じょくそう）の発生を予防する効果や褥瘡を軽快・治癒させる効果もあります。

● **訪問入浴介護の内容**

重要ポイント 利用者の身体状況などにより全身浴が困難な場合は、利用者の希望により清拭（せいしき）や部分浴（髪、陰部、足部など）を行います。

3 訪問入浴介護の実施

サービスを提供するに当たっては、利用者または家族に、費用、入浴方法等の内容、作業手順、入浴後の留意点などをわかりやすく説明し、同意を得る必要があります。

担当する職員は、1回の訪問につき、看護職員1人と介護職員2人で行い、これらの者のうち1人をサービス提供責任者とします。ただし、利用者の身体状況に支障を生ずるおそれがない場合においては、主治医の意見を確認した上で、看護職員に代えて介護職員3人で行うことができます。

また緊急時の対応として、利用者の病状に変化が生じた場合やその他の必要が生じた場合は、速やかに主治医または事業者が定めた協力医療機関への連絡を行う義務があります。

4 訪問入浴介護の介護報酬

介護報酬は要介護度や時間に関係なく、次表のように、利用した回数や行われた内容によって分けられます。

また、加算・減算として初回加算、認知症専門ケア加算（2区分）、特別地域訪問入浴介護加算、中山間地域等における小規模事業所加算、中山間地域等の居住者へのサービス提供加算、サービス提供体制強化加算、介護職

コレも出た！
利用者の病態が安定していれば、気管切開創があっても入浴は可能である。（17回51改）

コレも出た！
利用者が小規模多機能型居宅介護を利用している場合は、訪問入浴介護費を算定できない。（25回52）

コレも出た！
サービス提供の責任者は入浴介護に関する知識や技術を有するものでなくてもよい。（20回54）

コレも出た！
協力医療機関は事業実施地域内にあることが望ましい。（22回52）

3 福祉サービスの知識等

員処遇改善加算（3区分）、介護職員等特定処遇改善加算
（2区分）があります。

　事業所の所在する建物と同一の建物に居住する利用者
に対し、訪問入浴介護を提供する場合は、減算があります。

表3-6-2　訪問入浴介護費の基本部分

サービス内容	1回当たりの単位数
看護職1人＋介護職2人で全身浴を行った場合	1,260単位
介護職員3人で全身浴を行った場合	1,260単位 × 95／100
清拭または部分浴を行った場合	1,260単位 × 70／100

介護予防訪問入浴介護

● 基本方針

　介護予防訪問入浴介護とは、要支援者が自立した日常
生活を営めるよう、居宅で行う入浴の支援をいいます。こ
れにより、利用者の身体の清潔の保持、心身機能の維持回
復を図り、利用者の生活機能の維持・向上を目指します。

● 人員基準

　介護職員の必要数は1人以上であり、訪問入浴介護（2
人以上）より少なくなっています。看護職員・管理者の基
準は同じです。

● 設備基準およびサービスの内容

　訪問入浴介護サービスと同様です。

● 介護報酬

　要介護度や時間に関係なく、次表のように、利用回数
やサービス内容によって分けられます。加算・減算条件
は、訪問入浴介護サービスと同様です。

コレも出た！
膀胱留置カテーテルを
使用しているときも、介
護予防訪問入浴介護を
利用できる。（18回55
改）

表3-6-3 介護予防訪問入浴介護費の基本部分

サービス内容	1回当たりの単位数
看護職1人+介護職1人で全身浴を行った場合	852単位
介護職員2人で全身浴を行った場合	852単位 × 95 ／ 100
清拭または部分浴を行った場合	852単位 × 70 ／ 100

理解度チェック 1問1答

全問クリア 月 日

問題

☐ ❶ 訪問入浴介護事業者は、利用者の選定により提供される特別な浴槽水等にかかる費用を、通常の利用料以外の料金として受け取ることができる。 24回52

☐ ❷ 膀胱留置カテーテルを使用している場合には、介護予防訪問入浴介護は利用できない。 18回55

☐ ❸ 終末期である者も、訪問入浴介護を利用できる。 22回52

☐ ❹ 指定訪問入浴介護事業所ごとに、医師を1人以上置かなければならない。 25回52

☐ ❺ 利用者宅に浴室があっても、訪問入浴介護を提供することができる。 23回54

☐ ❻ 訪問入浴介護の目的は、心身機能の維持が含まれる。 20回54

☐ ❼ 訪問入浴介護の事業者は、サービスの利用に当たっての留意事項を運営規程に定めておかなければならない。 25回52

☐ ❽ 訪問入浴介護事業者は、機能訓練指導員を配置しなければならない。 26回51

解答解説 ❶○ ❷✕ 利用できる。 ❸○ ❹✕ 医師の配置基準はない。 ❺○ ❻○ ❼○ ❽✕ 機能訓練指導員の配置要件はない。

介護予防訪問入浴介護よりも訪問入浴介護のほうが介護報酬が高いのはなぜですか?

要介護者を対象とする訪問入浴介護のほうが、要支援者を対象とする介護予防訪問入浴介護よりも時間や労力が多くかかるからだよ。

7 通所介護

「ここを押さえよう！」 頻出度 ★★★

通所介護の事業者、人員・設備基準、サービス内容（日常生活の世話、機能訓練など）、実施の手順、介護報酬（基本単位、加算、減算）のポイントを押さえておきましょう。

サービスセンター

通所介護

1 通所介護の定義・基準等

● 通所介護とは

居宅で生活する要介護者が老人デイサービスセンターに通い、入浴、食事、排せつ等の日常生活上の世話、生活上での相談、機能訓練を受けるサービスです。

● 事業者

事業が行えるのは、都道府県知事が指定した指定通所介護事業者と市町村が認めた基準該当通所介護事業者で

す。2018（平成30）年より、地域共生社会の実現を目指し介護保険と障害福祉制度の両方に共生型サービスが位置づけられました。

　また、2021（令和3）年からは、利用者の地域における社会参加活動や地域住民との交流を促進する観点から、地域住民やボランティア団体等との連携や協力を行うなど、地域との交流に努めなければならないことになりました。

● **人員基準**

　指定事業所の人員配置基準は次表のとおりです。

表 3-7-1　必要な職種・員数

職種	必要な員数・資格要件
管理者	1人以上（専従）。資格不要。
生活相談員	1人以上（専従）。社会福祉士、精神保健福祉士、社会福祉主事任用資格ほか。
看護職員	1人以上（専従）。看護師、准看護師。
介護職員	利用者15人までは1人以上（専従）。資格不要。利用者が15人を超える場合は、「16 〜 20人は2人以上」のように利用者5人ごとに1人ずつ増加。
機能訓練指導員	1人以上（兼任は可能）。理学療法士、作業療法士、言語聴覚士、看護職員、柔道整復師、あん摩マッサージ指圧師。一定の経験を有し機能訓練に従事したはり師、きゅう師。

※ 生活相談員または介護職員のうち1人以上は常勤。

● **設備基準**

　指定通所介護事業所は、食堂、機能訓練室（合計面積が利用定員 × 3m² 以上）、静養室、相談室、事務所を備えなければなりません。

コレも出た！
看護職員は、配置されることが望ましい。（20回52）

コレも出た！
看護職員は、看護職員としての業務に従事していない時間帯において、機能訓練指導員として勤務することができる。（26回52）

3
福祉サービスの知識等

2 通所介護の利用者・目的・内容

● **通所介護の利用者**

　身体的・心理的・社会的な支援が必要な高齢者が利用します。

● **通所介護の目的**

重要ポイント 通所介護の目的は、以下の3つです。

①利用者の社会的孤立感の解消(外出と社会的な交流)

②利用者の心身機能の維持(機能訓練・日常生活訓練)

③利用者の家族の身体的・精神的負担の軽減(家族負担の軽減)

● **通所介護のサービス内容**

　主な内容は次のようになります。

　①日常生活上の世話(食事、排せつ、歩行、入浴、衣類の着脱など)や利用者参加で行うレクリエーション

　②相談援助

　③機能訓練(個別訓練は機能訓練指導員が実施)

　④送迎(送迎費用は通常介護報酬に含まれる)

3 通所介護の実施

● **内容の説明と利用者の同意**

　サービス提供に当たり、事業者は利用者または家族に、サービス内容と費用について説明し、利用者から同意を得る必要があります。

● **通所介護計画の作成**

　通所介護計画に記載する具体的な内容は、①送迎方法、②活動・訓練内容と参加グループ、③介護の場面と方法、④その他関わり方への配慮、⑤心理的支援の方法、⑥家族への支援の内容と方法の6つです。

　また、管理者は作成された計画の内容について利用者または家族に説明し、同意を得て文書で交付する必要があります。さらに、その実施状況や評価についても説明

 コレも出た！

利用者の病状が急変した場合は、主治医への連絡等の措置を講じなければならない。(19回53改)

通所介護計画は、通所介護事業所の管理者が作成しなければならない。(22回再53改)

通所介護計画の目標および内容については、利用者又は家族に説明を行うとともに、その実施状況や評価についても説明を行うものとする。(25回51)

を行うものとされています。

❹ 通所介護の介護報酬

● 基本単位

通所介護費は、①施設基準、②サービスに要する標準時間、③要介護度により算定されます。「施設基準」とは、通所介護サービス事業所の規模の基準をいい、前年度の１か月当たりの平均利用延人員数によって次表の区分に分けられます。

また、2021（令和３）年より、感染症や災害の影響により利用者数が減少した場合は、延べ利用者数の減少が生じた月の実績を基礎とすることができるようになりました。

表3-7-2　通所介護の施設基準と区分

区分	１か月当たりの平均延人員数
通常規模型通所介護	301 〜 750人
大規模型通所介護（Ⅰ）	751 〜 900人
大規模型通所介護（Ⅱ）	901人以上

②の「標準時間」は、３時間以上１時間ごとの６段階（８時間以上９時間未満まで）に区分されます。２時間以上３時間未満の場合は、４時間以上５時間未満の所定単位数に 70/100 が算定されます。

● 主な加算

主な加算は、次のとおりです。

①時間延長時加算
②生活相談員配置等加算
③中山間地域等に居住する者へのサービス提供加算
④入浴介助加算（２区分）

コレも出た！
通常の事業の実施地域内の利用者を送迎する費用は、通所介護費に含まれる。（21回53）

コレも出た！
送迎時に実施した居宅内での介助は1日30分を限度として、サービスに要する時間に含むことができる。（23回53）

個別機能訓練加算を算定するには、定期的に利用者の居宅を訪問して、生活状況や進捗状況を記録・評価する必要がある。（18回51改）

⑤中重度ケア体制加算

⑥生活機能向上連携加算（2区分）

⑦個別機能訓練加算（3区分）

⑧ADL維持等加算（3区分）

⑨認知症加算

⑩若年性認知症利用者受入加算

⑪栄養アセスメント加算

⑫栄養改善加算

⑬口腔・栄養スクリーニング加算（2区分）

⑭口腔機能向上加算（2区分）

⑮科学的介護推進体制加算

⑯サービス提供体制強化加算（3区分）

⑰介護職員処遇改善加算（3区分）

⑱介護職員等特定処遇改善加算

● **減算**

　利用定員の超過、一定の人員基準を満たしていない場合に所定単位数が減らされます。

　また、事業所の所在する建物と同一の建物に居住する人が通所介護を利用した場合や家族等が送迎して通所介護を利用した場合、障害福祉制度の共生型通所介護を行った場合は所定単位数より減算されます。

　ただし、同一の建物でも傷病などの事情によって送迎が必要と認められた場合は、減算されません。

理解度チェック 1問1答

問題

□ ❶ 通所介護利用者の病状に急変が生じた場合は、主治の医師への連絡等の措置を講じなければならない。 19回53改

□ ❷ 低栄養状態にある利用者に対して管理栄養士を中心に栄養改善サービスを提供した場合は、月に2回を限度として栄養改善加算を算定できる。 19回54

□ ❸ 指定通所介護事業者は、非常災害に関し、定期的に避難、救出その他必要な訓練を行わなければならない。 26回52

□ ❹ 通所介護の利用者は、利用日ごとに異なる提供時間数のサービスを受けることができる。 25回51

□ ❺ 生活相談員が要介護認定の申請に係る援助を行った場合には、生活相談員配置等加算が算定できる。 22回62

□ ❻ 送迎時に実施した居宅内での介助は、1日30分以内を限度に通所介護を行うのに要する時間に含めることができる。 23回53

□ ❼ 通所介護計画は、利用者が作成を希望しない場合には作成しなくてもよい。 24回51

□ ❽ 非常災害に際して必要な設備や備品を備えておくことは、各事業所の任意である。 21回53

□ ❾ 生活相談員は専ら当該事業所の通所介護の提供に当たる者でなくてもよい。 20回52

□ ❿ 外部のリハビリテーション専門職が事業所を訪問せず、テレビ電話を用いて利用者の状態を把握することは認められていない。 26回52

解答解説 ❶○ ❷○ ❸○ ❹○ ❺✕共生型サービスの実施と生活相談員人員配置基準を満たし、地域貢献活動を行わなければならない。 ❻○ ❼✕作成を希望しない場合でも、通所介護を実施する場合は作成しなければならない。 ❽✕任意でなく義務である。 ❾✕事業所ごとに提供時間に応じて専従1人以上配置が必要。 ❿○

共生型サービスとよく聞くんですけど、それって何ですか？

地域共生社会の実現に向けた取組みとして、高齢者と障害児者が同一事業所でサービスを受けやすくしたサービスだよ。 介護保険法と障害者総合支援法の改正によって、2018（平成30）年からスタートしているんだ。

8 短期入所生活介護・
介護予防短期入所生活介護

 「ここを押さえよう！」 頻出度 ★★★

短期入所生活介護の事業者、施設・人員基準、サービス内容、サービスの実施手順、介護報酬などの要点を把握し、介護予防短期入所生活介護の特徴を理解しておきましょう。

短期入所生活介護（ショートステイ）

1 短期入所生活介護の定義・基準等

● **短期入所生活介護サービスとは**

　短期入所生活介護とは、居宅で生活する要介護者が、特別養護老人ホームや老人短期入所施設に短期間入所して、入浴、食事、排せつ等の日常生活上の世話、機能訓練を受けるサービスです。

● 事業者

　短期入所生活介護事業を行えるのは、都道府県知事が指定した指定短期入所生活介護事業者と、指定通所介護事業所や社会福祉施設に併設し市町村が認めた基準該当短期入所生活介護事業者です。

　2018（平成30）年より、地域共生社会の実現を目指し介護保険と障害福祉制度の両方に共生型サービスが位置づけられました。

● 施設

　短期入所生活介護事業所は、単独型、併設型**❶**、空床利用型**❷**の3つに区分されます。

● 人員基準

　次表に示す人員の配置が義務づけられています。また、機能訓練指導員とは、理学療法士、作業療法士、言語聴覚士、看護職員、柔道整復師、またはあん摩マッサージ指圧師の資格を有する者を指します。

表3-8-1　必要な職種・員数

職種	必要な員数
管理者	1人（常勤）。専従配置であるが同一敷地内事業所、施設等の兼務は可能。
医師	1人以上。
生活相談員	利用定員100人に対し1人以上（常勤）。利用定員20人未満の場合は非常勤でもよい。
介護・看護職員	利用者3人に対し常勤換算で1人以上。1人以上は常勤。利用定員20人未満は非常勤でもよい。
機能訓練指導員	1人以上。併設施設との兼務可能。
栄養士	1人以上。利用定員40人以下の場合、その他施設との連携がとれる場合は配置不要。

用語解説

❶ 併設型
特別養護老人ホームなどの入所施設に併設して運営されるタイプ。

❷ 空床利用型
特別養護老人ホームなどの入所施設で、入所者が利用していないベッド（空床）を利用して運営されるタイプ。

コレも出た！
利用者20人未満の併設事業所の場合は、生活相談員は非常勤でもよい。（20回50）

● 利用定員

利用定員は 20 人以上とされていますが、併設型、空床利用型の場合は 20 人未満でも可能です。

ただし、災害や虐待、その他のやむを得ない事情がある場合においては利用定員を超えた入所が認められます。

● 設備基準

必要とされる主な設備は次のとおりです。

● 居室：従来型とユニット型の 2 類型があります。定員は、従来型では 4 人以下、ユニット型では 1 人（個室）とされ、床面積は利用定員× 10.65m² 以上とされています。

● 食堂および機能訓練室：合計床面積が利用定員× 3 m² 以上とされています。

● 浴室、便所、洗面設備、医務室、静養室、面談室、介護職員室、看護職員室、調理室、洗濯室または洗濯場、汚物処理室、介護材料室

● その他火災などに備えた必要な設備

2 短期入所生活介護の目的と内容等

● 短期入所生活介護の目的

重要ポイント 短期入所生活介護では、居宅の要介護者に必要な日常生活上の世話と機能訓練を行うことにより、利用者の社会的孤立の解消と心身機能の維持、利用者家族の身体的・精神的負担の軽減を図ります。

また、要介護者の家族が、疾病、冠婚葬祭、出張などで一時的に介護できない場合にも、短期入所生活介護を利用することができます。

● 短期入所生活介護の内容

次の 6 項目が規定されています。

①介護：週 2 回以上の入浴や清拭、自立的排せつ援助、適切なおむつ交換、離床、着替え、整容など

日常生活の世話

②食事の提供：適切な栄養管理と離床しての食堂での食事

③機能訓練：日常生活機能の維持・改善のための機能訓練

④健康管理：利用者の健康維持のための対応

⑤相談・援助：利用者・家族に対する相談・助言

⑥その他のサービス：レクリエーション行事・送迎など

3 サービスの実施

● 内容の説明と利用者の同意

　事業者は利用者または家族に、サービス内容、利用期間、費用に関する重要事項を文書で説明し、利用者から同意を得る必要があります。

● 短期入所生活介護計画の作成

　短期入所生活介護を4日間以上継続して利用する場合、管理者は他の従業者と協議の上、短期入所生活介護計画を作成します。管理者は、利用者または家族に説明し、同意を得て文書で交付します。

● 緊急時の対応

　利用者の急変時には、主治医または協力医療機関に連絡し、指示を受ける必要があります。

● 身体的拘束等の禁止

　利用者または他の利用者等の生命・身体を保護するために緊急やむを得ない場合(状況と理由の記録が必要)を除き、身体的な拘束・制限は禁止されています。

4 短期入所生活介護の介護報酬

● 基本単位

　短期入所生活介護の介護報酬は、区分(併設・単独型)、

コレも出た！
短期入所生活介護計画の作成は、すでに居宅サービス計画が作成されている場合には、当該計画の内容に沿って作成されなければならない。(25回53)

コレも出た！
指定短期入所生活介護事業所に介護支援専門員の資格を有する者がいる場合、その者が短期入所生活介護計画のとりまとめを行うことが望ましい。(26回53)

3

福祉サービスの知識等

コレも出た！
連続して30日を超えて
指定短期入所生活介護
を受けている場合には、
30日を超える日以降に
ついては短期入所生活
介護費は算定できない。
(24回53)

コレも出た！
利用者から理美容代の
支払いを受けることは
できる。(20回50)

コレも出た！
緊急短期入所受入加算
と認知症行動・心理症
状緊急対応加算は、同
時に算定することはで
きない。(21回50)

コレも出た！
療養食加算は医師の発
行する食事箋に基づい
た提供で1日3回まで
算定することができる。
(22回53)

ケア体制(従来型・ユニット型)、居室の種類(個室、多床室)、要介護度別に、1日単位で算定されます。連続して30日を超えて利用した場合、30日を超える日以降の短期入所生活介護の報酬は算定できません。

食事や個室(1人部屋)設備を利用する場合には、介護報酬とは別にホテルコスト(食費・滞在費)を利用者から徴収します。そのほかに、特別な居室の使用、特別な食事の提供、実施地域外の送迎、理美容、保険外の日常生活などに要する費用も徴収できます。

● **主な加算**

条件に適合した場合、所定単位数に加算できます。算定にはすべて都道府県知事への届出が必要です。

① 生活相談員配置加算(共生型短期入所生活介護のみ)
② 生活機能向上連携加算(2区分)
③ 機能訓練体制加算
④ 個別機能訓練加算
⑤ 看護体制加算(6区分)
⑥ 医療連携強化加算(⑬との併用不可)
⑦ 夜勤職員配置加算(4区分)
⑧ 認知症行動・心理症状緊急対応加算(7日間が限度)
⑨ 若年性認知症利用者受入加算(⑧との併用不可)
⑩ 送迎加算
⑪ 緊急短期入所受入加算(7日間が限度。やむを得ない事情がある場合は14日間)(⑧との併用不可)
⑫ 療養食加算
⑬ 在宅中重度者受入加算(4区分)
⑭ 認知症専門ケア加算(2区分)
⑮ サービス提供体制強化加算(3区分)
⑯ 介護職員処遇改善加算(3区分)
⑰ 介護職員等特定処遇改善加算(2区分)

● **減算**

　利用定員の超過、一定の人員基準（夜勤職員体制、ユニットケアリーダー未配置を含む）を満たしていない場合に所定単位数が減らされます。また、連続して30日を超えて同一事業所を利用する場合や、障害福祉サービスの短期入所事業所が共生型短期入所生活介護を行った場合は減算されます。

🐘 コレも出た！
共生型短期入所生活介護では夜勤職員配置加算は算定できない。（22回52）

🐝 介護予防短期入所生活介護

● **基本方針**

　介護予防短期入所生活介護は、要支援者を対象とし介護予防を目的として提供されるサービスで、短期入所生活介護に準じた内容となっています。

● **施設、人員基準、利用定員、設備基準**

　いずれも、短期入所生活介護サービスに準じた内容となっています。

● **サービス内容**

　短期入所生活介護サービスと同様です。

　なお、事業者には、利用者の有する能力を最大限に活用することと、コミュニケーションを通じて利用者に主体的な参加を働きかけることが求められます。

● **介護報酬**

　介護予防短期入所生活介護サービス費は短期入所生活介護と同様の施設基準と区分に分かれており、ホテルコスト等も同様となっています。

　また、加算には次の12項目があります。加算を算定するには、都道府県知事への届出が必要です。

①生活相談員配置等加算（共生型短期入所生活介護のみ）
②生活機能向上連携加算（2区分）

③ 機能訓練体制加算

④ 個別機能訓練加算

⑤ 認知症行動・心理症状緊急対応加算（7日間が限度）

⑥ 若年性認知症利用者受入加算（⑤との併用不可）

⑦ 送迎加算

⑧ 療養食加算

⑨ 認知症専門ケア加算（2区分）

⑩ サービス提供体制強化加算（4区分）

⑪ 介護職員処遇改善加算（3区分）

⑫ 介護職員等特定処遇改善加算（2区分）

　なお、減算される内容は短期入所生活介護サービスと同様です。

高齢者の徘徊がおさまらない場合は、短期入所生活介護を利用してもよいのですか？

家族介護者が高齢者の徘徊で疲弊しきっている場合には、介護の負担軽減や、介護困難の緩和という点から利用することが有効と考えられているよ。

理解度チェック 1問1答

全問クリア　　月　　日

問題

- ☐ ❶ 短期入所生活介護は、災害等のやむを得ない事情がある場合でも、利用定員を超えることは認められない。 25回53

- ☐ ❷ 緊急短期入所受入加算と認知症行動・心理症状緊急対応加算は、同時に算定できる。 21回50

- ☐ ❸ 利用者20人未満の短期入所生活介護は、常勤の管理者を置く必要はない。 23回65

- ☐ ❹ 短期入所生活介護は、家族の冠婚葬祭や出張を理由とした場合でも利用可能である。 25回53

- ☐ ❺ 利用者の状態や家族等の事情により、居宅サービス計画にない指定短期入所生活介護を緊急に行った場合は、原則として緊急短期入所受入加算を算定できる。 22回53

- ☐ ❻ 利用者から理美容代の支払いを受けることはできない。 20回50

- ☐ ❼ 短期入所生活介護計画の記録は、その完結の日から2年間保存しなければならない。 24回53

- ☐ ❽ 短期入所生活介護の一居室の定員は、4人以下でなければならない。 25回53

- ☐ ❾ 夕食時間は、午後5時以前が望ましい。 26回53

解答解説　❶✕利用定員を超えてもよいとされている。 ❷✕この2つを同時に算定することはできない。 ❸✕常勤の管理者を配置しなければならない。 ❹○ ❺○ ❻✕料金の説明と同意を得ていれば可能。 ❼○ ❽○ ❾✕夕食時間は午後6時以降とすることが望ましいが、早くても午後5時以降とする。

3 福祉サービスの知識等

9 特定施設入居者生活介護・介護予防特定施設入居者生活介護

「ここを押さえよう！」

頻出度 ★

特定施設の種類、施設・人員の基準、サービス内容、身体拘束の制限、介護報酬などの要点を押さえ、介護予防特定施設入居者生活介護の特徴を把握しておきましょう。

特定施設入居者生活介護

1 特定施設入居者生活介護の定義・基準等

コレも出た！
第2号被保険者であっても、要介護認定されている場合は、特定施設入居者生活介護を利用できる。(16回53改)

● 特定施設入居者生活介護とは

重要ポイント 特定施設に入居している要介護者に、特定施設サービス計画に基づいて入浴、食事、排せつ等の日常生活上の世話、相談、助言、機能訓練などを提供するサービスです。特定施設とは、有料老人ホーム、養護老人ホーム、軽費老人ホームを指します。

　特定施設入居者生活介護は、介護保険制度上、施設サー

ビスではなく、居宅サービスとして扱われます。

● 事業者

　事業を行うことができるのは、都道府県知事が指定した指定特定施設入居者生活介護事業者です。

● 人員基準

　事業者には次表の人員配置が義務づけられています。

表3-9-1　必要な職種・員数

職種	必要な員数
管理者	1人（常勤・支障がなければ併設施設との兼務可能）。
生活相談員	利用定員100人に対し1人以上（常勤換算）。
介護・看護職員	利用者3人に対し1人以上（常勤換算）。 看護職員は利用定員30人まで1人（常勤換算）。 看護職員のうち1人以上は常勤。 介護職員のうち1人以上は常勤。
機能訓練指導員	1人以上（併設施設との兼務可能）。
計画作成担当者	利用定員100人に1人を標準として、1人以上。 介護支援専門員でなければならない（利用者の処遇に支障がなければ兼務可能）。

● 設備基準

　特定施設入居者生活介護の施設には、以下の設備が必要です。

- 居室（個室）：利用者の処遇上必要なときは2人部屋でもよい。
- 一時介護室（一時的に利用者を移して介護を行うための部屋）：介護を行うために適当な広さが必要である。
- 浴室、便所、食堂、機能訓練室
- その他火災などに備えた設備

● 外部サービス利用型特定施設入居者生活介護

　特定施設の担当者が特定施設サービス計画の作成、安否確認、生活相談を行い、介護サービス、機能訓練、療

養上の世話など介護業務の一部を外部に委託するサービスです。

　なお、指定特定施設入居者生活介護の事業を行っていた養護老人ホームは、外部サービス利用型特定施設入居者生活介護のみに限定されていましたが、2015（平成27）年4月から、施設自体に介護職員を配置することで一般型の事業を行うことができるようになりました。

● **短期利用型特定施設入居者生活介護**

　一定の条件を満たす特定施設は、空室を利用して短期利用型特定施設入居者生活介護のサービスを提供することができます。

2 特定施設入居者生活介護の目的と内容・実施

● **特定施設入居者生活介護の目的**

　要介護入居者の能力に応じ自立した日常生活を営むことができるように心身機能の維持・向上を目指します。

● **内容の説明と利用者の同意**

　事業者は、あらかじめ利用者またはその家族に対して運営規定の概要などを記した重要事項を文書で交付・説明し、提供開始するに当たり利用者からの同意を得て文書にて契約を締結する必要があります。

コレも出た！
入居者の権利を不当に狭めるような契約解除条件を定めてはならない。（18回53）

● **特定施設サービス計画の作成**

　計画作成担当者が、利用者の心身状態に応じた機能訓練の目標と具体的なサービス内容を記載した特定施設サービス計画を作成し、利用者または家族に説明して利用者の同意を得て、文書で交付します。

● **サービス内容**

　サービス内容は、以下のように規定されています。

　　● 介護（週2回以上の入浴または清拭、排せつ自立の援助、適切なおむつ交換、離床、着替え、整容など日常生活上の世話）

　　● 健康管理やリハビリテーション

● 相談・援助

● 利用者の家族や地域との連携

　利用者の家族と連携し、利用者と家族が交流する機会を確保する必要があります。また、地域住民の自発的な活動との連携・交流にも努めなければなりません。

● 協力医療機関等

　利用者の病状の急変等に備えるため、協力医療機関と協力歯科医療機関を定めておく努力義務があります。

● 身体的拘束等の禁止

　緊急やむを得ない場合(その態様、時間、心身の状況等と理由の記録が必要)を除き、身体的な拘束・制限は禁止されています。

　また、事業者は身体的拘束等の適正化のための対策を検討する委員会を3か月に1回開催しなければなりません。

---

3 特定施設入居者生活介護の介護報酬

● 基本単位

　特定施設入居者生活介護費は、通常事業の一般型と外部サービス利用型、短期利用型の3つに分かれ、要介護度別に算定されます。また、外部サービス利用型には要介護度区分別の支給限度額が定められています。

● 主な加算

　次の種類があり、それぞれの条件に適合した場合に所定単位数に加算できます。加算を算定するには、都道府県知事への届出が必要です。

> ①入居継続支援加算(⑭との併用不可)(2区分)
> ②生活機能向上連携加算(2区分)
> ③個別機能訓練加算(2区分)
> ④ADL維持等加算(2区分)
> ⑤夜間看護体制加算

3
福祉サービスの知識等

コレも出た!
特定施設入居者生活介護のサービス以外で、利用者の選定により提供されるサービスについては、利用者から費用を徴収することができる。(18回53改)

⑥ 若年性認知症入居者受入加算

⑦ 医療機関連携加算

⑧ 口腔衛生管理体制加算

⑨ 口腔・栄養スクリーニング加算

⑩ 退院・退所時連携加算

⑪ 看取り介護加算（2区分）（外部サービス利用型は算定不可）

⑫ 認知症専門ケア加算（2区分）（外部サービス利用型は算定不可）

⑬ 科学的介護推進体制加算

⑭ サービス提供体制強化加算（3区分）

⑮ 介護職員処遇改善加算（3区分）

⑯ 介護職員等特定処遇改善加算（2区分）

● **減算**

　人員基準や、身体拘束についての基準を満たさない場合は、所定単位数が減算されます。

介護予防特定施設入居者生活介護

● **基本方針**

　介護予防特定施設入居者生活介護は、特定施設へ入居する要支援者を対象に介護予防を目的として提供され、特定施設入居者生活介護に準じた内容となっています。

● **人員基準・設備**

　特定施設入居者生活介護に準じた内容ですが、看護・介護職員の基準のみ異なり、要支援認定利用者10人に対し1人以上（常勤換算）が必要です。

● **サービス内容**

　特定施設入居者生活介護に準じたサービス内容です。

　① 主治医、歯科医師と情報伝達し、心身状況等の把握を行う。

②計画作成担当者は、利用者からの希望を踏まえ、介護予防特定施設サービス計画を作成して説明し、同意を得て文書にて交付する。

③サービス提供に当たっては、介護予防特定施設サービス計画に基づき、日常生活の世話を行う。

④計画作成担当者は、サービス提供開始から終了までに少なくとも1回は計画の実施状況をモニタリングし、結果を踏まえての計画変更を行う。

● **介護報酬**

介護予防特定施設入居者生活介護費は、特定施設入居者生活介護費と同様に1日単位で算定されます。

加算には、生活機能向上連携加算（2区分）、個別機能訓練加算（2区分）、若年性認知症入居者受入加算、医療連携加算、口腔衛生管理体制加算、口腔・栄養スクリーニング加算、科学的介護推進体制加算、認知症専門ケア加算（2区分）、サービス提供体制強化加算（3区分）、介護職員処遇改善加算（3区分）、介護職員等特定処遇改善加算（2区分）があります。

外部サービス利用型介護予防特定施設入居者生活介護費は、外部サービス利用型特定施設入居者生活介護費に準じますが、基本単位数が異なります。

外部サービス利用型の加算には、障害者等支援加算（介護予防も同様）があります。

なお、減算要件は特定施設入居者生活介護サービスと同じです。

3

福祉サービスの知識等

理解度チェック 1問1答

問題

- ☐ ❶ 特定施設サービスの計画作成担当者は、他の職務と兼務できない。 18回53

- ☐ ❷ 特定施設入居者生活介護に関して、入居者の権利を不当に狭めるような契約解除条件を定めてはならない。 18回53改

- ☐ ❸ 特定施設は、有料老人ホーム、養護老人ホームおよびグループホームである。 18回53改

- ☐ ❹ 特定施設入居者生活介護は、居宅サービスとして位置づけられている。 16回53

- ☐ ❺ 指定特定施設入居者生活介護事業者は、地域住民またはその自発的な活動等と連携・協力し、地域との交流に努めなければならない。 16回53

- ☐ ❻ 利用者が転倒を繰り返すため車椅子を使用して転落を防ぐためにベルトで支えた。 予想問

解答解説　❶✕利用者の処遇に支障がなければ兼務できる。❷○　❸✕「グループホーム」ではなく「軽費老人ホーム」。❹○　❺○　❻✕やむを得ない場合を除いて身体的拘束は禁止となっている。

特定施設の養護老人ホームや軽費老人ホームってどんな人が入れるのですか?

養護老人ホームは、低所得で家族関係が良好でない等、自宅で生活ができない高齢者が老人福祉法の措置に基づいて入所できる施設だよ。また、軽費老人ホームは、無料又は低額な料金で契約して入所するもので、「ケアハウス」「A型」「B型」の3種類の施設があるよ。

10 福祉用具と住宅改修

3
福祉サービスの知識等

「ここを押さえよう！」　頻出度 ★★★

保険給付対象の福祉用具貸与・購入品目の機能、用途、給付内容の要点を理解し、保険給付対象の住宅改修の種類・概要、給付内容、例外給付の要点を把握しておきましょう。

福祉用具

1 福祉用具の意義と活用

● 福祉用具の定義・目的

　介護保険法において、福祉用具とは、「心身の機能が低下し日常生活を営むのに支障がある要介護者等の日常生活上の便宜を図るための用具及び要介護者等の機能訓練のための用具であって、要介護者等の日常生活の自立を助けるためのもの」(法8条12項)と定義されています。

　また、「福祉用具の研究開発及び普及の促進に関する法

律」では、福祉用具を利用する目的を、①自立の促進、②介護負担の軽減としています。

● 福祉用具の活用

　福祉用具が効果的に利用されるには、利用者の身体機能や介護者の状況、住環境、利用するその他の福祉用具、費用や使用頻度など、きめ細かなアセスメントが必要です。導入時には使用方法と利用に伴う危険性を伝え、導入後も居宅サービス計画に基づいたモニタリング、メンテナンスやアフターフォローを行います。

2 保険給付の対象となる福祉用具

● 保険で給付される福祉用具

重要ポイント 保険給付の対象となる福祉用具は、貸与と購入に分けられ、厚生労働大臣によって種目が指定されています。貸与福祉用具を表3-10-1に示します。また、購入福祉用具（排せつ用具など貸与になじまない特定福祉用具）を表3-10-2に示します。

コレも出た！
特殊寝台からの起き上がりや移乗の際に用いる介助ベルトは、福祉用具貸与となる。(23回51)

表3-10-1　貸与福祉用具

貸与種目	説明・例
①車いす※	自走用標準型や普通型電動、介助用標準型、介助用電動の車いす。座位変換型の車いすを含む。
②車いす付属品※	クッション、電動補助装置など、車いすと一体的に使用されるもの。
③特殊寝台※	いわゆる介護用ベッドのこと。
④特殊寝台付属品※	サイドレールやマットレスなど、特殊寝台と一体的に使用されるもの。移乗や位置交換に使用するスライディングボードやスライディングマット、介助用ベルトを含む。
⑤床ずれ防止用具※	空気や水、シリコン等からなる体圧分散効果のある全身用マット。
⑥体位変換器※	空気パッド等を身体の下に挿入し、体位を容易に変換できる機能があるもの。ただし体位の保持のみを目的とするものは対象外。

（つづく）

表3-10-1 貸与福祉用具（つづき）

貸与種目	説明・例
⑦ 手すり	床に置く、または便器やポータブルトイレを囲んで据え置くなど、取付工事を伴わないもの。
⑧ スロープ	段差解消を目的とし、持ち運びが容易で取付工事を伴わないもの。
⑨ 歩行器	体重を支える構造があり、歩行機能を補うもの。車輪を有するものは、体の前および左右を囲む握り手があるもの。四脚を有するものは、上肢で保持し移動させることが可能なもの。
⑩ 歩行補助杖	松葉杖、カナディアン・クラッチ、ロフストランド・クラッチ、プラットホーム・クラッチおよび多点杖に限る。一本杖は対象外。
⑪ 認知症老人徘徊感知機器※	認知症高齢者が屋外に出ようとしたとき、屋内のある地点を通過したとき、ベッドや布団を離れたときに、センサーにより感知し、家族、隣人等へ通報する機器。
⑫ 移動用リフト（つり具の部分を除く）※	移動や移乗が困難な要介護者の動作を補助するもの。床走行式、固定式または据置き式であり、つり具等の台座によって持ち上げ、移動することができるもの。段差解消機や浴槽用の昇降座面を含み、座位のまま階段を昇降できる階段昇降リフト（エレベーターや階段昇降機は除く）。住宅の改修が伴わないもの。
⑬ 自動排せつ処理装置	尿のみ、または尿・便ともに自動的に吸引されるものであり、尿や便の経路となる部分を分割することが可能な構造のもの。要介護者または介護者が容易に使用できるもの。要介護4・5だけが対象。

※ 軽度者に対する給付制限がある品目。

表3-10-2 購入福祉用具（特定福祉用具）

購入種目	説明・例
① 腰掛便座	ポータブルトイレ、水洗ポータブルトイレ、和式便器の上において腰掛式にするもの、補高便座、立ち上がり補助便座。
② 自動排せつ処理装置の交換可能部品	自動排せつ処理装置の交換可能部品（レシーバー、チューブ、タンクなど）のうち尿や便の経路となるもので、要介護者または介護者が容易に交換できるもの。専用パッド、洗浄液等の都度消費するものや専用パンツ、専用シーツ等の関連製品は除く。
③ 入浴補助用具	座位の保持や浴槽への出入り等の補助を目的とする入浴用いす（シャワーチェア）、工事を伴わない浴槽用手すり、浴槽内いす、入浴台、浴室内すのこ、浴槽内すのこ、入浴用介助ベルト。

（つづく）

表3-10-2　購入福祉用具（特定福祉用具）（つづき）

購入種目	説明・例
④簡易浴槽※	取水または排水工事を伴わないベッドサイドなどで使用する空気式や折りたたみ式などの浴槽。給排水のためのポンプも対象。
⑤移動用リフトのつり具の部分	いわゆるスリングシートなどのつり具。

※ 軽度者に対する給付制限がある品目。

コレも出た！

取付工事の必要がなく、持ち運びが容易なスロープは福祉用具の貸与となる。（21回51）

認知症老人徘徊感知機器は、外部との通信機能を除いた部分が給付対象となる。（18回54改）

水洗ポータブルトイレの設置費用は、住宅改修に当たるので、福祉用具の給付対象にはならない。（18回54改）

車輪のない歩行器であっても、四脚を有し上肢で保持しながら移動できるものは、貸与福祉用具となる。（21回51）

● 軽度者等に対する給付制限と例外給付

重要ポイント 要支援１、２および要介護１の軽度者は、車いす、車いす付属品、特殊寝台、特殊寝台付属品、床ずれ防止用具、体位変換器、認知症老人徘徊感知機器、移動用リフトを、原則、保険給付として利用できません。さらに自動排せつ処理装置については、要支援１〜要介護３の利用者は給付を受けられません。

　しかし、以下の状態の人に対しては、医師の医学的な所見に基づき判断され、かつサービス担当者会議等により福祉用具貸与が必要であると判断される場合には、保険者が確認・判断し、例外的に保険給付が認められます。

①パーキンソン病のon-off現象がみられる人
②がん末期の急速な状況悪化がみられる人
③喘息発作等による呼吸不全、心疾患による心不全、嚥下障害による誤嚥性肺炎などを回避する必要がある人など

● その他の福祉用具貸与が利用できない場合

　特定施設入居者生活介護、認知症対応型共同生活介護、地域密着型特定施設入居者生活介護、地域密着型介護老人福祉施設入所者生活介護を受けている間は、福祉用具貸与を利用できません。

3 福祉用具と介護支援サービス

● 福祉用具を保険給付として取り扱える事業者

　福祉用具に関する保険給付を受けるには、都道府県か

ら指定を受けた事業者（貸与福祉用具は指定福祉用具貸与事業者、特定福祉用具は指定特定福祉用具販売事業者）で貸与または購入する必要があります。これらの指定を受けた事業者には、事業所ごとに常勤換算で2人以上の福祉用具専門相談員の配置が義務づけられています。

● **福祉用具貸与の保険給付**

　介護支援専門員は、福祉用具貸与を保険給付する場合、福祉用具の選定の検討の経過を別途記録するとともに、サービス担当者会議を開催し、居宅サービス計画に福祉用具貸与が必要な理由を記載しなければなりません。福祉用具貸与は、月ごとの給付サービスに位置づけられ、レンタル料の7～9割が保険給付されます。

● **貸与・販売価格**

　福祉用具においては公定価格が設けられておらず、実勢価格となっています。福祉用具貸与では、暦月単位で介護報酬が発生しますが、月途中でのサービス提供の開始や中止を行った場合の対応は、日割り計算や半月単位で算定するなど、事業者の任意の設定とされています。そのため、2018（平成30）年から、利用者が適切な福祉用具を選べるように福祉用具専門相談員に以下の説明が義務づけられました。

　①貸与しようとする商品の特徴や貸与価格と全国平
　　均の貸与価格
　②機能や価格帯の異なる複数の商品を利用者に提示
　　する

　また、複数の福祉用具を貸与する場合、あらかじめ都道府県等に減額の規程を届け出ることにより、通常の貸与価格から減額して貸与することが可能です。

● **福祉用具サービス計画書**

　福祉用具の貸与・販売事業者には、福祉用具サービス計画書（福祉用具貸与計画・特定福祉用具販売計画）の作成と利用者への交付が義務づけられています。また、2018

（平成 30）年から介護支援専門員に対しても福祉用具貸与計画の交付が義務づけられました。

● 特定福祉用具の保険給付

　介護支援専門員は、特定福祉用具を保険給付する場合、サービス担当者会議を開催し、居宅サービス計画に特定福祉用具販売が必要な理由を記載しなければなりません。特定福祉用具は、都道府県より特定福祉用具販売の指定を受けた事業者から購入します。年間（4月1日から翌年3月31日）の支給限度基準額は10万円です。

4 介護保険制度と障害者施策との適用関係

　障害者施策における福祉用具給付制度には、障害者総合支援法に基づく補装具と日常生活用具があります。

● 補装具

　車いす、歩行器、歩行補助杖は介護保険の給付対象でもあり、原則として介護保険の適用が優先されます。

● 日常生活用具

　特殊寝台、特殊マット、体位変換器、移動・移乗支援用具、移動用リフト、特殊尿器、入浴補助用具、便器、簡易浴槽は介護保険の給付対象でもあり、原則として介護保険の適用が優先されます。

5 介護予防福祉用具

　制度上、要支援1および要支援2の要支援者の福祉用具は、介護予防福祉用具と呼ばれます。

　介護予防福祉用具貸与については、要介護1の者と同様に軽度者に対する給付制限と例外給付があります。介護予防特定福祉用具では、つり具を除き、種目、支給限度基準額については介護給付と同様です。

住宅改修

1 住宅改修の意義と活用

住宅改修により、身体状況に即した生活しやすい住環境を確保することは、安全に安心して健康的な在宅生活を長く継続する上で重要です。住宅改修には、次の効果があります。

- 生活動作の自立促進
- 介護負担の軽減
- 外出の機会の確保
- 地域社会への参加
- 介護費用の軽減

コレも出た！
引き戸等への取替えに合わせて自動ドアを設置する場合は、自動ドアの動力部分の設置は、住宅改修費の支給対象にならない。(20回51)

2 保険給付の対象となる住宅改修

● 保険で給付される住宅改修の種類

重要ポイント 保険で給付される住宅改修の種類とその主な例を次表に示します。

コレも出た！
手すりの取付けのための壁の下地補強は、住宅改修費の支給対象となる。(26回54)

表3-10-3 保険給付の対象となる住宅改修の種類

住宅改修の種類		主な例（○は対象となる例、×は対象外となる例）
①手すりの取付け	○	居宅内や玄関から道路までの通路等への手すりの設置
	×	取付けに住宅改修工事を伴わない手すりの設置（→福祉用具貸与で対応）
②段差の解消	○	敷居の撤去や低くする工事、床のかさ上げ、スロープ化工事　など
	×	スロープの設置（→福祉用具貸与で対応）、浴室内すのこの設置（→特定福祉用具購入で対応）、昇降機・リフト・段差解消機等動力により段差を解消する機器の設置

（つづく）

表3-10-3 保険給付の対象となる住宅改修の種類（つづき）

住宅改修の種類	主な例（○は対象となる例、×は対象外となる例）	
③滑り防止および移動の円滑化等のための床または通路面の材料の変更	○	居宅内では畳敷きからフローリング等への床材の変更、階段への滑り止めカーペットの取付け、浴室内の滑りにくい床材への変更、屋外の滑りにくい舗装材への変更　など
④引き戸等への扉の取替え	○	開き戸を引き戸・折り戸・アコーディオンカーテン等に取り替える工事、扉の撤去、ドアノブの変更、戸車の設置、右開き戸を左開き戸に変更する工事　など
	×	引き戸等への扉の取替えに合わせて自動ドアとした場合の動力部分
⑤洋式便器等への便器の取替え	○	和式便器から洋式便器（暖房便座や洗浄機能等つきでもよい）に取り替える工事、便器の位置・向きを変更する工事
	×	暖房便座や洗浄機能等のみを付加するだけの工事、水洗化（簡易水洗化）工事の部分、腰掛便座の設置（→特定福祉用具購入で対応）
⑥その他①から⑤の住宅改修に付帯して必要となる住宅改修	○	手すりを設置するための壁の下地補強、浴室のかさ上げに伴う給排水設備工事、スロープの設置に伴う転落や脱輪防止のための柵や立ち上がりの設置、床材の変更に伴う下地補修や根太補強、または通路面の材料の変更のための路盤の整備、扉の取替えに伴う壁や柱の改修工事、便器の取替えに伴う給排水設備工事（水洗化または簡易水洗化に関わるものを除く）、便器の取替えに伴う床材の変更　など

コレも出た！
リフトなど動力によって段差を解消する機器に関する工事の費用は、住宅改修費の支給対象とはならない。（22回54）

コレも出た！
住宅改修費の要否は、保険者が判断する。（20回51改）

● **住宅改修費の支給**

　住宅改修費は償還払いによって支給されます。支給限度基準額は20万円です。

3 住宅改修の例外給付

● **要介護状態が著しく重くなった場合の例外**

　初めて住宅改修費が支給された住宅改修の着工日の要介護等状態区分に比べて3段階以上上がった場合には、それまでの支給状況にかかわらず、再度、支給限度基準額の20万円まで支給申請することができます。この例外

の適用は、1人の被保険者について1回に限ります。

● 転居した場合の例外

　転居した場合には、転居前の住宅に対する住宅改修費の支給状況にかかわらず、転居後の住宅について、支給限度基準額の20万円まで支給申請することができます。

4 住宅改修と介護支援サービス

　住宅改修費の支給申請に当たっては、事前に申請書を提出し、保険者の審査を受けることが必要です。その際に提出する「住宅改修が必要な理由書」は、基本的に介護支援専門員が作成します。

5 介護予防住宅改修

　制度上、要支援1および要支援2の要支援者の住宅改修は介護予防住宅改修と呼ばれます。対象となる住宅改修の種類、支給限度額、事前申請、償還払いといった内容は、介護給付と同様です。「住宅改修が必要な理由書」は基本的に地域包括支援センターの職員が作成します。

> **コレも出た！**
> 浴室の段差解消に伴う給排水設備工事は、住宅改修費の支給対象になる。（24回54）

> **コレも出た！**
> 居宅介護住宅改修費は、介護支援専門員が必要と認める場合に支給される。（20回51）

> 3　福祉サービスの知識等

生活保護を受けている人も、住宅改修費の受給はできますか？

生活保護法の介護扶助が適用されるので、生活保護を受けている人も住宅改修費の受給が可能だよ。なお、住宅改修をする場合は、必要な箇所を工事するため住宅の所有者の承諾書などが必要になるんだよ。

理解度チェック　1問1答

問題

- ☐ **❶** 浴槽用の手すりは、福祉用具貸与の対象にならない。 19回51改
- ☐ **❷** 福祉用具貸与事業所には、福祉用具専門相談員を1人以上置かなければならない。 22回再51
- ☐ **❸** 特定福祉用具を販売する際には、福祉用具専門相談員は、利用者ごとに特定福祉用具販売計画を作成しなければならない。 19回51
- ☐ **❹** ベッドサイドで排せつするためのポータブルトイレの設置は、住宅改修費の支給対象となる。 20回51
- ☐ **❺** 福祉用具専門相談員は、具体的なサービス内容等を記載した福祉用具貸与計画を作成しなければならない。 25回53
- ☐ **❻** リフト等動力により段差を解消する機器を設置する工事は、住宅改修費の支給対象となる。 26回54
- ☐ **❼** 移動用リフトのつり具部分は、定期的な消毒が必要なため福祉用具貸与の対象となる。 23回51改
- ☐ **❽** 取付工事の有無にかかわらず、手すりは住宅改修の対象となる。 25回54改
- ☐ **❾** 水洗ポータブルトイレの設置に要する費用は、福祉用具の給付対象となる。 18回54
- ☐ **❿** 入浴用介助ベルトは、福祉用具貸与の対象となる。 23回51
- ☐ **⓫** 転居前に住宅改修費の支給を受けていた場合でも、転居後の住宅について住宅改修費を受給できる。 22回54

解答解説　❶○　❷✕ 2人以上置かなければならない。　❸○　❹✕ 特定福祉用具販売の対象となる。　❺○　❻✕ 住宅改修費の支給対象とならない。　❼✕ つり具部分は、特定福祉用具販売の対象である。　❽✕ 取付工事を伴わない場合は、福祉用具貸与の対象となる。　❾✕ 設置費用は、福祉用具の給付対象にはならない。　❿✕ 特定福祉用具販売となる。　⓫○

11 地域密着型サービス

「ここを押さえよう！」 頻出度 ★★★

地域密着型サービスの種類、概要、運営推進会議の役割を把握し、各サービスの人員・設備・運営基準、サービス内容の要点を押さえておきましょう。

夜間対応型訪問介護

小規模多機能型居宅介護

通所・宿泊　　　訪問

住み慣れた地域で

地域密着型サービスの目的と運営

　市町村が指定や指導・監督を行う地域密着型サービスは、高齢者が中重度の状態になっても、住み慣れた地域での生活を継続できるようにするためのサービスです（指定については、第1章第13節「サービス事業者等の指定」を参照）。

　一部の地域密着型サービスは、利用者、家族、市町村の職員等、地域住民の代表で構成される運営推進会議等を開催し、定期巡回・随時対応型訪問介護看護は、構成員に地域の医療関係者が追加されました。介護・医療連携推進会議を開催して、サービスの提供状態等を報告・

評価したり、要望・助言等を受けたりした記録を作成し、公表しなければなりません。運営推進会議等の設置が義務づけられているサービスは、次表のとおりです。

表3-11-1　運営推進会議等の設置が必要なサービス

サービス種別	開催目安
● 小規模多機能型居宅介護　● 認知症対応型共同生活介護 ● 地域密着型特定施設入居者生活介護 ● 地域密着型介護老人福祉施設入所者生活介護 ● 看護小規模多機能型居宅介護	おおむね2か月に1回
● 地域密着型通所介護　● 認知症対応型通所介護 ※定期巡回・随時対応型訪問介護看護は、おおむね6か月に1回、介護・医療連携推進会議を開催。 ※療養通所介護はおおむね6か月に1回、安全・サービス提供管理委員会を開催。(運営推進会議はおおむね12か月に1回開催)	おおむね6か月に1回

地域密着型サービスの種類

地域密着型サービスの種類は、次表のとおりです。

表3-11-2　地域密着型サービスの種類

介護給付(要介護者を対象)	予防給付(要支援者を対象)
● 夜間対応型訪問介護 ● 地域密着型通所介護(療養通所介護を含む) ● 認知症対応型通所介護 ● 小規模多機能型居宅介護 ● 認知症対応型共同生活介護 ● 地域密着型特定施設入居者生活介護 ● 地域密着型介護老人福祉施設入所者生活介護 ● 定期巡回・随時対応型訪問介護看護※ ● 看護小規模多機能型居宅介護※	● 介護予防認知症対応型通所介護 ● 介護予防小規模多機能型居宅介護 ● 介護予防認知症対応型共同生活介護(要支援2のみ)

※ 地域密着型サービスのうち、定期巡回・随時対応型訪問介護看護と看護小規模多機能型居宅介護については、保健医療分野で出題される。

夜間対応型訪問介護

1 夜間対応型訪問介護とは

定期的な巡回または利用者からの通報により、訪問介護員等が夜間に居宅を訪問し、排せつ介助や日常生活に関わる緊急時対応などを通じて、利用者が夜間に安心して生活できるよう援助するものです。定期巡回サービス、オペレーションセンターサービス、随時訪問サービスを一括して提供します。

サービス提供時間帯は、最低22時から翌朝6時までの間は含むものと規定されています。

オペレーションセンターは、事業実施地域内に1か所以上設置します。ただし、利用者が少なく、利用者からの通報に十分対応できる場合には、設置しないことも可能です。

2 サービスの内容

● **定期巡回サービス**

利用者が安心して居宅生活を送るのに必要な援助を計画的に行います。提供回数については、事業者と利用者の間で取り決めます。

● **オペレーションセンターサービス**

利用者に配布したケアコール端末からの随時の通報を受け、訪問の要否等を判断します。随時訪問サービスを適切に行うために、オペレーターは利用者との面接と1～3か月に1回程度の利用者宅訪問において、利用者と家族の相談に応じ適切な助言を行います。

● **随時訪問サービス**

随時訪問サービスでは、利用者からの随時通報に対応して、夜間訪問介護を提供します。

コレも出た！
オペレーションセンターを設置している場合には、基本夜間対応型訪問介護費に加え、定期巡回サービスおよび随時訪問サービスのそれぞれについて1回ごとに介護報酬を算定できる。（24回55）

コレも出た！
随時訪問サービスは、他の指定訪問介護事業所と連携が図れ、利用者の処遇に支障がない時は他の事業所の訪問介護員に行わせることができる。（22回56）

● 合鍵の取扱い

利用者から合鍵を預かる場合には、その管理を厳重に行うとともに、管理方法、紛失した場合の対処方法、その他必要な事項を記載した文書を交付しなくてはなりません。

3 人員・設備に関する基準

● 人員基準

重要ポイント 事業所に必要な人員は、次表に示すとおりです。

表 3-11-3　必要な職種・員数など

職種	必要な員数など
オペレーター※	看護師、介護福祉士、医師、保健師、准看護師、社会福祉士、介護支援専門員を、提供時間帯を通じて1人以上配置。随時訪問サービスを行う訪問介護員や、併設施設の職員との兼務は可能。
面接相談員	オペレーターと同資格、または同等の知識経験を持つ者を1人以上確保するために必要な数以上配置。
訪問介護員等	定期巡回サービスを行う訪問介護員等を必要数以上配置。専ら随時訪問サービスの提供に当たる訪問介護員等を、提供時間帯を通じ1人以上確保するために必要な数以上配置。
管理者	常勤専従（業務に支障がなければオペレーター、訪問介護員等と兼務可）。

※ 利用者からの通報に迅速に対応できるのであれば、オペレーターが事業所に常駐していなくてもよい。

コレも出た！
オペレーターは、定期巡回サービスを行う訪問介護員等に同行し、地域を巡回しながら利用者からの通報に対応することができる。（24回55）

● 設備基準

オペレーションセンターには、利用者の心身の状況などの情報を蓄積し、随時適切に通報が受けられる通信機器等を備える必要があります。利用者が適切に通報を行える場合は、利用者所有の家庭用電話や携帯電話をケアコール端末として代用することもできます。

4 運営基準

● 利用料

　利用者へ配布するケアコール端末に関する設置料、リース料、保守料などは事業所が負担します（通報の電話料は利用者負担です）。

● 夜間対応型訪問介護計画の作成

　オペレーター（オペレーションセンターを設置しない場合は訪問介護員等）は、利用者の状況を把握・分析し、サービスの提供によって解決すべき問題状況を明らかにして、定期巡回サービスおよび随時訪問サービスの援助の方向性や目標を明確にし、目標達成のための具体的なサービス内容等を記載した夜間対応型訪問介護計画を作成します。

> コレも出た！
> 事業者は利用者からの苦情に関して市町村等から派遣する相談援助事業に協力するように努める。（21回55）

地域密着型通所介護

1 地域密着型通所介護とは

　利用者が可能な限り自宅で自立した日常生活を送ることができるように、利用者の社会的な孤立感の解消、心身機能の維持、家族の介護の負担軽減などを図るサービスです。

　施設に通う利用者に、食事、入浴、排せつなどの日常生活上の支援、生活機能向上のための機能訓練、口腔機能向上サービス、生活を楽しんでもらうためのレクリエーションなどを提供します。自宅から施設までの送迎も行います。

重要ポイント 地域密着型通所介護では、地域との連携や運営の透明性（抱え込み防止等）を確保するために、運営推進会議を設置して半年に1回程度開催することが義務づけられています。

3

福祉サービスの知識等

コレも出た！
療養通所介護では、安全かつ適切なサービスを提供するために、安全・サービス提供管理委員会を設置しなければならない。(17回52改)

　このほか、難病、認知症、脳血管疾患の後遺症のある人やがんの末期の人など、医療と介護の両方のニーズのある要介護者に、療養通所介護計画に基づいてサービスを提供する「療養通所介護」があります。サービスの可否は、主治医を含めたサービス担当者会議で検討し判断されます。

2 人員・設備に関する基準

● 人員基準

　事業所に必要な人員は、次表に示すとおりです。

表 3-11-4　地域密着型通所介護

職種	必要な員数など
生活相談員	提供日ごとに、提供時間帯の専従の生活相談員が勤務している時間数の合計数をサービス提供時間帯の時間数で除して得た数が1以上。
看護職員	サービスの提供時間帯を通じて専従する必要はないが、提供時間帯を通じて事業所と密接かつ適切な連携を図り、看護職員(看護師または准看護師)としての職務に当たる者をサービスの単位ごとに1人以上(病院や訪問看護ステーション等との連携により配置することも可能)。
介護職員	指定地域密着型通所介護の単位ごとに、サービスの提供時間帯に介護職員(介護の提供に専従する者)が勤務している時間数の合計を提供単位時間数で除して得た数が1以上。利用者が15人を超える場合は、15人を超える部分の数を5で除して得た数に1を加えた数以上配置。
機能訓練指導員	1人以上(理学療法士、作業療法士、言語聴覚士、看護師、准看護師、柔道整復師、またはあん摩マッサージ指圧師の資格を有する者)。
管理者	常勤専従(業務に支障がないときは、兼務可)。

※ 利用定員が10人以下の場合は、サービス単位ごとに、看護職員または介護職員を常時1人以上従事させればよい。

表 3-11-5　療養通所介護

職種	必要な員数など
看護職員または介護職員	利用者1.5人につき、提供時間帯の専従の従業者を1人以上確保するために必要と認められる数以上とする。1人以上は常勤専従の看護師。

● **設備基準**

　事業所に必要な食堂・機能訓練室の広さは、3㎡に利用定員を乗じて得た面積以上です。指定療養通所介護事業所は、事業を行うのにふさわしい専用部屋（利用定員×6 m² 以上）を備えなければなりません。また、消防法その他の法令等に規定された防災設備などを設置していなければなりません。

● **利用定員**

　地域密着型通所介護、療養通所介護は、いずれも18人以下とされています。

③ 運営基準

● **地域密着型通所介護計画・療養通所介護計画の作成**

　利用者の心身の状況、希望、置かれている環境などを踏まえて、居宅サービス計画に沿って地域密着型通所介護計画・療養通所介護計画を作成します。

　サービス内容等への利用者の意向の反映の機会を保障するために、計画の作成に当たっては、その内容等を説明した上で利用者の同意を得なければならず、作成した計画を利用者に文書で交付しなければなりません。なお、交付した計画の保存は、基準では2年間ですが、各自治体の条件等で異なります。

● **地域との連携**

　事業者は、地域の住民やボランティア団体などと連携・協力するなど、地域との交流に努めるとともに、市町村との連携も図ることが求められます。

　なお、療養通所介護はおおむね12か月に1回以上運営推進会議を開催しなければなりません。

コレも出た！

生活相談員が地域の自治会やボランティア団体との話し合いに出席した時間は、勤務延時間数に含まれる。（20回56）

認知症対応型通所介護

❶ 認知症対応型通所介護とは

認知症である利用者に、必要な日常生活上の世話・機能訓練を行うことにより、利用者の社会的孤立感の解消や心身の機能の維持、利用者の家族の身体的・精神的負担の軽減を図るものです。

重要ポイント 認知症対応型通所介護には、単独型[1]、併設型[2]、共用型[3]があります。認知症対応型通所介護は、対象を認知症（急性状態を除く）の者に限定しており、一般の通所介護と一体的に提供できません。一般の通所介護と同じ事業所、同じ時間帯で行う場合には、パーティション等で仕切るなどして職員、利用者、サービスを提供する空間を明確に区別します。

❷ 人員・設備に関する基準

● 人員基準

事業所に必要な人員は、次表に示すとおりです。

表3-11-6　認知症対応型通所介護（単独型・併設型）の人員基準

職種	必要な員数など
生活相談員	提供日ごとに、提供時間帯の専従の生活相談員の勤務時間数の合計を、サービスを提供している時間帯の時間数で除して得た数が1以上確保されるために必要な数。1人以上常勤。
看護職員または介護職員	サービスの単位ごとに1人以上配置。さらに提供時間帯を通じて1人以上配置。1人以上は常勤。
機能訓練指導員	理学療法士、作業療法士、言語聴覚士、看護職員、柔道整復師、またはあん摩マッサージ指圧師、一定の経験を有し機能訓練に従事したはり師・きゅう師の資格を有する者を1人以上配置。

（つづく）

📖 用語解説

[1] 単独型
社会福祉施設や病院などが併設されていないタイプ。

[2] 併設型
社会福祉施設や病院などが併設されているタイプ。

[3] 共用型
指定（介護予防）認知症対応型共同生活介護事業所、指定地域密着型特定施設、指定地域密着型介護老人福祉施設の生活スペースや設備を共用して行うタイプ。

🐭 コレも出た！
認知症の原因となる疾患が急性状態にある者は、認知症対応型通所介護の対象から外されている。（22回55）

🐭 コレも出た！
若年性認知症の者は、要介護であっても認知症対応型通所介護の対象となる。（24回56）

表3-11-6　認知症対応型通所介護（単独型・併設型）の人員基準（つづき）

職種	必要な員数など
管理者	常勤専従（業務に支障がないときは、兼務可）。必要な知識と経験を有し、厚生労働大臣が定める研修を修了している者。

● **設備基準**

　単独型・併設型の事業所に必要な食堂・機能訓練室の広さは、3 m^{2}に利用定員を乗じて得た面積以上です。また、消防法その他の法令等に規定された防災設備などを設置していなければなりません。

● **利用定員**

　単独型、併設型の事業所においては、12人以下とされています。

　共用型では、1日当たり延べ3人以下とします。

コレも出た！
共用型の利用定員が問われた。（26回56）

3 運営基準

● **認知症対応型通所介護計画の作成**

　利用者の心身の状況、希望、置かれている環境などを踏まえて、居宅サービス計画に沿って認知症対応型通所介護計画を作成します。

　なお、計画の作成は、事業所に介護支援専門員がいる場合はその者に担当させるのが望ましいとされています。

● **地域との連携**

　事業者は、地域の住民やボランティア団体などと連携・協力するなど、地域との交流に努めるとともに、市町村との連携を図ることも求められます。

コレも出た！
サービス提供方法等の説明には、認知症対応型通所介護計画の目標および内容や利用日の行事及び日課も含まれる。（22回55）

小規模多機能型居宅介護

1 小規模多機能型居宅介護とは

重要ポイント 通いを中心に、訪問と宿泊を組み合わ

コレも出た！
小規模多機能型居宅介護の訪問サービスの内容は、身体介護の提供には限られていない。（25回55）

せたサービスを提供し、家庭的な環境と地域住民との交流の下で、入浴、排せつ、食事などの介護その他の日常生活上の世話と機能訓練を行います。

小規模多機能型居宅介護は、利用者の要介護状態の軽減や悪化防止に資するような目標を設定し、計画的に実施します。

● 利用登録

利用に際して、利用者は事業所に利用登録を行う必要があります。登録できるのは1か所の事業所のみであり、複数の事業所の利用は認められません。

● 他の居宅サービスの利用制限

登録者は訪問看護、訪問リハビリテーション、居宅療養管理指導、福祉用具貸与を除いて、他の居宅サービスを受けることができません。ただし、指定小規模多機能型居宅介護事業者の負担により、訪問入浴介護等のサービスの利用を受けることは差し支えありません。

● サテライト型事業所の設置

サテライト型の事業所の登録定員は18人以下とし、管理者は本体との兼務が可能です。

2 人員・設備に関する基準

● 人員基準

事業所に必要な人員は、次表に示すとおりです。

表3-11-7　必要な職種・員数など

職種	必要な員数など
居宅介護従事者	従業者のうち1人以上は、看護師または准看護師（常勤でなくてもよい）。宿泊サービスの利用者が1人でも、訪問サービスに対応するため、夜間および深夜の時間帯を通じて、夜勤1人と宿直1人の計2人が必要。宿泊サービスの利用者がいない場合は、必要な連絡体制を整備していれば、宿直または夜勤を行う従業者を置かなくてもよい。

（つづく）

表3-11-7 必要な職種・員数など（つづき）

職種	必要な員数など
介護支援専門員	兼務も可能であり、非常勤でも差し支えない。居宅サービス計画の作成、小規模多機能型居宅介護計画の作成、サービスの利用に関する市町村への届出の代行を行う。
管理者	常勤専従（支障がないときは兼務可）。事業所などで認知症高齢者の介護に従事した経験が3年以上あり、必要な研修を修了している者。
代表者	認知症高齢者の介護に従事した経験がある者か、保健医療サービスまたは福祉サービスの経営に携わった経験を有し必要な研修を修了している者。

● **居住施設併設時の人員**

　認知症対応型共同生活介護事業所、地域密着型特定施設、地域密着型介護老人福祉施設、有床診療所である介護療養型医療施設または介護医療院のいずれかが併設されている場合には、人員は一体的に運営することが認められています。

● **登録定員**

　登録定員は、1事業所につき29人以下です。また、通いサービスについては登録定員の2分の1から15人（一定の要件を満たす場合は18人）までの間で、宿泊サービスについては通いサービスの利用定員の3分の1から9人までの間であり、それぞれ利用定員を定めなければなりません。

　なお、2021（令和3）年の省令改正より、地域の特性に応じたサービスの整備・提供を促進する観点から、各自治体が条例で設定することが可能になりました。ただし、条例によって独自の基準を設ける場合は、自治体が条例の内容は「合理的なもの」である旨を説明する責任があります。

● **設備**

　居間と食堂は、機能を十分に発揮し得る適当な広さを有することとされています。宿泊室は個室でなくてもプライバシーが確保されていれば差し支えありません。基

コレも出た！
介護支援専門員は、利用者の処遇に支障がない場合は、管理者を兼務できる。（21回56）

コレも出た！
利用者の様態や希望等により特に必要と認められる場合は、一時的に利用定員が超えることはやむを得ないとされている。（21回8）

3
福祉サービスの知識等

本的には1人当たり $7.43m^2$ 以上とされています。

● **事業所の立地**

　利用者に家庭的な雰囲気のサービスを提供すること、また地域との交流を図り、社会との結びつきを確保することなどのため、住宅地の中にあるか、住宅地と同程度の地域の中にあることが求められます。

3 運営基準

● **居宅サービス計画と小規模多機能型居宅介護計画の作成**

　事業所の介護支援専門員が、登録者の居宅サービス計画の作成をはじめとするケアマネジメントを担当し、小規模多機能型居宅介護計画（個別サービス計画）を作成します。計画の作成に当たっては、指定居宅介護支援事業所の介護支援専門員が通常行っている業務を行うとともに、地域住民やその自発的な活動と連携・協力し、利用者の多様な活動の確保に努める必要があります。

コレも出た！
おおむね2か月に1回以上、活動状況を報告して評価を受けなければならない。(26回55)

コレも出た！
宿泊のために必要な費用は、保険給付対象外の費用として利用者から徴収できる。(18回56改)

認知症対応型共同生活介護

1 認知症対応型共同生活介護とは

　認知症のある要介護者に対し、共同生活住居において、家庭的な環境と地域住民との交流の下で、入浴、排せつ、食事等の介護その他の日常生活上の世話および機能訓練を行い、有する能力に応じた自立した日常生活を営むことができるようにするものです。

重要ポイント 認知症対応型共同生活介護では、利用者の精神的な安定、BPSD（認知症の行動・心理症状）の減少、認知症症状の進行緩和が図られるよう、居室に慣れ親しんだ家具を置いて環境になじみやすくしたり、個々の趣味や嗜好に応じた活動の援助が行われます。また、良好な人間関係に基づく家庭的な生活環境の中で日常生活

が送れるよう、利用者が職員と家事、園芸、レクリエーション、行事等を共同で行い、家族等の面会についても利便を図ることとされています。

● **他の居宅サービスの利用制限**

　利用者は居宅療養管理指導を除いて、他の居宅サービスを受けることはできず、必要がある場合には事業者の負担により提供します。

● **短期利用共同生活介護**

　事業所の共同生活住居の定員の範囲内で空いている居室等を利用して、短期利用共同生活介護が行われます。利用者は1つの共同生活住居につき1人で、利用開始に当たっては、あらかじめ30日以内の利用期間を定めます。

2 人員・設備に関する基準

● **人員基準**

　事業所に必要な人員は、次表に示すとおりです。

表3-11-8　必要な職種・員数など

職種	必要な員数など
介護従業者	認知症の介護等に対する知識、経験を有し必要な研修を修了している者を配置する。併設される他の共同生活住居の職場との兼務は夜間・深夜においても不可。1人以上は常勤。
計画作成担当者	共同生活住居ごとに配置。共同生活住居が1つの事業所の計画作成担当者は介護支援専門員とし、共同生活住居が2つ以上の事業所では計画作成担当者のうち少なくとも1人は介護支援専門員とする。専従で1人以上。支障がなければ兼務可。
管理者	共同生活住居ごとに配置。常勤専従（支障がないときは兼務可）。介護事業所等で認知症高齢者介護に3年以上の経験を有し、認知症対応型サービス事業管理者研修を修了した者。

● **設備基準**

　居室の面積は、7.43m^2（和室であれば4.5畳）以上が必要です。居室は個室ですが、利用者の処遇上必要と認められる場合（夫婦で利用など）には、2人部屋にすることが

コレも出た！
共同生活住居として居間と食堂は同一の場所でもよいとされている。
（25回56）

できます。1つの共同生活住居の入居定員は、5人以上9人以下となっています。なお、共同生活住居の数は、1または2とされていましたが、2021（令和3）年から1以上3以下となりました。

居間と食堂は、利用者や介護従業者が一堂に会することができる広さを確保するものとされています。

3 運営基準

● 入退居

入居に際しては、心身状況、生活歴、病歴等の把握に努め、主治医の診断書等により入居申込者が認知症であることを確認します。

退居に際しては、利用者や家族の希望を踏まえながら、退居後の生活環境や介護の連続性に配慮した援助・指導を行います。

● 利用料等の受領

食材料費、理美容代、おむつ代、日常生活費・居住費の支払いを利用者から受けることができます。

● 認知症対応型共同生活介護計画の作成

管理者は、計画作成担当者に計画作成業務を担当させます。計画作成に当たっては、地域における活動に参加する機会の提供等により、利用者の多様な活動の確保に努めます。計画に関しては、利用者または家族に内容を説明し、利用者の同意を得て文書を交付します。

● 介護等

介護は、利用者の心身状況に応じて行い、家事等は、原則として利用者と介護従業者が共同で行うよう努めます。事業者は利用者の負担により、共同生活住居における介護従業者以外の者による介護を受けさせてはなりません。

● 身体的拘束等の禁止

緊急やむを得ない場合（その態様、時間、心身の状況等、理由の記録が必要）を除き、身体的な拘束・制限は禁止さ

コレも出た！
認知症対応型共同生活介護の入退去に際しては、その年月日を利用者の被保険者証に記載しなければならない。（19回55改）

コレも出た！
認知症対応型共同生活介護事業者は、自らもその提供する認知症対応型共同生活介護の質の評価を行わなければならない。（23回56）

コレも出た！
認知症対応型共同生活介護（グループホーム）の入居者は、原則として医療保険の訪問看護を利用できる。（18回42改）

コレも出た！
認知症対応型共同生活介護では、非常災害に対する具体的な計画を、定期的に従業者に周知しなければならない。（19回55改）

れています。また、事業者は身体的拘束等の適正化のための対策を検討する委員会を3か月に1回開催しなければなりません。

● **運営規程**

事業者は、事業運営についての重要事項（非常時の対応など）に関する規程を、共同生活住居ごとに定めなければなりません。

地域密着型特定施設入居者生活介護

1 地域密着型特定施設入居者生活介護とは

入居する利用者に対し、地域密着型特定施設サービス計画に基づき、入浴、排せつ、食事等の介護その他の日常生活上の世話、機能訓練および療養上の世話を行い、利用者の能力を維持し自立した日常生活を営むことができるようにするものです。

● **地域密着型特定施設とは**

入居定員が29人以下の有料老人ホーム、養護老人ホーム、または軽費老人ホームであって、入居者が要介護者と配偶者等に限られる介護専用型特定施設のことです。

● **介護専用型特定施設の入居要件**

介護専用型特定施設に入居できる人は、要介護者とその配偶者のほか、次のように定められています。

①入居時は要介護者だったが、現在は要介護者ではない者

②入居者である要介護者および①に該当する人の3親等以内の親族

③特別な事情により入居者である要介護者と同居させることが必要であると市町村長が認めた人

● **他の居宅サービスの利用制限**

利用者は居宅療養管理指導を除いて、他の居宅サービ

スを受けることはできません。必要がある場合には事業者の負担により提供します。

2 サービスの取扱方針

事業所の介護支援専門員が作成する地域密着型特定施設サービス計画に基づいて、サービスを提供します。

3 人員・設備に関する基準

● 人員基準

事業所に必要な人員は、次表に示すとおりです。

表3-11-9　必要な職種・員数など

職種	必要な員数など
生活相談員	1人以上。1人は常勤。
介護職員・看護職員	総数は入所者の数が3人またはその端数を増すごとに1人以上。看護職員の数は、1人以上。常にサービスの提供に当たる介護職員が1人以上。
機能訓練指導員	1人以上。兼務可。
計画作成担当者	介護支援専門員を1人以上。兼務可。
管理者	常勤専従（業務に支障がない場合は兼務可）。

● サテライト型特定施設の場合

サテライト型特定施設の場合は、看護職員および介護職員については常勤換算方法で1人以上いれば非常勤の者でもよく、生活相談員・機能訓練指導員・計画作成担当者は本体施設の介護支援専門員等によりサービス提供が適切に行われると認められるときは置かないことも可能です。

● 設備基準

地域密着型特定施設の建物は、耐火構造または準耐火構造でなければなりません。ただし、火災に関する利用者の安全管理が確保され、一定の要件を満たせば、木造

平屋建てでも認められます。また、消火設備など非常災害に対処するための設備が必要です。

　介護居室の定員は1人です。処遇上必要と認められる場合は2人にすることもできます。

4 運営基準

● **地域密着型特定施設入居者生活介護の提供の開始等**

　事業者は正当な理由なく、入居者に対するサービスの提供を拒んではなりません。また、入居者が地域密着型特定施設入居者生活介護に代えて他の事業者が提供するサービスを利用することを妨げてはいけません。

● **利用料等の受領**

　事業者は、利用者の選定により提供する介護その他の日常生活上の便宜に要する費用、おむつ代、その他日常生活に必要な費用を利用者から徴収することができます。

● **身体的拘束等の禁止**

　特定施設入居者生活介護と同様に禁止されています。また、身体的拘束等の適正化のための対策を検討する委員会の開催も同様です。

● **地域密着型特定施設サービス計画の作成**

　管理者は、計画作成担当者に作成業務を担当させます。

地域密着型介護老人福祉施設入所者生活介護

1 地域密着型介護老人福祉施設入所者生活介護とは

重要ポイント 定員29人以下の特別養護老人ホームに入所する利用者に対し、地域密着型施設サービス計画に基づき、可能な限り居宅における生活への復帰を念頭において、入浴、排せつ、食事等の介護、相談・援助、社会生活上の便宜の供与その他の日常生活上の世話、機能訓練、健康管理および療養上の世話を行い、能力に応じ

コレも出た！
入所者または家族が行政機関に対する手続きを行うことが困難な場合は、同意を得て、事業者が代わって手続きを行わなければならない。（17回56改）

自立した日常生活を営むことができるようにするものです。

　施設は、明るく家庭的な雰囲気と地域や家庭との結びつきを重視した運営を行い、市町村、居宅介護支援事業者、居宅サービス事業者などとの連携に努めます。

● **施設の形態**

　施設の形態には、①単独小規模の介護老人福祉施設、②同一法人による本体施設のあるサテライト型居住施設、③通所介護事業所や小規模多機能型居宅介護事業所等と併設事業所を組み合わせたものがあります。

● **生活空間の形態**

　生活空間の形態には、従来型とユニット型があります。従来型は定員4人以下の居室で生活するものです。ユニット型は少数の個室とそれに近接した共同生活室からなるユニットで生活するもので、1つのユニットの定員はおおむね10人以下です。

2 人員・設備に関する基準

● **人員基準**

　事業所に必要な人員は、次表に示すとおりです。

表3-11-10　必要な職種・員数など

職種	必要な員数など
医師	入所者の健康管理および療養上の指導を行うために必要な員数。
生活相談員	常勤で1人以上（サテライト型は常勤換算方法で1人以上）。
介護職員・看護職員	総数は入所者の数が3人またはその端数を増すごとに1人以上。看護職員の数は1人以上、そのうち1人以上は常勤。
栄養士・管理栄養士	1人以上。
機能訓練指導員	1人以上。
介護支援専門員	常勤で1人以上。
管理者	常勤専従（業務に支障がない場合は兼務可）。

設備基準

事業所の設備基準は、次表に示すとおりです。

表3-11-11 地域密着型介護老人福祉施設入所者生活介護の主な設備基準

	従来型	ユニット型
居室の定員	4人以下	1人(サービス提供上必要と認められる場合は2人にできる)
居室の床面積	10.65m² 以上(入所者1人当たり)	1居室当たり10.65m² 以上(ユニットに属さない居室を改修した場合は、入居者同士の視線の遮断を前提にした上で、居室を隔てる壁について、天井との間に一定の隙間が生じていても差し支えない)
食堂および機能訓練室	合計面積が「3m²×入所定員」以上	
共同生活室		合計面積が「2m²×ユニットの入所定員」以上
廊下幅	1.5m以上、中廊下の場合は1.8m以上	

3 運営基準

入所申込者への対応

入所申込者の数が入所定員から入所者の数を差し引いた数を超えている場合は、介護を必要とする程度や家族等の状況を勘案し、サービスを受ける必要性が高いと認められる人を優先的に入所させるよう努めます。

利用料等の受領

施設は、食費、居住費、特別な居室の費用、特別な食事の費用、理美容代、日常生活費の支払いを入所者から受けることができます。

地域密着型施設サービス計画の作成

地域密着型施設サービス計画は、施設の計画担当介護支援専門員が作成します。計画の作成に当たっては、入所者の生活全般を支援する観点から、地域住民の自発的

活動によるサービス等の利用も計画上に位置づけるように努めます。

● **計画担当介護支援専門員の責務**

　計画担当介護支援専門員は、入所申込者の申込みに際し、入所者の心身の状況、生活歴、病歴、居宅サービスの利用状況などを把握します。また、居宅で日常生活を営むことができるかどうかを定期的に検討します。居宅での生活が可能となった入居者については、円滑に退所できるよう援助するとともに、居宅介護支援事業者に情報を提供し、保健・医療・福祉サービスを提供する者とも連携します。

● **身体的拘束等の禁止**

　介護老人福祉施設と同様に禁止されています。また、身体的拘束等の適正化のための対策を検討する委員会を3か月に1回開催しなければなりません。

コレも出た！
入所者が病院などに入院し、3か月以内に退院すると見込まれる場合は、原則として、退院後に円滑に再入所できるようにしなければならない。（17回56改）

地域密着型介護予防サービス

　地域密着型介護予防サービスには、次の3つがあります。
①介護予防認知症対応型通所介護
②介護予防小規模多機能型居宅介護
③介護予防認知症対応型共同生活介護

　要支援者が対象となりますが、介護予防認知症対応型共同生活介護については、要支援2の利用者のみが対象になります。

2021（令和3）年に地域密着型サービスの運営基準に規定された、従業者に2024（令和6）年3月までに実施しなければならない研修とはどんなものですか？

それは、認知症への対応力向上に向けた取組みの一つとして、医療・福祉関係の資格がない介護職員に対して義務付けられた、認知症介護基礎研修のことだよ。

理解度チェック 1問1答

全問クリア　月　日

問題

□ ❶ 小規模多機能型居宅介護の運営推進会議は当該事業所を指定する市町村が設置する。 23回55

□ ❷ 小規模多機能型居宅介護事業所の登録者に対しては、その事業所の介護支援専門員が、居宅サービス計画を作成しなければならない。 25回55

□ ❸ 地域密着型通所介護の運営推進会議には、事業所による利用者の「抱え込み」を防止する役割もある。 20回56

□ ❹ 地域密着型介護老人福祉施設入所者生活介護では、入所者が病院等に入院し、3か月以内に退院することが明らかに見込まれる場合は、原則として、退院後再び当該施設に円滑に入所できるようにしなければならない。 17回56改

□ ❺ 認知症対応型通所介護では、職員、利用者及びサービスを提供する空間を明確に区別すれば一般の通所介護と同じ事業所で同一の時間帯にサービスを行うことができる。 22回再55

□ ❻ 認知症対応型通所介護では、認知症の原因となる疾患が急性の状態にある者も対象となる。 20回55

□ ❼ 夜間対応型訪問介護の随時訪問サービスにおいて、オペレーションセンター従業者は1月ないし3月に1回程度利用者宅を訪問しなければならない。 21回55

□ ❽ 夜間対応型訪問介護の随時訪問サービスは、利用者の処遇に支障がないときは、他の指定訪問介護事業所の訪問介護員等に行わせることができる。 22回56

□ ❾ 認知症対応型共同生活介護に複数の共同生活住居がある事業所の場合には、認知症対応型共同生活介護計画の作成担当者のうち1人は、介護支援専門員でなければならない。 23回56

□ ❿ 認知症対応型共同生活介護の共同生活住居の数は、1以上5以下である。 25回56

□ ⓫ 療養通所介護では、安全・サービス提供管理委員会を設置しなければならない。 17回52

3 福祉サービスの知識等

解答解説　❶✕運営推進会議は小規模多機能型居宅介護事業者が設置しなければならない。❷○ ❸○ ❹○ ❺○ ❻✕急性期の場合は対象とならない。❼○ ❽○ ❾○ ❿✕共同生活住居の数は、1以上3以下である。⓫○

12 介護老人福祉施設

「ここを押さえよう！」　　　　　　頻出度 ★★★

老人福祉法・介護保険法との関係、指定、人員・設備基準、サービス内容、施設サービス計画の作成、サービス提供拒否・身体拘束の禁止の要点を覚えておきましょう。

介護老人福祉施設の定義・目的

1 介護老人福祉施設とは

コレも出た！
介護老人福祉施設の入所定員は30人以上である。（25回7）

　介護老人福祉施設とは、老人福祉法に規定された特別養護老人ホーム（入所定員が30人以上であるものに限る）であって、施設サービス計画に基づいて、入所者に対して入浴、排せつ、食事などの介護その他日常生活上の世話、機能訓練、健康管理、療養上の世話を行う施設です。

　介護老人福祉施設を利用できるのは、原則、要介護3以上の第1号被保険者（第2号被保険者については、特定

疾病により要介護 3 以上の認定を受けた人）です。ただし、要介護 1 または 2 でも、やむを得ない事情**1**がある場合は、市町村が許可し、施設ごとの入所検討委員会が認めれば、特例的に入所できます。

　長期にわたる入所となることから、入所者の看取りが進められています。

2 内容・特徴

● 指定を受けられる施設

　介護老人福祉施設は、特別養護老人ホームとして認可されている施設が、都道府県知事に指定申請をし、基準に該当している場合に指定施設として認可されます。

● 人員基準

重要ポイント 事業所に必要な人員は次表のとおりです。

表3-12-1　介護老人福祉施設の人員に関する基準

職種	必要な員数など
医師	健康管理や療養上の指導ができる必要な数で、その基準数は明示されていない。非常勤でも可。
生活相談員	入所者の数が100またはその端数を増すごとに1以上。常勤職員。
介護職員・看護職員	入所者対看護・介護職員は3：1（常勤換算） 看護職員については 　30人未満の施設では1人以上（常勤換算） 　30～50人未満の施設では2人以上（常勤換算） 　50～130人未満の施設では3人以上（常勤換算） 　130人以上の施設では3人、プラス50人またはその端数を増すごとに1人を加えた数（常勤換算） 　看護職員のうち1人以上は常勤の職員 介護職員は、夜勤を含めて常時1人以上の常勤の職員を置くこと。
栄養士または管理栄養士	1人以上。ただし、入所定員が40人未満の施設で他の施設の栄養士または管理栄養士との連携を図ることにより適切な栄養管理が行われ、入所者の処遇に支障がない場合は配置しなくてもよい。
機能訓練指導員	1人以上。日常生活機能を改善、または減退防止の訓練ができる能力のあるもの。他の職務との兼務可。

用語解説

1 やむを得ない事情
①認知症で症状・行動が重度、②知的・精神障害で在宅生活が困難、③家族による深刻な虐待がある、④単身世帯か同居家族が病弱等により支援が受けられないなど。

コレも出た！
虐待等のやむを得ない事由があれば要介護1または2の者も入所させることができる。(22回57)

3
福祉サービスの知識等

（つづく）

表3-12-1 介護老人福祉施設の人員に関する基準（つづき）

職種	必要な員数など
介護支援専門員	1人以上。入所者の数が100またはその端数を増すごとに1人を増やすこと。常勤専従の職員。ただし、入所者の処遇に支障がない場合は他の職務との兼務可。
管理者	常勤の者を配置。ただし、管理上支障がなければ、同一敷地内の他の事業所、施設等の職務との兼務可。

※ なお、サテライト型居住施設を併設している介護老人福祉施設で、サテライトに医師、介護支援専門員を置かない場合には、本体施設とサテライトの入所者の合計数を基準にして、本体施設に置くべき医師、介護支援専門員の人員を算定することになっている。

(出所)『九訂 介護支援専門員基本テキスト 上巻』p.711（長寿社会開発センター）

コレも出た！
介護老人福祉施設の介護支援専門員は、常勤であり、入所者の処遇に支障がなければ、他の職務と兼務できる。
(24回57)

● 設備基準

　必要な設備は、居室、静養室、浴室、洗面設備、便所、医務室、食堂、機能訓練室、教養娯楽の設備などです。また、消火設備（スプリンクラーなど）やその他の非常災害に備えての設備も設けなければなりません。

表3-12-2 介護老人福祉施設の設備に関する基準

設備	設備基準等
居室	居室の定員　1人 （入所者へのサービス提供上必要と認められる場合は2人とすることができる） 入所者1人あたりの床面積　10.65m^{2}以上 ブザーまたはこれに代わる設備を設ける
静養室	介護職員室または看護職員室に近接して設ける
浴室	要介護者が入浴するのに適したものとする
洗面設備	居室のある階ごとに設ける 要介護者が使用するのに適したものとする
便所	居室のある階ごとに居室に近接して設ける ブザーまたはこれに代わる設備を設けるとともに、要介護者が使用するのに適したものとする

(つづく)

表3-12-2 介護老人福祉施設の設備に関する基準（つづき）

設備	設備基準等
医務室	医療法に規定する診療所とする 入所者を診療するために必要な医薬品および医療機器を備えるほか、必要に応じて臨床検査設備を設ける
食堂および機能訓練室	それぞれ必要な広さを有するものとし、その合計した面積が入所定員×3.0m² 以上
廊下幅	1.8m 以上 中廊下の幅は2.7m 以上
消火設備その他の非常災害に際して必要な設備を設ける	

（出所）『九訂 介護支援専門員基本テキスト 上巻』p.712（長寿社会開発センター）

● **食事の提供**

　栄養と入所者の嗜好を考慮するとともに、生活リズムに配慮した適切な時間に行います。また、自立支援の視点から、できる限り離床して食堂で食事を摂るよう支援しなければなりません。

● **介護**

　入所者の心身の状況に応じて生活全般の介護を行います。

　入浴に関しては、介助浴や機械浴など、入所者の心身状況に合わせた適切な方法で1週間に2回以上行います。入浴が困難な場合には清拭を行います。

● **機能訓練**

　レクリエーションや行事も活用し、生活機能の改善または減退防止のための訓練を行います。

● **衛生管理**

　入所者が利用する食器その他の備品・設備の衛生管理に努めるとともに、感染症や食中毒の発生・まん延を防ぐための対策を検討する委員会の設置、指針の作成、研修を行います。

コレも出た！
医務室は、医療法に規定する診療所でなければならない。（20回57）

知っトク！
介護老人福祉施設の事業者は、あらかじめ協力医療機関を定め、併せて協力歯科医療機関を定めるよう努力しなければならない。

コレも出た！
入浴が困難な入所者には、清拭を1週間に2回以上行わなければならない。（22回57）

3
福祉サービスの知識等

● 社会生活上の便宜の提供等

　教養娯楽設備を備えるほか、レクリエーション行事を行います。また、日常生活における預貯金の引出し、行政手続きや郵便の受取りなどを、入所者や家族で行うことが困難な場合には、入所者の同意を得て代行します。特に、金銭に関わる代行については、事前に文書による同意を得て、家族との連携を保つ必要もあります。

重要ポイント　表3-12-3　介護老人福祉施設の運営に関する基準

介護	・介護は、入所者の自立支援と日常生活の充実に資するよう、心身の状況に応じて、適切な技術をもって行わなければならない。 ・1週間に2回以上、入所者の入浴または清拭を行わなければならない。 ・入所者の心身の状況に応じ、排せつの自立について必要な援助を行わなければならない。 ・おむつを使用せざるを得ない入所者のおむつを適切に取り替えなければならない。 ・入所者に褥瘡が発生しないよう適切な介護を行うとともに、その発生を予防するための体制を整備しなければならない。 ・入所者に対し、離床、着替え、整容等の介護を適切に行わなければならない。 ・入所者の負担により、施設の従業者以外の者による介護を受けさせてはならない。
相談および援助	・常に入所者の心身の状況、その置かれている環境等の把握に努め、入所者・家族に対し、相談に適切に応じるとともに、必要な助言その他の援助を行わなければならない。
社会生活上の便宜の提供等	・教養娯楽設備等を備えるほか、適宜入所者のためのレクリエーション行事を行わなければならない。 ・入所者が日常生活を営むのに必要な行政機関等に対する手続について、その者またはその家族において行うことが困難である場合は、その者の同意を得て、代わって行わなければならない。 ・常に入所者の家族との連携を図るとともに、入所者とその家族との交流等の機会のほか、入所者の外出の機会を確保するよう努めなければならない。
機能訓練	・入所者の心身の状況等に応じて、日常生活を営むために必要な機能の改善、またはその減退を防止するための訓練を行わなければならない。

（つづく）

表3-12-3　介護老人福祉施設の運営に関する基準（つづき）

健康管理	・医師または看護職員は、常に入所者の健康の状況に注意し、必要に応じて健康保持のための適切な措置を採らなければならない。
入所者の入院期間中の取扱い	・入所者が医療機関に入院しなければならなくなった場合、3か月以内に退院できる見込みのときには、原則として、退院後再び当該施設に円滑に入所できるようにしなければならない。

（出所）『九訂 介護支援専門員基本テキスト 上巻』p.712、713（長寿社会開発センター）

3 サービスの実施

● サービス提供拒否の禁止

　入所申込者に対して正当な理由なく、要介護区分や所得の多寡を理由に入所を拒むことは禁止されています。

● 入所者の受給資格等の確認

　施設サービスの提供に際し、入所者の提示する被保険者証によって、被保険者資格、要介護認定の有無および要介護認定の有効期間を確かめなければなりません。

● 入所時の対応

　入所待機者がいる施設については、介護の必要性の程度や家族等の状況などにより、施設サービスを受ける必要性が高いと認められる人から優先的に入所させるよう努めることが定められています。

　入所は、入所判定委員会で決定します。委員は、施設長、生活相談員、介護職員、看護職員、介護支援専門員等で構成されます。

● 施設サービス計画の作成

　介護老人福祉施設では、施設サービス計画に基づいてサービスを提供します。施設サービス計画は、施設に配置されている介護支援専門員が作成します。

　また、在宅復帰を支援することで、介護老人福祉施設の通過機能を大きくすることも重要です。

● 入院期間中の取扱い

　入所者が入院した場合、入院先の医師との確認を行い、

コレも出た！

介護老人福祉施設は、褥瘡の発生を予防するための体制を整備しなければならない。（25回57）

入所申込者の中から、より必要性が高いと認められる人を優先的に入所させる。（23回57）

介護老人福祉施設は、居宅において日常生活を営むことができると認められる入所者に対し、円滑な退所のために必要な援助を行わなければならない。（24回57）

介護老人福祉施設は、入所者が病院等に入院する際に、おおむね3月以内に退院することが明らかに見込まれる場合は、再び当該施設に円滑に入所できるようにする。（24回57）

3

福祉サービスの知識等

３か月以内に退院できる見込みのときには、施設側にやむを得ない理由がある場合を除き、退院後円滑に当該施設に戻れるようにしなければなりません。

● **事故の発生・再発の防止**

事故の発生と再発を防止するために、すでに発生した事故を分析し、改善策を検討し、対応策についての内容や指針を職員に周知徹底する体制を整える必要があります。

● **身体的拘束の禁止**

介護老人福祉施設等において、入所者または他の入所者等の生命・身体を保護するため緊急やむを得ない場合を除き、身体的拘束その他入所者の行動を制限する行為を行ってはいけません。緊急やむを得ず身体拘束等を行う場合には、その態様および時間、その際の利用者の心身の状況、緊急やむを得なかった理由を記録しなければなりません。

● **地域や家族との連携**

介護老人福祉施設は、地域住民やその自発的な活動と連携・協力することで地域社会との交流に努めます。また、家族との結びつきを深めることも求められます。

コレも出た！
身体的拘束等の適正化のための指針を整備している場合でも、その対策を検討する委員会は開催する。(23回57)

４ 介護支援専門員の責務

介護支援専門員は、施設サービス計画について、定期的に利用者と面接し、サービスの実施状況を把握しなければなりません。また、入所者の日常生活を支援する観点から、地域住民による自発的なサービスの利用も、施設サービス計画に位置づけるよう努めなければなりません。

ユニット型介護老人福祉施設

ユニットとは、居室と近接した共同生活室によって一体的に構成される空間を指します。１つのユニットの定員はおおむね10人以下であり、ユニットを構成する居室

は原則1人部屋です。

　介護・看護職員の人員としては、日中1つのユニットに常時1人以上の介護職員または看護職員を配置し、夜間や深夜には2つのユニットに1人以上の介護職員または看護職員を勤務に就かせる必要があります。また1つのユニットごとに常勤のユニットリーダーを配置します。

　ユニットケアの利用に伴う費用(いわゆるホテルコストなど)については、入居者から受け取ることとなっています。

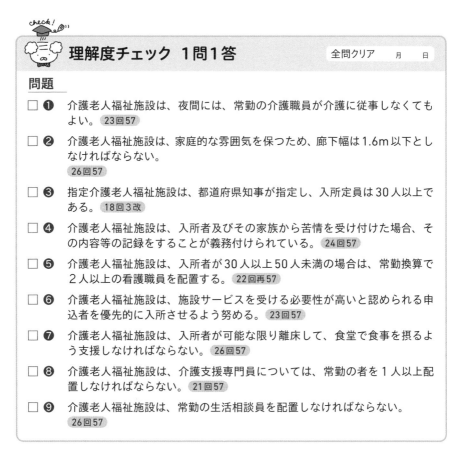

理解度チェック　1問1答

全問クリア　　月　　日

問題

- ❶ 介護老人福祉施設は、夜間には、常勤の介護職員が介護に従事しなくてもよい。 `23回57`
- ❷ 介護老人福祉施設は、家庭的な雰囲気を保つため、廊下幅は1.6m以下としなければならない。 `26回57`
- ❸ 指定介護老人福祉施設は、都道府県知事が指定し、入所定員は30人以上である。 `18回3改`
- ❹ 介護老人福祉施設は、入所者及びその家族から苦情を受け付けた場合、その内容等の記録をすることが義務付けられている。 `24回57`
- ❺ 介護老人福祉施設は、入所者が30人以上50人未満の場合は、常勤換算で2人以上の看護職員を配置する。 `22回再57`
- ❻ 介護老人福祉施設は、施設サービスを受ける必要性が高いと認められる申込者を優先的に入所させるよう努める。 `23回57`
- ❼ 介護老人福祉施設は、入所者が可能な限り離床して、食堂で食事を摂るよう支援しなければならない。 `26回57`
- ❽ 介護老人福祉施設は、介護支援専門員については、常勤の者を1人以上配置しなければならない。 `21回57`
- ❾ 介護老人福祉施設は、常勤の生活相談員を配置しなければならない。 `26回57`

解答解説 ❶✕夜間も含まれる。 ❷✕1.8m以上とされている。 ❸○ ❹○ ❺○ ❻○ ❼○ ❽○ ❾○

さくいん

数字
3-3-9度方式 185

アルファベット
ADL 224
ALS 193
ASO 198
BMI 186
BPSD 233
CO_2 ナルコーシス 257
COPD 186, 199
CRP 188
EBM 243
HOT 257
IADL 224
NBM 244
PCC 235
PEM 247
WHO方式がん疼痛管理療法 254

あ
アセスメント 128
アルツハイマー型認知症 232

い
胃潰瘍 201
育児・介護休業法 352
維持期 223
医療券 339
胃ろう 256
インフォーマルサポート 104

う
ウェルビーイング 323

え
エビデンス・ベースド・メディスン 243
嚥下障害 181
エンパワメント 323

か
介護医療院 164, 316
介護給付 46
介護給付費等審査委員会 94
介護サービス情報の公表 81
介護支援専門員 105
介護認定審査会 43
介護報酬 48
介護保険施設 163

介護保険審査会 97
介護保険制度 13
介護予防居宅療養管理指導 292
介護予防ケアマネジメント 154
介護予防サービス 159
介護予防短期入所療養介護 301
介護予防通所リハビリテーション 296
介護予防・日常生活支援総合事業 145
介護予防訪問リハビリテーション 287
介護老人福祉施設 426
介護老人保健施設 164, 311
疥癬 209
潰瘍性大腸炎 202
課題整理総括表 131
課題分析 128
加齢黄斑変性症 209
がん 204
肝炎 201
寛解 240
肝機能 187
間欠自己導尿法 259
間欠性跛行 206
肝硬変 201
看護師等 278
看護小規模多機能型居宅介護 306
看護職員 280
関節リウマチ 205
感染症 260

き
基本チェックリスト 145, 146
給付調整 62
狭心症 197
居宅サービス計画 107, 121, 132
居宅療養管理指導 289
筋萎縮性側索硬化症 193

く
国の責務 20

け
経管栄養法 255
血管性認知症 232
血清アルブミン 187
血糖 187
健康寿命 247

こ
後期高齢者医療制度 12, 343
口腔ケア 220
高血圧症 197
後縦靭帯骨化症 207
行動・心理症状 233
高齢者虐待防止法 355
高齢者住まい法 345
誤嚥 181

誤嚥防止 215
呼吸器感染症 200
国保連 93
国民健康保険団体連合会 93
個人情報保護法 351
骨粗しょう症 207

さ

サービス担当者会議 135
サービス提供事業者等の運営基準 72
サービス提供事業者等の指定 66
再課題分析 141
財政安定化基金 91
在宅医療管理 253
在宅酸素療法 257
在宅自己注射 254
在宅人工呼吸療法 256
サルコペニア 181

し

支援困難事例 327
事業者の責務 69
脂質異常症 192
施設サービス計画 107, 169
市町村介護保険事業計画 28
指定介護予防支援事業者 75
指定介護老人福祉施設 164
指定地域密着型介護予防サービス事業者 78
指定地域密着型サービス事業者 76
社会保険 11
社会保険方式 8
社会保障制度 10
若年性認知症 230
住所地特例 18, 33
住宅改修 401
終末期 273
主治医意見書 38
手段的日常生活動作 224
障害者総合支援制度 334
消化性潰瘍 201
小規模多機能型居宅介護 413
褥瘡 182, 213, 245
新オレンジプラン 236
腎機能 187
心筋梗塞 196
進行性核上性麻痺 195
人工透析 254
心肺蘇生 268
心不全 198
腎不全 203

す

睡眠障害 178
ストーマ 258

せ

生活困窮者自立支援法 341
生活保護法 337
精神障害 239
成年後見制度 357
脊髄小脳変性症 196
脊柱管狭窄症 206
喘息 200
前頭側頭型認知症 233
喘鳴 199
せん妄 177, 231
前立腺肥大症 204

そ

総合事業 145
相談面接 325
早老症 196
ソーシャルワーク 322

た

ターミナルケア 273
第1号被保険者の保険料 87
大腿骨頸部骨折 208
第2号被保険者の保険料 89
大脳皮質基底核変性症 195
多系統萎縮症 196
脱水 179
短期入所生活介護 380
短期入所療養介護 298
胆石症 201
胆のう炎 201
タンパク質・エネルギー欠乏状態 247

ち

チアノーゼ 185
地域支援事業 143
地域包括ケアシステム 151
地域包括支援センター 150
地域密着型介護老人福祉施設入所者生活介護
 421
地域密着型サービス 405
地域密着型通所介護 409
地域密着型特定施設入居者生活介護 419
中核症状 233
聴覚障害 180

つ

通所介護 374
通所リハビリテーション 293

て

手足のしびれ 180
低栄養 179
定期巡回・随時対応型訪問介護看護 302
低所得者対策 56
電解質 187

と

糖尿病 191
ドーパミン 194
特定施設入居者生活介護 388
特別徴収 88
床ずれ 182
都道府県介護保険事業支援計画 27
都道府県の責務 22

な

ナラティブ・ベースド・メディスン 244

に

日常生活自立支援事業 359
日常生活動作 224
入浴介護 218
尿失禁 181
認知機能障害 178
認知症 229
認知症ケアパス 237
認知症対応型共同生活介護 416
認知症対応型通所介護 412
認定調査 38

ね

ネブライザー 258
ネフローゼ 186

の

脳血管疾患 192
脳卒中 192

は

パーキンソン病 194
パーソン・センタード・ケア 235
排せつ 216
バイタルサイン 183
廃用症候群 181
白内障 208
長谷川式認知症審査スケール 232
バルーンカテーテル 259
パルスオキシメーター 258

ひ

被保険者 30
評価表 141

ふ

フォーマルサービス 104
福祉用具 395
不整脈 198
普通徴収 88
ふらつき 180
フレイル 181

へ

閉塞性動脈硬化症 198
変形性膝関節症 205

ほ

包括的支援事業 147
訪問介護 362
訪問看護サービス 278
訪問入浴介護 369
訪問リハビリテーション 284
保険給付 14
保険事故 14, 17
保険者の責務 17

ま

慢性閉塞性肺疾患 199

み

みなし指定 286
ミニメンタルステート検査 232

め

めまい 180

も

モニタリング 139

や

夜間対応型訪問介護 407
薬剤管理 249
薬剤管理表 251
薬疹 209

ゆ

ユニット 432
ユニット型介護老人福祉施設 432

よ

要介護認定 37
要支援認定 37
抑うつ 178
予後 244
予防給付 47, 159

り

リハビリテーション 223
利用者負担 54
緑内障 208

れ

レビー小体型認知症 233

ろ

老人福祉法 349
老年症候群 176

執筆者（敬称略・五十音順）

■後藤　佳苗(ごとう　かなえ)

一般社団法人あたご研究所 代表理事。

行政保健師として勤務したのち、2005年4月より現職。介護保険及び高齢者福祉分野における実務者の資質向上に資する研修等を全国で行っている。

近　　著：『令和3年改定対応 記載例で学ぶ居宅介護支援経過〜書くべきこと・書いてはいけないこと』(第一法規)、『保険者のチェックポイントがわかる！ ケアプラン点検ハンドブック』 (ぎょうせい)、『新訂 法の根拠に基づくケアマネ実務ハンドブック』(中央法規)ほか多数。

担　　当：各章「出題傾向と対策」、第1章13、20、28、第2章1〜24

■杉田　勝(すぎた　まさる)

社会福祉法人創明会 船橋市新高根・芝山、高根台地域包括支援センター長。

1990年特別養護老人ホーム船橋梨香園へ介護職にて入職、その後、生活指導員、在宅介護支援センター相談員、2000年同法人居宅支援事業所、介護支援専門員(基礎職種：介護福祉士)、2007年主任介護支援専門員、2013年4月より現職。また、2001年より千葉県介護支援専門員指導者(実務研修・再研修・更新研修等の講師)としても従事している。

担　　当：第1章25〜27、第3章2、3、5〜11

■竹澤　坦(たけざわ　たいら)

介護老人福祉施設にて生活相談員勤務中に社会福祉士、介護支援専門員資格を取得。その後居宅介護支援事業所、介護老人福祉施設の介護支援専門員を務める一方で、介護支援専門員指導者として介護支援専門員実務研修に携わる。現在、介護老人福祉施設管理者。

担　　当：第1章10〜12、29、第3章1、4、12

■林　房吉(はやし　ふさきち)

NPO法人千葉県介護支援専門員協議会理事長。

児童養護施設に1年半勤め、その後、養護老人ホーム・特別養護老人ホーム相談員及び施設次長として26年間勤務後転職。新設の社会福祉法人特別養護老人ホーム施設長として16年間勤務する。その間、一般社団法人千葉県社会福祉士会会長及び千葉県内の福祉系大学で20年間以上非常勤講師を務める。また、千葉県介護支援専門員指導者として実務研修及び現任研修等を担当し、現在に至る。

担　　当：第1章1〜9、14〜19、21〜24

参考文献

『九訂 介護支援専門員基本テキスト 介護保険制度・ケアマネジメント・介護保険サービス(上巻)』
『九訂 介護支援専門員基本テキスト 高齢者保健医療・福祉の基礎知識(下巻)』
いずれも介護支援専門員テキスト編集委員会：編、一般財団法人長寿社会開発センター：発行

著者紹介

ケアマネジャー試験対策研究会
（しけんたいさくけんきゅうかい）

NPO法人千葉県介護支援専門員協議会会員で、厚生労働省の介護支援専門員指導者研修を修了した者（以下「介護支援専門員指導者」とする）の有志で構成される研究会である。介護支援専門員指導者として介護支援専門員実務研修等を担当するだけではなく、介護支援専門員実務研修受講試験対策研修の講師としても、質の高い保健医療福祉職の合格に向けて尽力している。
試験対策テキスト作成のコンセプトは、実務研修受講試験合格に向けた効率のよい勉強ができることである。

装丁デザイン	小口 翔平＋青山 風音（tobufune）
装丁イラスト	ハヤシ フミカ
本文デザイン	大下 賢一郎
本文イラスト	ユカワ アキコ、フクモト ミホ
DTP	株式会社 トップスタジオ

福祉教科書

ケアマネジャー 完全合格テキスト　2024年版

2024年1月19日　初版第1刷発行

著　　者	ケアマネジャー試験対策研究会
発 行 人	佐々木 幹夫
発 行 所	株式会社 翔泳社（https://www.shoeisha.co.jp）
印刷・製本	株式会社 加藤文明社印刷所

©2024 Kanae Goto, Masaru Sugita, Taira Takezawa, Fusakichi Hayashi

本書は著作権法上の保護を受けています。本書の一部または全部について（ソフトウェアおよびプログラムを含む）、株式会社 翔泳社から文書による許諾を得ずに、いかなる方法においても無断で複写、複製することは禁じられています。

本書へのお問い合わせについては、xページに記載の内容をお読みください。

造本には細心の注意を払っておりますが、万一、乱丁（ページの順序違い）や落丁（ページの抜け）がございましたら、お取り替えいたします。03-5362-3705までご連絡ください。

ISBN978-4-7981-8358-9　　　　　　　　　　　　　　Printed in Japan